U0924134

《聚焦实践，深化改革——大学生创新创业教育优秀案例》

# 编 委 会

**顾　问：** 邬大光

**主　编：** 谢火木

**编　委**（按姓氏笔画排序）：

王　怡　王春伟　王树彬　刘李春　杨　飏

杨　燕　杨爱民　张立志　郑莉萍　钟　杰

翁　挺　程　凯　解延民

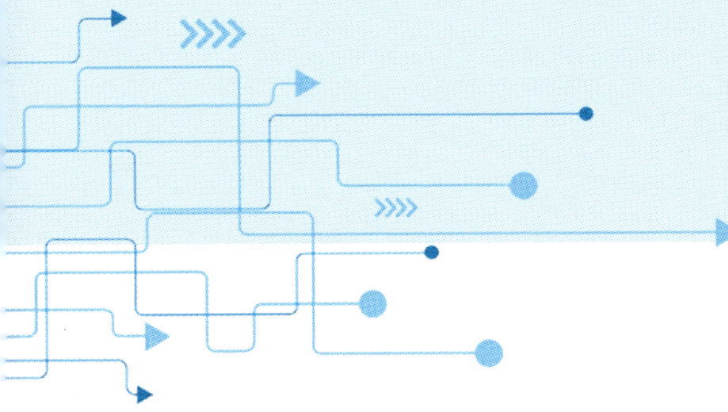

# 聚焦实践，深化改革

## ——大学生创新创业教育优秀案例

谢火木 ◎主编

厦门大学出版社
XIAMEN UNIVERSITY PRESS
国家一级出版社
全国百佳图书出版单位

**图书在版编目(CIP)数据**

聚焦实践,深化改革:大学生创新创业教育优秀案例/谢火木主编.—厦门:厦门大学出版社,2019.11

ISBN 978-7-5615-7626-7

Ⅰ.①聚… Ⅱ.①谢… Ⅲ.①大学生—创业—案例 Ⅳ.①G647.38

中国版本图书馆 CIP 数据核字(2019)第 272096 号

**出版人** 郑文礼
**责任编辑** 陈进才

**出版发行** 厦门大学出版社
**社　　址** 厦门市软件园二期望海路 39 号
**邮政编码** 361008
**总　　机** 0592-2181111　0592-2181406(传真)
**营销中心** 0592-2184458　0592-2181365
**网　　址** http://www.xmupress.com
**邮　　箱** xmup@xmupress.com
**印　　刷** 厦门集大印刷厂

**开本** 787 mm×1 092 mm　1/16
**印张** 16.75
**插页** 2
**字数** 356 千字
**版次** 2019 年 11 月第 1 版
**印次** 2019 年 11 月第 1 次印刷
**定价** 50.00 元

本书如有印装质量问题请直接寄承印厂调换

厦门大学出版社
微信二维码

厦门大学出版社
微博二维码

# 前言

纵观高等教育的发展历史，高校自诞生以来，一直是人类创新最重要的策源地之一。创新之于高校，赋予学术生机与活力；高校之于创新，推动社会发展与进步。在高校深入开展创新创业教育，积极鼓励学生致力于创新创业，是高等教育领域学习实践习近平新时代中国特色社会主义思想，服务国家创新发展战略的重要举措，也是推进高等教育综合改革的关键抓手。

当前，国家推进创新创业教育的顶层设计已经构建，相关政策纷纷出台，创新创业教育已经成为政府推动、高校为主、企业参与、全社会共同努力的“国家行为”。2017 年 6 月 2 日，在教育部高教司的指导与支持下，全国大学生创新创业实践联盟（以下简称实盟）在厦门大学正式成立。截至目前，实盟已有成员高校 611 所、成员企业 33 家，先后成立了内蒙古自治区分盟、天津分盟、四川分盟 3 个省级分盟。自成立以来的短短 2 年多时间里，实盟深入贯彻落实党中央、国务院和教育部有关文件精神，根据章程扎实推进各项工作，通过组织开展专项课题研究、举办教学研修、建设教学资源共享中心等一系列活动，积极推动成员高校与成员企业一道，携手并进，砥砺前行，不断深化高校创新创业教育改革，共享，共进，共赢。

2019 年 1 月，实盟首届年会在天津召开，期间对涌现出的优秀组织单位、先进工作事迹、优秀论文、优秀案例等进行了表彰。由于会期的限制，短暂的交流分享，让人相长也相惜，难免会有意犹未尽之感，许多代表纷纷要求将优秀案例出版。为了满足大家学习交流的需求，也为了将这些好经验、好做法加以介绍推广，实盟秘书处将其中的部分优秀案例成果汇编成册，正式出版，以飨读者。

本书选取了包括华南理工大学“三创型”人才培养、东北大学“三创融合 交叉培养”、厦门大学“四轮驱动”、南昌大学“四·三制”、江苏大学“三结合、三协同”等创新创业教育改革的优秀案例，将全国45所高校的优秀案例成果，分为研究型高校、应用型高校、高等职业院校和独立学院、省级三创学院四个部分，从各个方面充分展示了当前高校创新创业教育的智慧与结晶，凝聚了现代大学生创新创业教育的最新理念，也希望此书能反映当前创新创业教育的现状及问题，引起大家对创新创业教育的广泛关注，更期待大家能从中指出不足和缺憾，为高校创新创业教育的发展提出宝贵意见，所以与其说这是一本优秀成果案例集，我们更愿意将它定位为抛砖引玉的宣传册。

当前，新时代的号角已经吹响，百舸争流，奋楫者先，千帆竞发，勇进者胜，让我们协力奋进，为创新创业人才的培育积基树本，为社会主义现代化强国的建设养锐蓄威。实盟将致力于广聚社会力量、培养创新创业人才、深入探索创新创业教育的模式与方法，发挥示范、引领和带动作用，积极推进高校创新创业教育改革，为实施创新驱动发展战略、建设创新型国家做出应有贡献。谨以此短文与实盟成员高校老师们共勉。

2019年11月

## 第一部分 研究型高校

## 第二部分 应用型高校

## 第三部分　高等职业院校



## 第四部分　独立学院、省级三创学院

# 第一部分

# 研究型高校

# 赋能“三创型”人才的内涵提升<br>打造双创教育的“华工模式”

## ——华南理工大学创新创业教育改革优秀案例

## 一、背景

华南理工大学组建于1952年，是新中国成立初期全国“四大工学院”之一，是国家“211工程”、“985工程”重点建设大学及“双一流”建设A类高校。学校地处改革开放前沿地区，毗邻港澳，1993年在全国首开部省共建和联合办学之先河，逐渐形成了与地方共融共生的办学模式，为广东、全国甚至世界经济发展输送了大批高素质专门人才和高水平科技成果。珠三角近60%的企业负责人或技术核心骨干为华工校友，当前仅在广东就有华工校友创办和领导的上市企业近百家，为引领区域、国家乃至全球发展提供了强有力的人才和智力支撑，为学校赢得了“工程师摇篮”“企业家摇篮”“中国南方理工科大学的一面旗帜”等社会美誉。

在长期的办学历程中，学校始终以服务于区域及国家的经济发展需求为导向，学校的十大学科门类涵盖了广东的支柱产业和高新技术领域，为广东省经济发展转型升级做出重要贡献。与此同时，学校坚持特色发展，在与地方共融共生的发展过程中，逐渐形成了“三创型”人才培养理念并将其贯穿于人才培养全过程。近年来，学校进一步深化创新创业教育改革，真抓实干，把“三创型”人才培养质量作为办学内涵提升的重中之重，形成独具特色的创新创业人才培养“华工模式”，取得显著成效。

## 二、主要做法

### （一）理念先进，率先实施

学校具有深厚的创新创业教育传统，早在1999年就在全国率先提出“三创型”（创新、创造和创业）人才培养目标，并坚持将创新创业教育贯穿人才培养全过程，坚持将目标理念落实到综合培养计划之中。2009年在全国较早成立创业教育学院，构建三层次“金字塔”式的人才培养体系，因材施教创办创业精英班，为社会和国家培养了一大批高素质、高层次、多样化，具有社会责任感和全球视野的“三创型”人才，得到学生、校友、企业、政府、社会的高度认可。

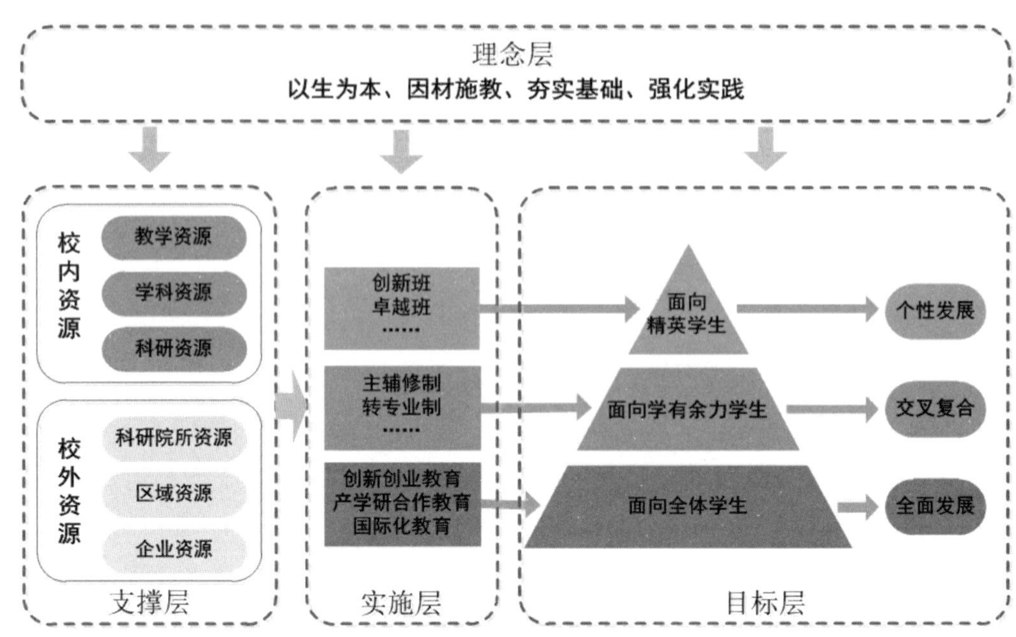


图1　华南理工大学创新创业教育体系

（二）顶层规划，明确使命

学校坚持把深化高校创新创业教育改革作为推进高等教育综合改革的突破口。2015年印发《华南理工大学深化创新创业教育改革实施方案》，进一步明确学校未来五年将充分发挥理工为主的学科优势和改革开放前沿的地域优势，加快培养学术创新型人才、工程科技人才和科技型创业人才。2016年出台《华南理工大学综合改革方案》和《华南理工大学改革与发展“十三五”规划（2016—2020）》，要求将培养敢创新、能创业、会创造的创新创业人才作为学校的根本使命，教师把创新创业人才培养作为工作的第一职责。2017至2018年公布《华南理工大学“大众创业万众创新示范基地”工作方案》《华南理工大学创新创业工作实施方案》《华南理工大学一流本科行动计划（2018—2030）》，不断完善并夯实顶层设计方案，致力于打造创新创业教育升级版。

（三）组织保障，形成合力

2015年学校成立以王迎军校长为组长的创新创业教育领导小组，出台《创新创业教育领导小组议事规则》，为推动创新创业教育改革提供强有力的组织保障。2017年在创新创业教育领导小组基础上调整成立双创示范基地建设领导小组及办公室，由学校党委书记、校长任组长，主管副职校领导任常务副组长，副职校领导任副组长；形成由教务处牵头，学工、团委、成果转化办、创业教育学院等14个部门联动配合的工作小组；每学期召开会议，统筹协调、整体推进、督促落实学校双创工作，从而形成领导有力、部门合力、推进有力的“一盘棋”工作局面。

### （四）机制创新，协同育人

学校围绕“三创型”人才培养目标，树立三个理念，即以学生为本育人理念、学术无起点培养理念、实践驱动学习理念；构建三个机制，即科教协同育人、校企协同育人、校地协同育人；推动三个结合，即课内外结合，打造创新活动平台，校内外结合，打造专业能力提升平台，国内外结合，打造国际交流学习平台；积极营造“敢于质疑的课堂氛围、敢为人先的精神品格”的校园文化，将资源优势转化为人才培养优势。

### （五）深耕体系，深度融合

学校不断优化课程体系，构建了“金字塔式、逐级递进”的“三创型”人才教育模式：一是面向全体学生开设50门左右创业通识教育课程，每个专业至少开设一门专业创新创业类课程，学生必须修读2个以上的学分；二是针对有意愿的学生开设“创业辅修班”；三是针对有潜质的学生组建“创业精英班”，量身定做创新创业课程，开设创业训练营等。出台第二课堂管理办法，明确学生须修读4个创新创业学分。

重视创新创业课程与教材建设。集聚国内外优质教学资源，建设一批特色创新创业课程。投入500万元建设100门慕课，利用慕课开展“混合式课堂”教学的课程27门，每年受众约1万人次。组织编写创新创业校本教材，正式出版《问鼎“挑战杯”》《大众创业与转型机遇》《微创业全攻略》等一批创新创业类教材。建立创新创业教育案例库，并出版发行《华南理工创业评论》期刊。

修订本科综合培养计划。每个专业开设“三个一”创新创业课程：理科类专业开设一门学科前沿专题课，要求学生完成一份创新创业调研报告、提出一项创意；工程类及其他类专业要求学生选修一门创业教育课、完成一份创新创业调研报告、提交一份创业计划书。所有专业至少开设一门专业创新创业类选修课程，实现双创教育与专业教育深度融合。

### （六）全面覆盖，提升能力

构建“院级—校级—省级—国家级”四层次大学生创新创业项目体系；推进以“一院一赛”为核心的学科竞赛体系，着力提升学生的创新创业能力。近三年，大学生创新创业立项总数为5285个，资助重点创新创业竞赛247项，参与学生达6万人次，超过2/3学生在校期间有参与创新创业实践经历。

搭建“校内＋校外”联动的创新创业实践平台。学校9个国家级及27个省级（虚拟仿真）实验教学中心、26个校级大学生创新创业训练基地、6个学生创新创业孵化基地、创新创业实验室、创业岛等各类平台，均面向全体学生开放。建立了532个校外实践实习基地，每年累计接纳本科生11900余人次。

依托体系与平台，学校每年举办各类学科竞赛、科技文化节、双创讲座及双创文化周等丰富多彩的创新创业活动超过100余场，营造出良好的创新创业氛围，让每一个学生都充分感知、熟悉、参与并投身创新创业。

（七）柔性管理，激发活力

建立本科生创新创业学分积累与转换制度。出台《大学生创新创业成果认定为选修课学分实施细则》，可根据发表论文、获得专利和自主创业等情况申请将创新创业成果认定为学分，可转换总数为4个学分。每学期约30名学生申请创新创业学分转换。修订《华南理工大学全日制本科学生学籍管理办法》，规定采用弹性学分制，学生可申请休学创业，真正为学生创业扫清一切后顾之忧。

修订《本科生综合测评及奖励办法》《推荐优秀应届本科毕业生免试攻读研究生管理办法》等，在评先评优、免试推荐研究生等方面对创新创业成果优秀的学生予以倾斜。

（八）强化激励，壮大师资

学校出台一系列举措来推动教师创新创业能力的提升。一是把提高教师创新创业教育的意识和能力作为教师培训、骨干研修、境外进修等环节的重要内容。二是深入实施“四个一”制度，推动教师科研融入本科教学。三是强化赛事激励。出台“挑战杯”、“互联网＋”大赛等奖励办法，对获奖学生、学院及指导教师给予奖金及荣誉等奖励。四是完善绩效考核办法。学校出台《华南理工大学科技人员离岗及兼职创新创业暂行管理办法》等6个系列文件，在岗位聘任、职称晋升、岗位考核向教师参与创新创业贡献度及成果转化业绩予以倾斜。五是积极推进导师库的建设，壮大由成功企业家、投资融资专业人员、工程师以及各类优秀校友组成的创新创业导师队伍，专兼结合的双创导师总数超过220人，为双创教育开展提供强有力的指导。

（九）加大投入，全力保障

学校每年投入约3000万元专项支持各级各类双创竞赛与活动、基地改造运营及其他双创支出，设立包括“宏平长青基金”学生科技创新竞赛奖学金、艾利丹尼森基金会发明创新奖学金在内的各类创新创业奖学金，支持拔尖创新科研人才等。拓宽渠道，挖掘校友资源，引入各类社会风险投资基金，与15家创投机构成立华南理工大学创业投资基金战略联盟，支持具有较好创业潜力的团队和项目进行创业实践。

## 三、实践成效

（一）“三创型”人才培养探索多点开花

学校已建成各类创新班、强化班和教学改革试点班34个，其中科学前沿研究学科交叉型人才创新班2个、学术研究型人才创新班10个、高层次应用型人才创新班9个、国际联合培养人才创新班9个、复合型人才创新班3个、创业型精英人才创新班1个，每届学生达1000多人。

其中基因组科学创新班学生共有89人次以并列第一作者和署名作者的身份在*Science*、*Nature*等国际顶级期刊发表71篇论文。该班大部分毕业生，如金鑫、罗锐邦等同学已成长为多所研究院及相关高校的核心研究人员或科技型企业家，培养效果有力回应“钱学森之问”。

（二）在校本科生参与“三创”表现突出

近5年本科生共申请565项专利，发表560篇学术论文，共有4513人次在国内外重要学科竞赛中获奖，各类成果数量和质量逐年攀升。在全国大学生机器人大赛、中国国际太阳能十项全能竞赛等国内顶尖赛事中多次蝉联桂冠。在连续5届中国“互联网+”大学生创新创业大赛中共获得1个亚军、5枚金牌（获奖数量居华南高校之首）。在2018年“创青春”全国大学生创业大赛中取得5金1银的好成绩，团体总分位列全国第二，捧得大赛“优胜杯”，并获评“校级优秀组织奖”。在2019年“挑战杯”全国大学生课外学术科技作品竞赛中揽获特等奖22项，以团体总分第一领跑广东。

（三）创新创业团队发展喜人

学校精心打造“一校三区”双创整体布局与孵化平台，双创团队得到迅猛发展。2014年底基地成立至今，学校双创孵化基地累计接收团队进驻申请600余份，正式批准入驻团队已超过300支；获得风险投资项目近50个，总融资额近10亿，其中PonyCar共享汽车成立1年即获4.5亿融资（刷新共享领域记录）；已有超过80个团队注册公司并进入平稳运营，年营业总额近10亿，年度贡献纳税超过5千万；培养创新创业人才达1000多人，累计带动学生就业近千人。与此同时，专注于人工智能、大数据及高端制造等行业的一大批双创团队在此蓬勃生长。

（四）创新创业人才辈出

建校60多年来，学校培养了一大批创新创业精英：从“广东彩电三巨头”（TCL李东生、创维黄宏生、康佳陈伟荣）到福布斯“中国30位30岁以下创业者”、有米科技创始人陈第、福布斯“亚洲30位30岁以下俊杰”罗锐邦；从UC优视创始人、小鹏汽车董事长何小鹏到中组部“千人计划”创业人才袁玉宇；从联合班走出的两位“香港十大杰出青年科学家”陶宇飞、肖小奎到基因组科学创新班金鑫等。代代相传，血脉赓续，为服务国家和区域的经济发展提供人才与智力的“永动机”。

（五）双创理论研究提供高端决策

学校重视对双创活动的本质特征及内在规律的探索，着力构建适合中国国情、具有国际视野的双创理论与制度体系。2017年投入50万元重点支持首批8个双创平台研究项目的开展，产出《双创研究平台绩效评价报告》《中国创业投资研究报告》《基于粤港澳大湾区人才大数据的双创政策研究报告》等若干个成果报告及高水平研究论文，为区域及国家双创生态发展提供高端决策。2018年成功举办粤港澳大湾区高等教育集群发展研讨会及粤港澳大湾区创新创业教育研讨会，聚焦粤港澳大湾区高等教育集群发展和双创教育发展的应对之策。我校王迎军校长代表粤港澳高校创新创业联盟发布《创新创业教育粤港澳大湾区宣言》。

## 四、总结评价

### （一）为拔尖创新人才培养探索提供“华工模式”

基因组科学创新班学生迄今已有89人次以并列第一作者和署名作者的身份在*Science*、*Nature*等国际顶级期刊发表71篇论文。基因组科学创新班模式被誉为“我国本科人才培养的奇迹”、一场“静悄悄的教育革命”。2010年3月4日，*Nature*杂志认为这种模式“为所有的教育和培训提供了一种可资借鉴的创造性方法，全世界都应该来考虑这个问题”。我校“三创型”人才培养从“华工现象”到“华工模式”，走出了“拔尖创新人才培养的新路”，成为新时期中国高等教育改革和大学创新发展的“科教探路者”。

### （二）在同行高校充分发挥示范引领作用

学校“构建产学研协同育人模式，培养高素质创新人才”获得2014年国家级教学成果一等奖。2015年学校荣登“中国大陆高校创新创业百强榜”第三名、获得首批“广东省大学生创新创业教育示范学校”称号；2016年入选教育部首批“全国深化创新创业教育改革示范高校”；2017年入选教育部“全国高校实践育人创新创业基地”、入选国家“第二批大众创业万众创新示范基地”（全国仅19所高校入选，华南地区唯一高校）；2018年获评“全国创新创业典型经验高校”（华南地区唯一入选的部属高校）；2019年获评教育部“中美青年创客交流中心”，发挥了良好的示范与辐射作用。

（华南理工大学推荐，执笔人：李正、项聪、林镜亮）

# 三创融合　交叉培养　打造新时代创新创业教育升级版

## 一、背景及意义

创新是国家最根本的发展动力。东北大学以习近平新时代中国特色社会主义思想为指导，认真贯彻落实党的十九大精神，以《国务院办公厅关于深化高等学校创新创业教育改革的实施意见》（国办发〔2015〕36号）、《国务院关于大力推进大众创业万众创新若干政策措施的意见》（国发〔2015〕32号）、《国务院关于强化实施创新驱动发展战略进一步推进大众创业万众创新深入发展的意见》（国发〔2017〕37号）等重要文件精神为指引，落实立德树人根本任务，将创新创业教育纳入人才培养全过程，以“三创融合、协同育人、交叉培养”创新创业教育新模式为载体，形成了“教学示范，实践卓越”的工作特色，培养了大批“善创意、会创新、能创造、勇创业”和“有梦想、有能力、有担当”，具备一定社会责任感和使命感的高素质拔尖创新创业人才，取得了创新创业资源集聚、创新创业人才辈出、创新创业活力迸发的可喜成绩。2015年获评首批“全国高校实践育人创新创业基地”（首批50家），2017年获批“国家备案众创空间”，并获评首批“深化创新创业教育改革示范高校”（百强示范校）和“全国大学生创业示范园”（全国29家），创新创业教育一直走在全国前列。

## 二、主要做法及实践成效

### （一）强化“三个融合”，构建创新创业人才培养新机制

东北大学强化“以学生探究活动为主线开展教学”的培养观，树立创新创业学校护航、重在育人的理念，将创新创业教育深度融合专业教育、实践教学、产业发展，构建创新创业人才培养新机制。

深度融合专业教育，汇聚并激发创新创业教育的动力源泉。东北大学是一所坐落在沈阳的历史名校，建校96年以来，始终与国家发展同向同行。先后研发出国内第一台电子模拟计算机、第一台国产CT、第一块超级钢，兴办了第一个大学科学园，培育了东软、东网等高新技术企业，在技术创新、技术转移和产学研深度融合等方面有着鲜明特色。面向科技前沿、国家及区域发展需求，学校积极塑造支撑创新体系的学科依托能力，以“智能”“绿色”为两大主题，重点打造“控制科学与工程”“冶金工业流程”两大学科群，促

进基础学科和应用学科交叉融合，在交叉学科领域培植新的学科增长点。重塑大学课程体系与评价体系，将创新活动与人才培养有机结合，构建研究成果转化为教学和学科内生资源的机制，实现研究成果向社会和教学的双转化。将双创教育纳入人才培养方案进行整体规划设计，并将其纳入学分管理，深化课程体系和教学内容改革。推动创新创业教育示范专业建设，强化创新创业教育师资团队建设，选拔优秀教师组建优质创新创业教育科研项目团队，开展创新创业教育名师评选活动，举办创新创业教学大赛，推动教师在专业日常教学中自觉融入创新创业教育的思想与方法。校内师资投入创新创业教育年均超过500人，聘请刘积仁、李家华等198名企业家、专家为创业导师，28位导师成为“全国万名优秀创新创业导师人才库”首批创业导师。设立专项奖教金奖励优秀教师，实施亮点评估制度，支持创新创业指导老师职称晋升。以“创业基础”必修课为例，授课任务由14个学院的44位优秀专业教师担任，86%具有听课学生所学专业领域的博士学位。2017年，“创业基础”授课教师高宏亮通过采用创新创业的理论与方法设计“单片机原理”课程，获“全国高等学校创新创业教育‘精彩一课’”一等奖及最具推广奖（全国仅3个）。

深度融合实践教学，打造创新创业教育生态系统。深度融合实习实训，开设创新实验班、创业先锋班，组建示范性创新创业团队16个，推行“国家大学生创新创业训练计划”学院试点工程，促进创新创业教育与实践教学深度融合，与学生的兴趣和专业特长有效衔接。学校现有科技部火炬中心备案的国家级众创空间2个，实现天天有路演、周周有沙龙、月月有论坛、年年有峰会，培育出一批创新创业的典型，被誉为“东创先锋”。由博士生刘洪伟创办的沈阳东深科技有限公司，是一家从学生创新创业基地逐步成长起来的创新型科技企业，吸纳大学生就业百余人，2017年订单突破1.2亿元。由博士生王昊杰于2017年创办的沈阳东博热工科技有限公司，在低压真空渗碳领域实现了高端装备核心部件热处理的自主生产能力，年执行合同2000多万元，在高铁密封卡套、机器人RV减速机、航空发动机高端齿轮等领域可以对标国际最高端产品。由博士生沈波创办的沈阳云安科技有限公司，与沈阳市燃气公司、东北大学签署合作框架协议，联合开发建设城市燃气安全物联网，提高城市居民幸福指数和安全指数，助力国家东北老工业基地振兴战略。

深度融合产业发展，汇聚创新创业教育教育资源。在教育过程中，通过提升学科依托能力、研究平台支持能力、团队汇聚能力、技术转移能力、研究成果向教学转化的能力，使学科链、专业链、产业链紧密衔接，有效提高育人能力和水平。面向学科前沿，学校与荷兰埃因霍温科技大学、东软集团、飞利浦公司联合创建生物医学与信息工程学院；整合学科结构，创建生命科学与健康学院，全面搭建信息科学、材料科学与生命科学跨学科的交叉技术平台；与中科院沈阳自动化研究所和沈阳新松机器人自动化股份有限公司合作，组建国内985高校首个机器人科学与工程学院。强化校院、校校及国际合作，创办“本硕博贯通英才”实验班，联合培养拔尖创新创业人才。与华为、谷歌、微软等公司合作，建立人才培养示范基地及学生创新实验室；与沈阳锦联新经济产业园、沈阳金谷科技园等合作，建立校外创新创业就业实践教学基地227个。以加速成果转化为突破点，有效释放创新活力。东北大学建立“全流程管理、全链条覆盖、全要素支撑”的科技成果转化体系，稳固“321”转化模式，即三项决策机制、两个平台建设、一系列政策保障。三年来，东北大学签订科技合同金额近17亿元，服务700余家企业创新发展，2014—2016年连续三年高校输出技术成交额排名全国第一，2016年与2017年科技成果转化交易额分别排在教育部直属高校第7位和第6位，在钢铁冶金、新材料和信息等领域形成一大批推动产业发展的重大原始创新研究成果与其他技术创新研究成果。坚持需求导向的成果转化和技术转移，加快科技成果转化和技术转移。先后与河钢集团共建河钢东大产业技术研究院，与朝阳天马集团共建朝阳东大矿冶研究院，与辽阳市人民政府、辽宁华信钢铁集团共建辽宁钢铁共性技术创新中心，与中德沈阳高端装备制造产业园共建新兴产业技术研究院，与南宁市人民政府共建广西先进铝加工创新中心，与潍坊市坊子区人民政府共建东大-潍坊先进陶瓷研究院等，努力将学校科技成果转化能力融入区域创新体系，服务区域经济社会发展。先后获批“沈阳市技术转移示范机构”“辽宁省技术转移示范机构”、教育部“科技成果转化和技术转移基地”。强化人才驱动的科技创新动力，坚持“重贡献、重实效”的原则，加大绩效激励力度：取消原5%绩效支出比例限制，将理工类间接费用的65%、文科类间接费用的70%直接分配给课题组，不再设置绩效支出比例限制；对于尚在执行期内的纵向科研项目，由教师自主确定绩效额度比例。探索以分类评价为导向的薪酬分配制度，体现“多劳多得、优劳优酬”。实施红利分享的成果转化激励制度，先后出台20项推动科技成果转移转化的相关文件，明确规定交易额1000万以下的科技成果转化项目，发明人与学校间的利益分配比例分别为9：1、8：2、7：3，交易额1000万以上项目最高可给团队92%的收益。设立科技成果转化发展基金，建立推动科技成果转化的长效机制。学校科技成果转化项目数和转化交易额连年增长，从2016年1月至今，共签约40余项，涉及知识产权百余项，吸引社会资本近4.3亿元。

### （二）强化“交叉培养”，打造创新创业教育升级版

东北大学以理论研究为基础，注重学科交叉与深度培养，以升级课程体系、升级实践载体和升级教学方法为手段，形成创新创业人才培养新特色。

课程体系升级，设计梯度型、交错式双创课程体系。以创业基础必修课为核心，54门创新创业类选修课为支撑，企业创新创业管理课程为提升，形成了基础知识普及、专业课程融入、实用技能提升的梯度型、交错式创新创业课程体系，为创新创业人才培养提供知识与技能保障。精品课程不断涌现：孙新波教授的“易学与中国传统管理艺术”、李丹老师的“文化管理学”等入选教育部“精品视频公开课”，“管理哲学”等课程入选“辽宁省精品资源共享课”。不断升级教学方法，取得可喜示范效果：实施“混合广谱教学模式”，打造“创业基础”必修课，授课任务由14个学院的44位优秀专业教师担任，86%具有听课学生所学专业领域的博士学位。课程综合采用知识讲授、案例教学、方案展示、慕课、翻

转课堂、企业家与创业者讲座等多种方式，从创新思维启发与创业能力训练入手，将教学内容转变为高度创造性的过程，真正实现了从以“教”为主向重“学”的转变，课堂主角从“教师”向“学生”过渡的转变。创造性地开发“众创式协同教学模式”，在“企业创新创业管理”课程中得到成功应用。课程师资采用5×8矩阵的双向互动式新型教学模式，由20位企业家与20位专业教师基于自己最擅长的知识领域，协同进行课程开发、讲授和评估。该课程作为全校性选修于2015年开始开设，年选修课人数超5000人，已成为最受学生欢迎的精品课之一。

实践载体升级，构建普惠性、递进式双创实践体系。在科普活动“乐中学”、科研训练“做中学”、科技竞赛“竞中学”、创业实践“练中学”教育理念下，将共性培养与个性发展相协调，针对不同年级学生特点与需求，形成“创意、创新、创造、创业”链条式创新创业教育模式，以“四节”科普实践体系设计为例：大一“创意节”活跃创意思维，挖掘创新潜能；大二“科普节”培养科学精神，提高科学素养；大三“科技节”培养创新实践能力，形成竞争与团队意识；大四“创业节”提升创业能力，促进成果转化；链条式、全过程实践活动200余项，学期参与学生人数过万。其中，科普节获“全国科普活动优秀组织奖”及“全国特色科普活动”称号，KAB创业俱乐部获“全国百强社团”称号，东大官微获评“全国最具影响力教育官微”（全国十强）。营造了“人人有创意、处处有创新”的校园文化氛围，将创新创业实践融入了人才培养全过程。坚持“做中学”的工作理念，普惠式开展大创项目，让广大学生深度参加科研训练。自2007年起，遵循“兴趣驱动、自主实践、重在过程”的原则，学校已连续实施了十批大学生创新创业训练计划项目，鼓励和带动广大学生在本科阶段进行科学研究和实践探索的训练。构建“全过程管理、基地化实践、个性化指导、信息化服务和多元化展示”五大平台，确保科研训练的有效开展。我校本科生科研训练工作硕果累累、捷报频传。以2017年为例，通过参与项目，学生获发明专利授权34项，发表论文150篇，SCI检索9篇、EI检索34篇，其中生命科学与健康学院李子豪同学以第一作者身份成功在顶级学术期刊发表论文，被SCI收录，JCR分区一区检索，影响因子7.78，创本科生论文影响因子最高记录。坚持“竞中学”的教育理念，举办百余项科技竞赛，上万师生在竞赛中学习成长。依托良好的育人氛围、健全的管理制度、完善的创新平台、雄厚的师资力量，每名学生积极参与各级各类科技竞赛，效果显著。年均实施省级以上科技竞赛50余项，每年2000多人次在省级以上竞赛中获奖，900多人次在国家级、国际竞赛中获得奖励。2017年，我校学生获ICRA国际大学生机器人挑战赛冠军，2018年获全国大学生机器人大赛RoboMaster机甲大师赛亚军，2016—2018年全国大学生机器人大赛ROBOCON三连冠，2017年、2018年连续两年获亚太大学生机器人大赛亚军。2018年，我校中国“互联网+”大学生创新创业大赛、“创青春”全国大学生创业大赛省赛金奖数、国赛获奖总数双双位列辽宁第一。

深入交叉培养，在碰撞与合作中创造价值。学校建立机器人、智能车、程序设计等学生创新实验室30个，成立以学生科学技术协会为主的学生创新创业类社团20个，打破学科界限，促进学科交叉。在专业教师指导下，不同专业的学生以市场和应用为导向，开展知识学习、科技探索、交叉创新，先后成立沈阳天骄科技有限公司等56家学生创业企业，实现了创新与创业体验的完美结合。通过开展机器人寒暑假训练营、竞赛机器人创新选修课、创新项目研究等活动，实验室构建了“课程学习—项目运作—竞赛提升—创业实践”新模式，年均培养信息、计算机、机械、软件、企业管理、电子等专业学生千余人。东北大学ACTION团队便得力于学校“三创融合、交叉培养”的育人理念。2016—2018年，ACTION团队蝉联全国大学生机器人大赛ROBOCON总冠军，连续三年作为中国唯一代表队出征亚太大学生机器人大赛。2018年，在越南宁平省举办的第十七届亚太大学生机器人大赛上，ACTION团队再次夺得亚军。2017年，团队获评大学生“小平科技创新团队”。通过大赛练兵、技术积累，创新的种子成长为创业的大树，2015年沈阳艾克申机器人技术开发有限责任公司成立，一件件具有极高技术壁垒且前景可观的产品华丽问世，竞赛模块机器人进入俄罗斯、新加坡等国内外市场，下肢康复机器人已迭代三级，获行业赞誉，2017年公司成为国家级高新技术企业。

## 三、总结评价：特色鲜明，成果突出，起到教育改革强示范效果

形成特色人才培养模式，积累了宝贵的创新创业人才培养经验：以改革人才培养模式为重点，以完善机制和政策保障为支撑，全面深入开展创新创业教育改革，形成了科学的教育理念、独特的组织机构、高效的管理体系、卓有成效的人才培养模式，培养了大批“善创意、会创新、能创造、勇创业”和“有梦想、有能力、有担当”，具备一定社会责任感和使命感的高素质拔尖创新创业人才。2017年12月14日，中国高等教育学会《高校竞赛评估与管理体系研究》专家工作组预发布《中国高校创新人才培养暨学科竞赛评估结果》，东北大学位列十强。2018年，团中央与中科院联合公布中国高校创业工作指数，东北大学高位提升，从18位跃升为11位。

学生完成了从“求成绩、求奖励”到“求改变、求创造”的完美蜕变，人才培养质量社会认可度高：成功创办学生企业58家，其中学生创业公司年收入达千万的有3个，即将上市的1个。2013至2018届本科毕业生就业率始终稳定在95%高位上，连续六年排名全省第一，国内外升学率超过40%，世界500强、高端领域等就业率达50%。

赢得了较高的社会赞誉，社会关注度、影响力不断增强，创新创业教育的建设成效获得了相关部门的认可：2007年，成为“国家大学生创新性实验计划项目”首批试点高校；2012年，获批成为全国首批40所“科普创作与传播试点高校”之一；2013年，被省科协授予“辽宁省科学技术普及基地”称号；2014年，被省教育厅授予“辽宁省大学生创新创业实践教育基地”称号；2015年，被教育部授予“全国高校实践育人创新创业基地”称号

（全国 50 所）；2016 年，获批国家科技部备案的国家级众创空间，获评“辽宁省大学生创业项目选育基地”；2017 年，获评教育部首批“深化创新创业教育改革示范高校”（百强示范校）和团中央“全国大学生创业示范园”（全国 29 家）。特色鲜明的创新创业育人之路得到《光明日报》《中国青年报》《中国教育报》等媒体报道累计 300 余次，同时在中国高校创新创业教育联盟的电子期刊上每期均获报道，赢得了较高的社会赞誉。

（东北大学推荐，执笔人：张立志、黄晓颖）

# “四轮驱动”深化创新创业教育改革

## 一、背景及意义

在“大众创业，万众创新”的背景下，创新创业教育是高等教育领域一直在思考的一个热点话题，高校注重对大学生的创新意识和创业能力的培育。厦门大学也对此展开积极探索，以政策创新、校地共建、兴趣激励和资源投入构成“四轮驱动”，不断推进大学生创新创业教育改革，提高人才培养质量。

创新创业教育是近些年来一项重要的高等教育教学改革，国家出台了一系列政策、措施加强学生创新创业能力培养。国务院办公厅于2015年5月印发了《关于深化高等学校创新创业教育改革的实施意见》，提出面向全体学生开展创新创业教育，将创新创业教育纳入教学主渠道，贯穿人才培养全过程。如何建立符合国情、地情、校情的创新创业教育模式，发展形式多样、充满生机的有中国特色的高校创新创业教育，是各高校当前都在积极探索的工作。

综合性研究型大学有较好的科研与教学实力，学科门类齐全，资源丰富。因此，创新创业教育应该以培养学生创新素质为目标，首要关注创新精神和创业意识的培养，努力造就一大批高素质拔尖创新人才，以创新教育统摄创业教育，努力为建设创新体系和建设创新型国家承担重任。[1]为此，厦门大学构建了大学生创新创业教育的“四轮驱动”模式，不断深化创新创业教育改革。

## 二、主要做法

### （一）政策催动，融入人才培养体系

创新人才培养应转变观念，营造有利于创新创业教育的条件，形成创新机制，以政策创新改革人才培养体系。国家为推动创新创业教育出台了一系列政策，各高校也根据国家政策，结合高校自身优势制定了一系列政策措施，如火如荼地开展创新创业教育，积极支持学生创新创业。

1. 优化人才培养方案。近年来，厦门大学以创新创业教育作为学校综合改革的突破口，并将其贯穿人才培养全过程。按照“优化课程结构、强化实践创新能力、突出个性培养、均衡课程安排、规范课程管理”的总体原则，制定了更为灵活、多样、个性化的人才培养新方

案。设立创新学分（必修），实行创新学分奖励制度。根据学科特点和学生发展需求，开设了一批创新实践类和职业生涯发展与就业创业指导类课程，构建创新创业教育课程体系。

2. 构建实践教学新体系。以实验教学、实习实训、社会实践和科创竞赛等为抓手，着力加强学生实践创新能力培养，逐步形成了课内课外相融合、校内校外相补充，多层次、立体化、开放性的“一体四翼”实践教学新体系。[2]

3. 强化教师教育职责。完善本科生导师制，鼓励教师指导学生创新创业教育并将其计入工作量，促进科研课题与学生科研训练的有机结合。教师所指导的项目参加高水平竞赛并获奖，在其申请职务高聘时，同等条件下给予优先考虑。

4. 完善科研创新机制。本科生在校期间应至少参加一项科创项目和一项学业竞赛。形成课内实验教学与课外创新活动、学业竞赛相互补充的多元化科研训练体系。加大科研项目和科研资源对学生的开放度，建立跨学科交叉、本研共同参与的科研创新机制。

（二）地域联动，打造联合培育平台

创新创业教育是多层次的，既包括高校自身的双创教育生态系统，也包括社会的双创教育生态系统，即高校的双创教育发展及双创人才培养与社会领域的动态结合。强化产学研协同，加强区域联动，充分发挥地域优势，积极引进校外优质资源，建立校地、校企、校校协同育人新机制，助推学生创新创业。

1. 共建众创空间。依托学校省部委重点实验室和工程中心，与厦门市人民政府、厦门火炬高技术产业开发区管理委员会共建“厦大-火炬极客空间”，为创客提供技术指导和交流、创业扶持与协作的场所。

2. 共建各类创新创业教育基地。一是共建创业学院。学校与中科招商集团共建厦门大学中科创业学院，共同为学生提供创业课程、创业实训等创业辅导。学生学习将获得“双导师”支持，并获得到公司参与项目实践等实习机会。二是共建校内创新实践平台，如与企事业单位联合共建创新实验室。三是共建见习基地。与厦门市知名企业共建“青年就业创业见习基地”，延伸见习基地创业孵化职能。

3. 共建培训课程。建设“福建省高校毕业生创业培训基地”，优化课程体系，每年开展“ETC 创业培训”，帮扶解决项目战略规划设计及实际经营问题。[3]

（三）兴趣带动，引导学生主动参与

创新创业教育的目的是培养学生的创新创业意识，提高学生的创新创业能力。在创新创业教育过程中，以兴趣为导向激发和提升学生开展研究的自主性，鼓励学生自主地进行学术研究，形成良好的创新氛围，让学生在一种相对自由与民主的学习环境中发挥潜能、培养兴趣。

1. 鼓励参与科创竞赛。2013 年，学校打造本科生早期科研训练和学业竞赛“两平台”，实施科创竞赛“八化”（全员化、多样化、课程化、基地化、团队化、国际化、常态化、日常化）新模式，带动创新型人才培养。[4] 建立国家、省、校、院四级大学生创新创业训练计划项目体系，鼓励学生进行科研训练，力争达到参与学生全覆盖。2018 年共立项大创项目 1702

个。建设学业竞赛平台，2018 年共立项 90 个校级竞赛、123 个校外竞赛共 213 项竞赛。

2. 推进交流互动。一是将本科生科创竞赛成果与论文成果、教师指导心得、学院科创竞赛工作总结等汇编成册，形成年度总结材料，总结经验。二是定期举办年度“大学生创新创业论坛”，为学生提供经验交流和成果展示的机会。三是开设“校友创业论坛”，邀请成功创业校友和学校知名学者共同参与，分享实战经验，讲述创业故事，让更多学生成为创新创业的铁杆“粉丝”。[5]

3. 培育学生社团。组织创建创业型学生社团，提高学生创新创业的体验度和参与度。加强社团骨干培训，加大创业基金、创业俱乐部、创业导师等政策扶持。建立校内专业教师和校外企业家联合指导的双导师制，激发学生的创业热情。

（四）资源推动，完善服务保障体系

高校开展创新创业教育，培养一批又一批的优秀创业者，需要汇聚各种资源，以与校友合作等各种形式反馈并支持创新创业教育，形成良性的循环系统，促进校内外优质教育资源联动，搭建创新创业教学平台，加大支持力度。

1. 加大资金投入力度。统筹教学、学生经费和校友捐赠等资源，加大对实践教学经费的投入和自主创业的扶持。2015 年将本科生学费的 60%——6000 多万元返还作为本科教学经费，其中 1500 多万元直接用于本科生科创竞赛。2016 年起将本科生学费作为本科教学经费全额返还。2016 年各界捐赠大学生创新创业基金累计 3000 多万元，用于大学生创新创业、德贞社会课题基金等。厦大 86 级校友在 2016 年 5 月 1 日启动“凤凰花开大学生创业投资基金”项目，基金总规模 5 亿元，首期资金 1 亿元，采取风险投资的方式，资助学校教师、学生和校友创业。参与发行并管理中科南强校友基金，规模为 20 亿元，在校友圈中筹集，主要用于学生、教师、校友的创业项目以及科研成果的产业化项目。

2. 打造校内实践平台。投入专项经费，立项建设了一批创新俱乐部、工程师训练营、创客空间等本科生创新实践平台。机器人工作室、智能车工作室、无人机工作室、创意工厂等入驻创新实践基地，组成了面向全校所有学生、鼓励跨学科学生协同的创新实践俱乐部。基地由学生自主管理，24 小时开放，鼓励学生自主创新，常年有 200 余名学生“以隧道为家”。[6]

3. 提升孵化服务水平。学校孵化科创竞赛，学生利用基地在机器人、智能车、无人机等领域的国内外相关竞赛中屡创佳绩。建立湖畔咖啡等特色创业实践基地，由学生创业团队自主经营，搭建全仿真创业环境。提供科研训练课程、风投引资、项目孵化、跟踪扶持等服务。成立创业孵化中心，为入驻学生创业企业提供场地优惠、投资融资、创业咨询等服务。

4. 创新管理。2014 年创建本科生创新网，实现了学生申报—教师指导—学院审核—专家评审—立项审批的全周期管理。2018 年网站总访问量超过 200 万人次，成为科创竞赛信息发布平台、师生交流平台、项目管理平台和成果展示平台。2015 年建立本科生科创竞赛微信公众号和 QQ 群，实现 24 小时服务。

## 三、实践成效

经过这几年的努力，创新创业教育改革成效显著，师生积极性有了较大提高，学生创新创业成果不断涌现，学业竞赛成绩优异，在社会和业界引起了较大关注，毕业生和用人单位满意度高，学生的实践创新能力显著提高，推广应用效果显著。

### （一）师生积极性有了较大提高

科创项目覆盖面显著增长，参与科创项目的在校生人数比例从2012年的不足5%提高到2018年的51%；从2012届毕业生的不足1%提高到目前2019届预毕业生的71%。指导教师人数也有显著增长，学科负责人积极参与指导。学生每年参加各级各类学业竞赛人次超过3万。

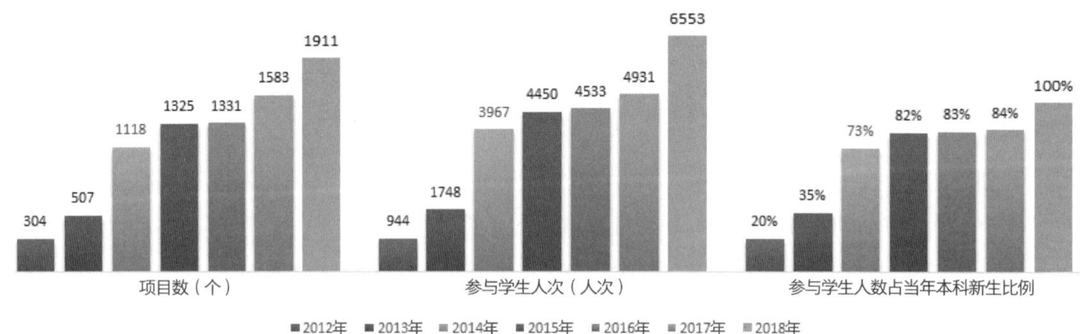


图1　2012—2018年本科生科创项目开展情况

### （二）学生创新创业成果不断涌现

2012—2018年本科生公开发表期刊论文1045篇（核心期刊683篇），申请专利116项。我校共有19项专利入选全国大学生创新创业年会，获奖9项。

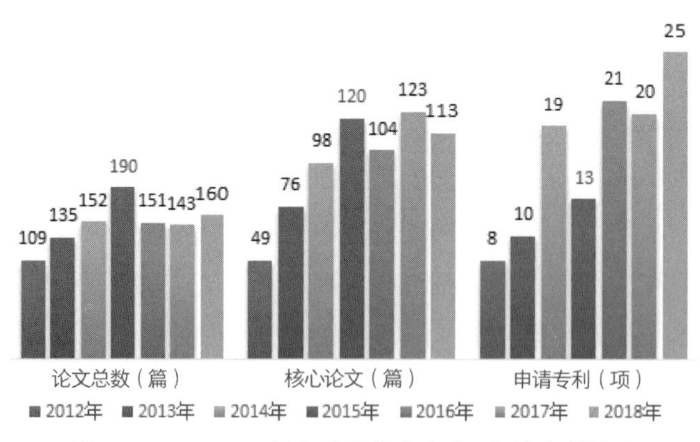


图2　2012—2018年本科生发表论文、申请专利情况

学生创业成果不断涌现，如由2011级本科生李正强等学生组成的厦大助手创业团队开发的“萌小助”高校微信服务平台2015年获李克强总理赠言：“不错，已经百万计了。但还要继续发展，希望你们的用户再上几个数量级，将来数以亿计。祝你们的公司成长壮

大，为大众创业提供支撑。”

（三）学业竞赛成绩优异

据不完全统计，2012—2018 年我校学生获得省市级以上学业竞赛奖项 4767 项，其中国际级奖项 597 项。如 2018 年第四届中国“互联网 +”大学生创新创业大赛，我校进入总决赛的 8 个项目团队取得 6 金 2 银的历史佳绩，金奖数和获奖总数全国第一，其中两个项目分别获亚军和第 7 名的好成绩，学校荣获大赛先进集体奖和“青年红色筑梦之旅”活动先进集体奖；2013 年全国大学生数学建模竞赛中我校团队获唯一最高奖项“高教社杯”奖，厦门大学也因此成为该赛事 2002 年设立最高奖“高教社杯”奖以来唯一两次获此奖项的高校；国际遗传工程机器设计大赛，我校 2011—2018 年连续 7 年获得金奖。2016 年 6 月 7 日，刘延东副总理还将我校在中美青年创客大赛中获奖的“手机机器人”作为礼物赠送给了时任美国国务卿克里。

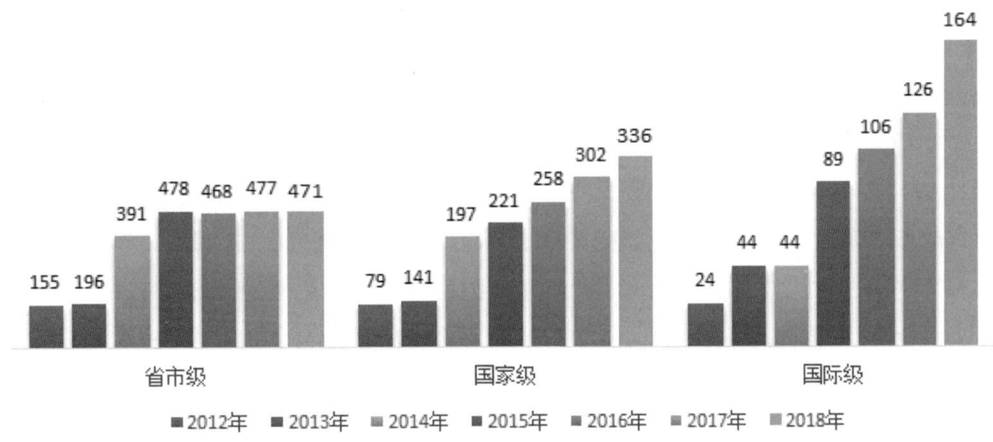


图 3　2012—2018 年本科生参加省市级以上学业竞赛获奖情况（单位：项）

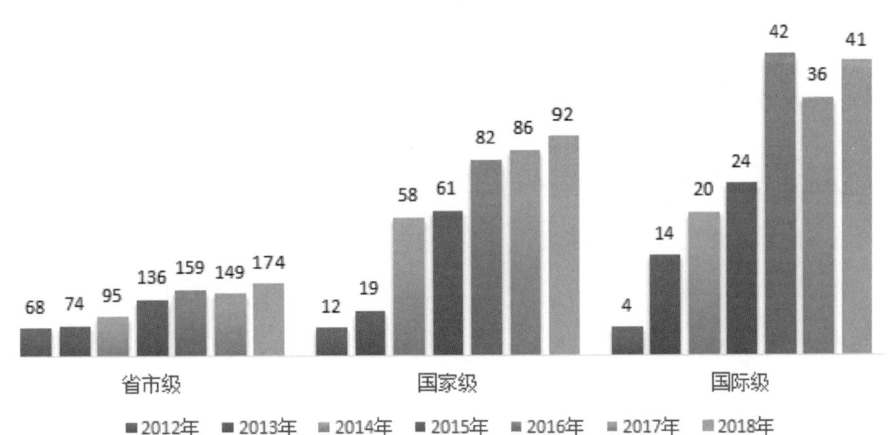


图 4　2012—2018 年本科生参加省市级以上学业竞赛获一等奖情况（单位：项）

（四）获得领导和上级部门肯定

2015 月 4 月李克强总理视察学校时，指出：“学校人才培养工作抓得很扎实，创新创业工作用人单位很满意。"2015月11月16—19日，学校接受教育部本科教学工作审核评估。专家组充分肯定学校本科教育教学工作，认为学校"科创竞赛'八化'模式成效突出""教学改革措施得力，在全国高校具有引领和示范作用"。学校入选2017年教育部首批"深化创新创业教育改革示范高校"、2015年教育部首批"全国高校实践育人创新创业基地"、2017年教育部首批"中美青年创客交流中心"，牵头发起成立全国大学生创新创业实践联盟，荣获"国创计划十周年"最佳组织奖、"2012—2014年度国家级大学生创新创业训练计划实施工作先进单位""深化创新创业教育改革特色典型经验高校""全国大学生创新创业教育实践优秀组织奖""全国高等学校创业教育研究与实践先进单位""2017年度在线开放课程建设与应用优秀组织奖"等，承办了2016年第九届全国大学生创新创业年会、2018年第四届中国"互联网+"大学生创新创业大赛等重要活动。在第四届"互联网+"大赛上，我校进入总决赛的8个项目团队取得6金2银的历史佳绩，金奖数和获奖总数全国第一，两个项目荣获亚军（第2名）和第7名，我校也荣获大赛先进集体奖和"青年红色筑梦之旅"活动先进集体奖。在中国高等教育学会2018年度全国学科竞赛排行榜（本科）上，学校排名第10。

（五）推广辐射效果显著

2015年9月8日《教育部简报》2015年第37期以《厦门大学"四轮驱动"深化创新创业教育改革》为题进行了报道。新闻联播、中国新闻网、人民网、光明网、新华网、《中国青年报》等官方主流媒体也对我校进行了广泛报道。2015年报道《厦大学子科创成绩斐然　去年夺20项国际级一等奖》《厦大本科生要修创新学分》等；2016年报道《厦门大学：让更多学生成为创新创业的"铁杆粉丝"》等；2017年以《厦门大学共同发起　486所高校加入全国大学生创新创业实践联盟》《厦门大学搭建本科生放飞创新创业梦想大平台》《厦门大学重奖本科生科创成果：创造条件让学生脑手并用》《聚焦实践，深化高校创新创业教育改革》《厦大：上好思政"实践"课》等为题进行报道。2018年10月，新闻联播报道我校"青年红色筑梦之旅"活动。2018年12月、2019年1月，《光明日报》连续以《厦门大学：让青春在创新创业的海洋中扬帆》《厦门大学：让学生个人成长与国家发展实现"共振"》为题报道我校创新创业教育工作。

2017年，经教育部高等教育司批准，我校联合国内一批高校共同发起成立全国大学生创新创业实践联盟。厦门大学为联盟理事长单位，秘书处设在厦门大学。全国大学生创新创业实践联盟自2017年6月成立以来，加强双创实践教学体系研究，打造创新创业实践交流平台，共享双创实践教学资源，完善自身建设发展，各项工作进展顺利，已成立2个省级分盟，现有成员高校541所，成员企业33家，受到社会各界的广泛关注。

## 四、总结评价

### （一）要高度重视、提高认识，努力营造重视创新创业教育工作的浓厚氛围

在以往的教学改革中，不同部门各自为政，局限于自身工作职责范围内，创新创业教育成为了学习教学改革工作的交集。创新创业教育既是创新型人才培养的重要途径，也是教务处、学生处、团委、研究生院等与人才培养密切相关的部门开展协同工作的很好抓手，只有齐抓共管才能见出成效。各部门应打破现有条件的约束，挣脱思想观念的束缚，真正认识到创新创业教育在高校教学改革中的地位，找准定位，营造大变革时代创新创业教育的良好氛围。

创新创业教育是一项系统工程，涉及方方面面，需要领导重视、教师投入、学生参与，要形成全校上下协同关注创新创业教育、群策群力的局面，各学院要为创新创业教育创造浓厚的舆论氛围，把它当成一项重要工作来抓。

### （二）要加大投入、加强建设，为创新创业教育创造良好的条件

创新创业教育需要基地与平台，创新创业重在实践，做到学生想进实验室的时候就进得去。学校要继续加大投入，要建设更多的创新实践基地，为学生开展创新创业提供强有力的条件支撑。

学校要进一步加大投入，积极为创新创业教育创造良好条件，争取让所有本科生在四年或五年内都有参与科研活动的机会。每个学生至少要参加一项科创项目和一项学业竞赛，实现创新创业教育全员化的目标。

### （三）要教研结合、多措并举，争取令全校优秀老师都加入创新创业教育中

一流大学的科研与教学一定是相互促进的。教学实践能够帮助教师使自己掌握的理论更靠近现实，更靠近生活。学生与教师一样，都是知识的探索者和理论的实践者，教师与学生围绕问题共同讨论，可以达到互相启发、教学相长的效果。教学必须与科研相结合，科研是教学的根基，而教学又可以“反哺”科研，教学上“出人才”必须建立在科研“出成果”的基础之上。

创新创业教育可以和导师制结合起来。教师和若干个学生组成一个团队，老师带着学生一起完成项目，就像师傅带徒弟一样，完成学术的传承，形成一种“学术生态”，或者说“教育生态”。若干个导师带着若干个博士生、若干个硕士生，还有若干个本科生，形成一个大家庭一样的生态群，这样的组织生态是充满活力的，是最有创新意识、最有创新精神的组织。

创新创业教育还可以与短学期制相结合。短学期应多开设一些实践性、研讨型课程，让学生有机会尝试长学期想做而没时间做的想法。很多学业竞赛也可以在短学期举办。在短学期里，我们的学生既可以选择参与科研创新，也可以出校门参加社会实践活动，还可以备战学业竞赛，让学生有更多自主选择的空间，最大程度地享受到综合性大学所蕴含

的丰富资源。

（四）要注重个性化培养，将学生发展融入创新创业教育全过程

创新创业教育不能千人一面，尊重学生的个性发展是创新型人才培养的基础。只有承认学生发展的多样性和差异性，才能使学生的潜能充分地调动起来。所以，创新型大学应该根据学生的天资禀赋，制定个性化的培养方案，实行小班化教学。让学生根据自己的情况与兴趣，自发地组成一个个“小班”，甚至“小小班”。以兴趣为导向带动学生进行自主性学习、探索性学习，激发学生创新热情，挖掘学生创新潜质。

目前，学校正在实施新一轮的本科人才培养方案。在新的人才培养方案里，我们应该更加注重学生的个性，满足学生的个性化需求；要落实创新教育，不使创新沦为一句响亮但空洞的口号；要将学生创新创业教育纳入人才培养体系，使创新创业教育在人才培养中不再是可有可无的“点缀”，而是必须有的“硬性要求”，引导学生自觉创新；要设立创新学分，对学生参加学业竞赛和获奖的情况与科技发明等给予创新学分认定。

（厦门大学推荐，执笔人：谢火木、刘李春、钟杰、杨飏）

# 构建工大特色双创教育体系，培育三航领域拔尖创新人才

## 一、背景

西北工业大学作为一所学科特色鲜明的高水平研究型大学，一直以来高度重视创新创业工作。多年来，学校始终以培养国家高层次拔尖创新人才为己任，把创新创业教育作为学校教育教学综合改革的突破口，坚持育人为本、创新引领、强化实践、产学研用融合发展，努力打造以“高水平、硬科技、军民融合”为鲜明特色的工大双创模式。着力建设“中美青年创客交流中心”、“国家专业化众创空间”，在创新创业工作保障、创新创业教育、创新创业实践和创新创业指导服务等方面，做了大量扎实有效的工作，初步形成了具有重要影响、富有浓郁西工大特色的国内双创品牌。

## 二、主要做法

### （一）统筹规划，协同推进，双创领导小组保障有效

完善组织领导，构建科学高效工作格局。2017 年 7 月成立了“西北工业大学创新创业教育工作领导小组”，由校长担任组长，分管学生工作、本科教学工作、研究生教学工作的校领导担任副组长，领导小组办公室挂靠党委学生工作部，牵头统筹大学生创新创业教育全局性工作。形成了“学校整体规划，职能部门协调配合，学院抓实主体责任，校内外协同育人，师生共创共赢”的创新创业工作格局。管理团队由党委学生工作部、研究生院、教务处、学生处、团委等部门创新创业工作的负责人组成。

加强顶层设计，健全规章制度。学校制定了《西北工业大学深化创新创业教育改革方案》，明确了学校创新创业教育的指导思想、基本原则和总体目标。在此基础上，学校还出台了《西北工业大学飞天创客空间管理办法》《西北工业大学飞天创客空间科研安全管理办法》《西北工业大学飞天创客空间入驻协议》《西北工业大学“双创”团队外聘导师管理办法》《西北工业大学学生“双创”团队管理办法》《西北工业大学“创享 +”管理办法》等系列规章制度，将双创工作的资源平台公开化、明细化，将日常管理制度化、规范化。

### （二）思源致远，不忘初心，协同育人内涵不断丰富

一是将创新创业教育融入人才培养全过程。西北工业大学不断探索、丰富研究型大学创新创业教育的新模式，已构建了集创新创业课程体系、实践体系、孵化体系于一体，致

力于无人飞行器、机器人、人工智能、大数据、智能制造、新能源、新材料等方向，“面向全体、结合专业、梯次递进”，第一课堂与第二课堂融合渗透，多层次、立体化、全方位的课程体系，以及“基地、基金、项目、竞赛、交流”五位一体、“创新、创意、创造、创业”四创融合、“校地、校企、校所”三方协同的育人实践平台和服务孵化体系，全方位助力学生的奇思妙想和创新创业实践。

二是促进双创教育与专业课程有机融合。充分利用优质在线课程资源丰富创新创业课程，聘请杰出校友和行业专家来校开设创新创业课程。组织编撰了《创业学》《互联网＋创业基础》《大学生职业生涯规划》等教材。引入“精益创业”等先进的国际创新创业课程，充分利用清华“学堂在线”、斯坦福大学公开课等优质慕课，建设资源共享的在线网络课程体系，已有 200 多人学习或选修创业通识课程；加快自有慕课体系建设，设立了“精品开放课程”建设专项，近三年累计投入 270 万元经费支持精品开放课程建设。

三是设立创新创业学分转换制度、弹性学制、创新创业奖学金。学校完善完全学分制培养方案，对学生参与课题研究、学科及科技竞赛、创新创业训练项目等予以量化评价并转换成相应学分；允许学生在校期间进行创新创业，优先支持参与创新创业的学生转入相关专业学习。采取弹性学制，设立创新创业奖学金，为在校学生开展创新创业实践创造有利条件。

四是着力提升创新创业专兼职教师教育教学能力。积极组织或选派我校创新创业教育专兼职教师及相关管理人员参加系统化、专业化的创新创业教学能力培训，提升教师创新创业教育能力。已选聘 176 位具有较高的学术和技术水平、强烈的创新精神、超前的战略眼光和丰富的创新创业实践指导经验的知名企业家、投资人、教育家、孵化器负责人、科研院所负责人和知名社会人士担任创业导师，出台《西北工业大学“双创”团队外聘导师管理办法》，从技术、产品转化、企业孵化等方面对学生双创团队给予方向性引导及技术性指导。28 位导师入选教育部“全国万名优秀创新创业导师人才库”，有力地支撑了创新创业工作。

五是拓展校内外实训基地，建设高水平众创空间。学校全力打造的飞天创客空间包含大学生创新中心、研究生创新中心、创客吧、创＋广场、创想孵化器、创投加速器六大场地和对应孵化阶段的全生态创新创业要素，已建成空间占地总面积 7600 余平方米。根据创业团队在“创意、创新、创业、产业化、市场化”的不同发展阶段，将其分配至不同的孵化平台，并给予咨询指导、企业注册、投融资等全方位的服务。

2016 年确定航海学院和机电学院为“陕西省高等学校创新创业教育改革试点学院”，2017 年确定航天学院和航空学院为“陕西省高等学校创新创业教育改革试点学院”，打造创新创业教育“培养特区”。2018 年 5 月，西北工业大学-西安中科创星创新创业实践基地、西北工业大学-西安高新技术产业开发区创业园发展中心、西北工业大学-百度（西安）创新创业实践基地 3 个大学生校外创新创业实践教育基地入选“陕西省大学生校外创新创业实践教育基地”建设项目，共同推进我校创新创业人才培养工作。

六是完善创新创业实践实训教学体系。2007 年，学校成为首批获准实施教育部“国家大学生创新性实验计划”的高校之一。截至 2017 年，学校共获准立项 1336 个国家级大学生创新创业训练项目，累计支持经费 1336 万元。2017 年，学校启动实施本科生“高峰体验”计划，面向全校各类重点实验室征集选题，评选出 23 个项目面向全校本科生开放，为本科生开展高层次科研训练提供途径。研究生各类创新创业项目年度立项近 300 个，支持经费 500 万元，设立包括“研究生创意创新种子基金”（年均 200 项）、“研究生实验中心基金”（年均 40 项）、“博士论文创新基金”（年均 20 项）以及“优秀博士研究生奖励基金”（年均 10 项）在内的“四大基金”，截至 2017 年已审批立项 1800 余项。

七是加强校校、校企、校政、校地协同协作。先后与共青团陕西省委、陕西省科技厅、陕西省财政厅、陕西省人力资源和社会保障厅、西安高新区管委会、西安市碑林区人民政府、西安市莲湖区人民政府、西安市长安区人民政府、教育部大创办、深圳前海梦工厂、北京中关村创业大街、天津津京互联创业咖啡厅、陕西众创空间、西安市高新区、西安创新设计中心、西安碑林环大学创新产业带、创途在 XIAN 等合作，积极争取政策、资金、场地等方面的支持，共建校外创投加速器。

八是为创业学生团队提供针对性指导和一站式服务。通过一站式服务平台提供对接资本、资源的多元化服务，对接天使、风投资金，解决创业企业资金和发展问题。帮扶学生创业团队注册企业 41 家，累计在孵学生企业 53 家。为每个入选入驻团队提供 2 ～ 5 万元立项建设经费和免费办公场所；提供公司注册全链条服务，每个成功注册的公司补贴 6000 ～ 10000 元，提供 20 ～ 50 万元无息贷款和建设银行创客银行 5 ～ 10 万元授信贷款。

九是将创业辅导培训服务系统化。截至 2018 年 11 月，导师为学生团队参加中国“互联网 +”大学生创新创业大赛、中美青年创客大赛、金砖青年创客大赛等 20 余场赛事提供的项目辅导累计已达 180 次，举办“创享 +”活动分享会 48 次，其中创想天使基金创始合伙人牛畋、零点研究咨询集团董事长袁岳、中金银河公司创始人向楠等导师多次与学生面对面交流做并做出点评，多次听取学生项目汇报并提出建议。

## 三、实践成效

### （一）双创工作获得奖励和荣誉

学校先后获批陕西省和教育部首批“深化创新创业教育改革示范高校”，教育部首批“中美青年创客交流中心”（西北地区高校唯一）、科技部“国家专业化众创空间”（陕西省高校唯一）以及团中央首批“全国大学生创业示范园”（陕西省高校唯一）和“陕西省创业孵化示范基地”。

（二）创业带动就业，就业创业质量稳步提高

近三年来，学校本科毕业生就业率一直保持在96%以上；研究生就业率一直保持在98%以上；毕业生到世界500强与国企的比例达50%以上；毕业生到航空、航天、航海、兵器、电子等国防科技工业领域的比例近40%。学校就业率和就业质量在同层次、同类型高校中居较高水平。

西北工业大学积极响应"创业大西安""吸纳人才留西安"等国家、省市政策和号召，勇担高校在促进人员就业、再就业、自主创业等方面的责任，积极对接企业就业资源，开展就业人员岗前培训18场。2016年至今帮扶学生团队成立创业就业型企业53家，直接促进就业人数达144人（全部为本科及以上学历）。

（三）以赛促教，以赛促练，成效显著

2014—2017年，我校学生共获得创新创业类国际级奖项292项，国家级奖项802项，省部级奖项1106项，覆盖校内65%的学生。在2016年全国大众创业万众创新活动周期间，我校双创团队斩获15个冠军。在第二届中国"互联网+"大学生创新创业大赛上，"翱翔系列微小卫星"团队勇夺全国总冠军。

（四）加快成果转化，推进军民融合

在知识成果转化方面，西北工业大学积极帮助实验室对接知识产权方面的资源和机构，通过专利授权、标准推广等多种方式，将技术向产业辐射，已转让（包括技术入股和技术授权）应用工程化技术12项。

在产业化方面，充分依托教育、科研和人才的综合优势，通过项目转让、成果入股、技术合作、股权经营、共建平台等多种形式，积极推进协同创新，促进科技产业的发展，服务国防和国民经济建设。以西北工业大学为投资主体，在产业化方面进行投资并实现成果市场化的企业实体包括陕西航沣新材料有限公司、西工大高商科技有限公司、西工大科技园、西安翱翔工大教育有限责任公司、西安鑫垚陶瓷复合材料有限公司、西安铂力特激光成形技术有限公司等。

由西北工业大学联合西咸新区沣西新城共同建设的西北工业大学"翱翔小镇"暨无人机产业化基地，是我国首个以"空、天、地、海"无人系统产业集为核心的"科教产融"创新示范小镇，小镇集科研、教育、产业、金融为一体，必将进一步推动军民融合深度发展战略落地陕西，为陕西军民融合深度发展贡献一份"高校力量"。

（五）一批大学生创业典型涌现

已孵化出一批成功的初创企业，涌现出一大批具有创新精神、创业意识和创新创业能力的青年创客，从创新中心走出的创客王建军便是其中的优秀代表。王建军29岁登上福布斯"中国30位30岁以下创业者"名单，最近完成C轮3亿元融资。研究生戴维和朱健楠的创业公司双双荣获"陕西省年度创业十杰"称号，朱健楠荣获"西安市创业明星""陕西省创业之星"称号，王哲、李宽、雷轶、卫宣伯4名工大学子入选"2018西安创业英雄"

名单。潜创水下机器人团队勇登央视《创业英雄汇》，风火轮滚翼机在《我爱发明》栏目中“一飞冲天”，《新闻联播》、《朝闻天下》、《新闻直播间》、中央人民政府网站等栏目、媒体多次对我校双创工作和优秀创新创业团队进行宣传报道。张炜书记、汪劲松校长在人民网、新华网、光明网、《中国教育报》等平台发文发声，展现高等教育强国视角下西工大的创新创业风采。

## 四、总结评价

2017 年以来，学校先后获得首批“全国大学生创业示范园”、第三届中国“互联网＋”大学生创新创业大赛“先进集体奖”、“省级创业孵化示范基地”、陕西省首届金孵奖“2017 最贴心孵化机构”、第三届中国“互联网＋”大学生创新创业大赛陕西赛区“高校集体奖”、陕西省科技厅“年度双创工作示范奖”、科技部“国家专业化众创空间”、教育部“中美青年创客交流中心”等多个荣誉称号及奖项。戴维和朱健楠的创业公司双双荣获“陕西省年度创业十杰”称号，朱健楠荣获“西安市创业明星”“陕西省创业之星”称号。

飞天创客空间创业孵化示范基地先后接待访客 100 余批，累计 3000 余人次。时任国家副主席李源潮、时任科技部部长万钢、陕西省委书记胡和平、时任陕西省委书记娄勤俭、时任西安市委书记王永康等领导先后莅临空间指导工作，参观创业团队产品，与青年创客交流座谈。先后接待清华大学、北京大学深圳研究生院、南开大学、西安交通大学等多所高校创新创业工作考察团。《新闻联播》、《朝闻天下》、《新闻直播间》、中央人民政府网站、《中国青年报》等栏目、媒体多次对我校双创工作和优秀创新创业团队进行宣传报道。学校双创业态逐步展现，得到社会和各级部门广泛认可和赞赏。

2018 年 1 月，西北工业大学获批成为陕西高校首家“国家专业化众创空间”。作为科研体制机制改革的先行先试平台，西北工业大学国家专业化众创空间探索建立以市场为导向的科研立项机制与促进科研成果转化的科研评价体系，加快推动科技成果转化等相关政策落实，努力成为科技成果应用的引领者。力争建成创新创业孵化、军民融合、产学研结合的重要示范区，成为陕西乃至西部科学技术研究、科技成果转化以及创新创业的重要基地，为学校“双一流”建设和地方经济发展发挥积极作用。

（西北工业大学推荐，执笔人：顾振芳）

# “三创融合、六位一体”的创新创业教育体系构建与实践

## ——大连理工大学创新创业教育改革案例

大连理工大学是全国高校中较早倡导并开展创新创业教育的学校，学校高度重视创新创业教育工作，深入贯彻落实国务院办公厅《关于深化高等学校创新创业教育改革的实施意见》精神，加强顶层设计，进一步深化创新创业教育改革，将创新创业教育改革工作纳入学校综合改革方案、“十三五”规划和“双一流”建设中。学校结合自身发展优势及特点，提前布局并制定《大连理工大学深化创新创业教育改革实施方案》，并在《大连理工大学2018年工作要点任务分解方案》《大连理工大学关于制订2016—2020级本科生培养方案的指导性意见》等制度和方案中明确创新创业人才培养目标，制定具体实施措施和方案，以创新创业学院为示范，统筹协调全校院系并建立相关创新创业基地，全面修订人才培养方案，有效推进我校创新创业工作全面开展，形成创新创业新生态系统，通过交流与合作带动周边高校共谋发展，切实起到创新创业教育示范和牵引作用。

## 一、创新创业教育理念和实施办法

1.实施“三创融合”的创新创业教育理念

（1）提出“三创融合”的创新创业教育新理念

根据国家、教育部及学校文件精神，召开了多次研讨会，到美国斯坦福大学、麻省理工学院、硅谷和国内北京、上海、杭州及广州等地开展实地调研，在我校原有创新创业教育工作基础上，提出了“三创（创意、创新、创业）融合”的创新创业教育新理念，坚持创意驱动创新、创新引领创业，倡导学生“做中学、学中思、思中创”，将创新创业教育融入人才培养主渠道，培育创新精神、树立创业意识、完善知识结构、掌握创业技能，力图使大学生成为富有创意、善于创新、勇于创业的创新创业型人才。

（2）构建创新创业新生态系统

1）两个协同。即校内校外协同和课内课外协同。校内校外协同即完善校地协同、校企协同、校际协同的协同育人机制。课内课外协同是将创新创业课堂教学与创新创业课外活动、训练、实践紧密结合。

2）三创融合。即将创意、创新、创业融为一体，坚持创意驱动创新、创新引领创业，培养富有创意、善于创新、勇于创业的创新创业型人才。

3）四个平台。即创意激发平台、创新创业训练平台、创新创业实践平台和创业孵化平台等组成的创新创业教育硬件平台。

4）五个举措。即汇聚师资、开设慕课、举办竞赛、开展研究和政策保障等五个具体举

措，为“三创融合”的创新创业教育体系构建提供良好的生态环境。

2. 健全创新创业管理机制

学校成立了以校长为组长，由分管本科教学、研究生教学和学生工作的校领导为副组长，连同教务处、创新创业学院、学生处、团委等10个部门负责人组成的领导小组，定期研究部署创新创业工作。建立了教务处牵头、多部门齐抓共管的联动协调机制，建立创新创业工作组例会制度，有效推进我校创新创业工作的开展。每年投入1000余万元创新创业专项经费，设立大连理工大学创新创业教育基金，支持创新创业教育基地建设、教学及改革工作，资助学生参加创新创业竞赛与创新创业项目训练和实践。

3. 加强课程建设和教学改革

按照“创意、创新、创业”融合的新理念，坚持创意驱动创新、创新引领创业，将创意、创新、创业融为一体，倡导学生“做中学、学中思、思中创”。依托我校创新创业教育的优势和特点，全面修订专业课程培养计划，建立面向全校学生的创新创业教育专门课程，设置创新创业必修课程模块（2学分）。面向全体学生开设创新创业基础课程模块（5门），培养学生创业意识、创新思维和批判性思维；依托22个实践班，开设强化创新创业实践类课程模块（100余门），提高实践能力；同时在专业教育中强化创新创业教育，并打造了依次递进、课内外互补、科学合理的专门课程群。

经过多年探索与实践，学校建设了集创造性思维、批判性思维、创新方法、创业技能等理论与实践相融合的创新创业教育系列课程，在教育部、辽宁省和学校教学改革项目支持下，建设了20门次创新创业在线开放课程，并在国内多个慕课平台上线，取得了良好的社会声誉。比如：“创新教育基础与实践”被评为第一批“国家级精品资源共享课”，是全国唯一一门创新教育类精品课程；“创造性思维与创新方法”被评为教育部第二批“精品视频公开课”，被爱课程网评为最受欢迎的课程；“创新教育基础与实践”“创造性思维与创新方法”“创造学基础”“互联网＋创新创业”“大学生创新创意创业教育”“走近机器人”“大学生创新基础”“嵌入式系统原理与设计”“建筑用制冷技术”等10门课程被评为“辽宁省精品资源共享课”。学校建设了“创造性思维与创新方法”“脑洞打开背后的创新思维”“脑洞打开背后的创新方法”“创业基础与实务”等慕课课程，在智慧树、爱课程网、超星尔雅、高校邦等全国性慕课平台上线，其中“创造性思维与创新方法”慕课在智慧树平台上线以来有来自全国累计500余所高校的近30万学生受益，学生满意度达到96%，该课程采用线上教学＋翻转课堂的混合式教学模式，培训了400多位线下辅导教师，在全国高校中产生了很大的影响。

学校每年投入30万元专项经费设立创新创业教育教学改革专项项目，鼓励改革教学方法，广泛开展启发式、讨论式、参与式教学，在100余门创新创业实践类课程中全面推进大班上课、小班研讨的教学模式，探索非标准答案考试，破除“高分低能”积弊。在创新创业教学改革项目支持下，开展创新创业教育课程体系的研究，形成了独具特色的创新创业课程体系。学校在高等教育出版社出版了创意创新创业系列教材，包括《大学生创新基础》《创造性思维与创新方法》《批判与创意思考》《创造力：发展与测评》《大学生创业教育与实践》《C 语言程序设计教程》《Python 程序设计教程》《智能车设计与实践》等 8 本教材，其中《创造性思维与创新方法》是辽宁省“十二五”规划教材，被许多高校选为指定教材。

4. 搭建实践平台，强化实践训练

学校建立了以创新创业学院创新实验中心为中心，以学部（学院）级创新创业实践基地为分中心，以大学生创业园（π 空间）和校外实践教育基地为纽带的集创意激发、创新实践、创业孵化为一体的创新创业教育实践平台，建设大学生创客基地及创业孵化平台——大连理工大学 π 空间。同时，依托大学科技园建立大学生创业园，依托大连高新区众创空间建立创业工坊，依托相关企业建立校外实践教学基地 100 余个。与中软国际、微软、Intel 等二十余家知名企业共建大学生创新创业孵化基地，实现校内成功孵化的创业团队直接进入社会并在园区创办实体企业。我校实践平台在 2015 年被评为教育部首批“全国高校实践育人创新创业基地”称号（50 强），2016 年被评为教育部首批“全国创新创业典型经验高校”（50 强）、全国首批“深化创新创业教育改革示范高校”，2017 年获得科技部“国家级众创空间”荣誉。

学校每年投入 2000 多万元经费，加强专业实验室、虚拟仿真实验室、创新创业实验室建设，整合各类实验室资源，建立实践平台共享机制，修订培养方案，增加实践环节，做到创新创业实践全覆盖。学校建立科研资源向本科生开放的制度，目前全校已有 3 个国家级重点实验室、10 个省部级重点实验室、8 个国家级实验教学中心、15 个省级实验教学示范中心向学生开放，免收实验场地费和仪器使用费，为学生创新创业提供条件。

学校将“大学生创新创业训练计划”纳入人才培养方案，提出了“4 个一”制度，即要求每“一”名教师每“一”年至少提出“一”项创新创业训练计划、至少指导“一”名以上大学生开展该计划。学校每年划拨不少于 300 万元的创新创业训练计划专项资金，每年大约有 50% 以上的学生参加创新创业训练项目。学校每年投入 250 万元专项经费支持大学生参加 120 余项创新创业大赛，制定了《关于学生代表学校参加竞赛的若干规定》，对竞赛获奖学生在学分认定、奖学金申请、推免研究生等方面进行激励；设立创新创业大赛负责人制度，制定了《教师指导大学生竞赛工作量量化及奖励办法》，对参加指导的教师给予工作量和奖励，在教师年度工作考评、职称晋升等方面给予量化积分。每年学生创新创业成果获得省级以上奖励数千项，例如：在 2015 年全国大学生电子设计竞赛中，我校学生勇夺全国大学生电子设计竞赛唯一最高荣誉——“瑞萨杯”；2017 年，在教育部第三届中国“互联网 +”大学生创新创业大赛上，我校获得 1 金 1 银 2 铜，并再一次获得大赛“先进集体奖”(全国 20 所）。

学校建设 3D 打印机协会、灵魂车队、机器人协会、未来科技发明协会、创客协会、天文俱乐部等大学生创新创业社团和俱乐部 45 个，同时，依托 π 空间创业孵化基地，建立了系统的帮扶机制和入围退出机制，帮助入驻项目制订创业计划方案，实现个性化指导和辅导，帮助解决初创企业在发展中遇到的问题，定期开设创业沙龙、创业讲座，聘请一批成功的创业者作为“驻校导师”对大学生进行指导帮扶，营造浓厚的创新创业氛围。

5. 加强教学制度管理

学校设置了“个性发展课程模块”，建立了创新创业学分积累与转换制度，学生可以将参加创新创业竞赛、大创项目、讲座、创新创业训练和实践的经历申请转化为个性交叉课程学分。学校出台政策允许学生休学创新创业，经过认定可以延期两年毕业。学校每年投入 50 万元设立创新创业奖学金，奖学金获奖比例占全校学生 6%，每年有 1200 余名学生获得创新创业类奖学金。

学校设立了创意设计、互联网 + 创新创业、数学建模、机电技术、智能硬件、机器人、媒体艺术、机械、软件工程、土木水利、化工、创业教育等 22 个创新创业实践班，面向全校学有余力、有兴趣的学生招生，制定了创新创业能力培养计划，每年招生 1200 余人，学生修完规定的 15 个学分后可获得学校颁发的创新创业能力证书。学校每年召开全校创新创业教育总结表彰会，评选创新创业标兵、优秀创新创业团队和优秀指导教师，并给予表彰。创新创业优秀学生在保研中予以加分，对特别优秀学生可以单独划拨保研名额。

6. 强化教师队伍建设

学校成立创新创业学院，设置 30 个创新创业教育专职教师岗位（目前 21 人），面向校内聘请创新创业教育兼职授课教师 132 人。学校建立了创新创业导师库，目前有校内创新创业导师 22 人，校外导师 88 人，聘请了胡剑锋等知名创客来校任教。学校规定每门创业课程要聘请 1 名创业导师课堂授课，还聘请一批成功的创业者作为“驻校导师”开设“天威论坛”创业大讲堂，为大学生创新创业提供个性化指导和支持。导师团队所开设课程中，“创新创业工程与实践”“技术创新”“新产品开发”“TRIZ 理论与应用”“知识产权及保护”“商业模式设计”等创新创业实践课程或讲座有助于培养创造性思维，传授创新方法，树立 CDIO 工程教育新理念，鼓励学生以任务为导向，系统学习创新产品研发、创业模式路演等相关知识，“做中学、学中思、思中创”，将奇思妙想转化为现实产品。2010 年我校创新创业教学团队被评为“国家级教学团队”。

学校给予经费、政策支持鼓励教师参加创新创业相关培训，两年来共组织 65 名教师参加辽宁省创新创业培训班，大连市创业“千人计划”培训，KAB、SIYB、创新方法、创新工作坊及职业生涯等创新创业教师师资培训班。

## 二、建设成效

学校创新创业教育取得了丰硕的教学成果，其中《大学生创新实践中心的建设》《创新人才培养工程探索与实践》等三项教学成果获得“国家级教学成果奖一等奖”、省级教学成果奖 10 余项，在全国高校中领先。创新创业课程建设也走在全国高校前列，如“创造性思维与创新方法”“创新教育基础与实践”“互联网 + 创新创业”等十余门课程获批国家级和省级精品开放课程，在高等教育出版社出版了创意创新创业系列教材，在爱课程网、智慧树等慕课平台上开设了创新创业慕课课程，在全国高校中产生很大的反响。每年有 50% 以上的学生参加大学生创新创业训练项目。在全国、辽宁省创新创业年会中，获得“我最喜欢的项目”“优秀论文”等荣誉及奖励 40 余项。学生创新创业成果获得省级以上奖励数千项，发表学术论文 600 余篇，申请专利 2000 余项，目前在基地孵化的创新创业团队 100 多个，注册企业 30 余家。学校被评为“全国青年科技创新教育基地”、教育部首批“全国高校实践育人创新创业基地”、首批“全国创新创业典型经验高校”、全国首批“深化创新创业教育改革示范高校”、“辽宁省大学生创业园区”、“辽宁省创新创业教育基地”、“辽宁省创业项目选育基地”，当选中国高校创新创业教育联盟常务理事单位、全国大学生创新创业实践联盟副理事单位。

## 三、总结与展望

经过多年的探索与实践，我校建立了特色鲜明的、示范性强的“三创融合、六位一体”的创新创业教育体系，培养了一大批有创新精神和创业能力的人才，深受用人单位的好评。先后有清华大学、北京大学、天津大学、中山大学等 400 多所高校领导或教师来校考察，国务院总理李克强、时任国务院副总理刘延东、时任团中央第一书记秦宜智等领导考察了我校创新创业基地或成果并给予了高度评价。《人民日报》《光明日报》《中国青年报》、中央电视台等新闻媒体对我校创新创业教育进行了 100 多次报道，如 2015 年《光明日报》报道《创新创业在这里蔚然成风》，2017 年《中国青年报》报道《大连理工大学：构建双创教育新生态》。在中国高校创新创业联盟、CDIO 工程教育联盟、广东省教育厅和北京大学、清华大学等单位和组织举办的会议上，我校创新创业教育典型介绍经验或开展师资培训 100 余次，覆盖教师和学生 2 万余人。

今后，学校将持续深化创新创业教育改革，组织和开展有特色和富有成效的创新创业教育活动。积极与政府、企业合作打造优质创客空间，开展创客教育，营造高校创客文化氛围，完善创客课程体系，打造专业的创客教育师资队伍。积极与企业开展深度产学研合作，吸引更多的社会资源，面向企业和行业需求设置大学生创新创业计划项目，将创新创业训练计划项目向创业项目选育、孵化、转化与市场延伸。完善创新创业发展人才培养环境，实施创新人才培养发展战略，激发区域创新活力和创业热情，推动创新创业教育发展的国际交流，大力推动区域经济和社会发展。

（大连理工大学推荐，执笔人：徐萱）

# 以校园创新创业文化为载体，深化创新创业教育改革

作为2002年全国首批创新创业教育试点高校，中国人民大学采取了一系列措施，以校园创新创业文化为载体，培养学生的创新精神，提升他们的创新创业能力，深化创新创业教育改革工作取得了一系列社会公认的成果。

## 一、高校创新创业教育校园文化建设的缺失及其表现

在党中央、国务院做出深化创新创业教育改革的重大决策之后，作为一项事关国家创新驱动发展战略和毕业生更高质量就业创业的系统工程，中国高校的创新创业教育亟待由注重知识传授向注重创新精神、创业能力培养转变，由单纯面向有创新创业意愿的学生向面向全体学生转变，从而系统性地融入高校人才培养体系。在这一过程中，能否营造良好的校园文化环境，业已成为影响深化创新创业教育改革的重要因素。

当下，创新创业教育仍然存在着一些深层次的问题。首先，一些高校将创业的“业”狭隘地理解为“企业”，将“创业教育”狭隘地理解为“创业孵化”，盲目鼓励学生脱离专业学习过程，过早介入创业实践，以创业成功率来衡量创业教育成败。其次是偏重灌输、淡化能力的教育方式依旧存在，知识传授与能力培养长期脱节，缺乏综合提升学生创新创业能力的有效供给，全员、全过程、全方位的创新创业教育氛围亟待营造，难以形成有机互补的创业教育生态系统。最后是实践弱化、机制缺失的服务指导问题。学生创业意识和创业精神不强且动手能力差的情况下，校园内整体实践育人系统建设不到位，就业创业服务不够精细化，让学生面对创新创业的挑战和机遇时更增畏难情绪。

总的来说，如果无法形成鼓励创新创业的校园文化，将会使创新创业教育成为无源之水、无本之木，无法获得应有的内生动力，学生创业规模小、成功率低、层次不高、创新性不足。

## 二、中国人民大学创新创业校园文化建设的理念与举措

### （一）创新创业校园文化的建设目标与建设理念

中国人民大学坚持“立学为民、治学报国”之理念，始终重视履行“立德树人”之根本使命，强调以德为先，促进学生德智体美全面发展。基于学校“国民表率、社会栋梁”的整体人才培养目标，站在服务国家创新驱动发展战略的高度，突出承担使命、探究知识、增强能力、奉献社会的培养要求。坚持强基础、搭平台、重引导的原则，以打造良好的创新创业教育环境，优化创新创业的制度和服务，营造积极向上、推崇创新、尊崇创业、宽容失败的

校园文化为目标，实现“价值引领、能力培养和知识传授”“创业教育、创业训练和创业实践”“创新、创意、创业”三位一体。

（二）具体举措与实践创新

1. 创新创业教育价值体系建设，营造使命文化

崇高的使命赋予校园文化内在的灵魂，先进的目标孕育文化持续发展的动力。中国人民大学在创新创业教育中，始终重视理想信念教育，重视世界观、人生观、价值观的引导，开拓“红船领航”（2012 年开始）、学生生涯引领计划（2014 年开始）等多种活动载体，培养具有高度创新精神、合作意识、社会责任和家国情怀的创新创业复合型人才，造就具有厚重品质、奋进在时代前列、能在各行各业发挥引领作用的“国民表率、社会栋梁”。

学校进一步提出“业”“新”“育”“融”“圈”五字方针，深化对创新创业教育的使命理解。“业”，创业不仅仅是创办企业，更要学业、就业、创业、事业“四业并举”，为学生创造人生的多种可能性；“新”，注重培养学生的创新意识、创新思维和创新能力；“育”，要以人才培养为中心，这是提升学校人才培养质量的重要抓手；“融”，把创新创业教育融入人才培养体系，培养复合型创新人才；“圈”，构建学科圈、要素圈、校友圈，打造创新创业教育生态圈。

2. 创新创业教育长效机制建设，营造制度文化

2009 年开始，学校先后成立了创业中心、创业办公室，从制度层面创设了学生创业工作的明确载体。在此基础上，通过学生就业工作领导小组的逐步建设，构建起了学校党政负责人双组长，教学、就业、团委、科技园等部门及相关学院共同参加、齐抓共管的创新创业教育和自主创业工作协调机制，统筹创新创业教育、创业基地建设、创业政策扶持和创业指导服务等工作，明确分工，切实加大人员、场地、经费投入，形成长效机制。上述机制成为构建学校高质量创业就业成果的长效基础，形成了一种全员、全过程、全方位促进就业创业的学校管理文化，使近年来学校正式成立学生就业创业工作领导小组、创业学院等组织机构变得顺理成章、水到渠成。

3. 就业创业指导课程建设，营造课堂文化

2009 年开始，学校将 20 世纪 90 年代就开设的“就业指导”选修课设立为全校学生必修课，后正式更名为“就业创业指导”课。课程由学校学生就业创业指导中心与劳动人事学院合作设计并开设，纳入学校人才培养方案。以此为基础，就业创业指导课堂教学逐步发展为职业发展指导课程群，包括职业生涯规划与职业修养、职业技能强化、行业与岗位分类指导等子课程群。课程群遵循教育教学规律和人才成长规律，以课堂教学为主渠道，结合行业发展融入专业教育，创新教育教学方法，引导学生整合知识、内化知识、运用知识以及自我学习，培养学生持续搜寻、发现和创新知识的能力。

4. 创新创业训练体系建设，营造实践文化

学校把创业实践训练作为创业教育的重要延伸，通过训练项目丰富学生的创业知识

和体验，提升学生的创新精神和创业能力。学校设立了“大学生创新实验计划”（创新训练项目）和“大学生创业训练计划”（创业训练项目和创业实践项目）两个项目平台，构建起一个全方位、多层次、广覆盖、重实效的“中国人民大学大学生创新创业训练”体系。截至目前，校级创新训练项目已达610个（2007年启动），国家级创业训练项目72个（2012年启动）。两个计划每年投入资金400余万元，参加学生1000余人，年学生平均受益率超过40%。从2015年开始，该计划又进一步拓展成为“大学生创业训练”实践性课程，融合课堂授课、创业讲座、模拟路演、创业沙龙、企业游学、企业实习等形式，课上课下活动在整个课程中约占3：4，学习和课程考核均以项目团队的形式开展，项目负责人对成员进行管理和打分。截至目前，该课程开设三学期以来选课和旁听人数共计超过2100人次。

除此之外，为加强学生创新训练实践，学校还积极推动各类创新训练项目建设，已经形成品牌的项目有“千人百村社会调研项目”、“本科生科学研究基金项目”、“创新杯”课外学术科技作品竞赛等。

5. 创业指导体系建设，营造服务文化

学校在校级、院级系统设置专业化的职业咨询室，积极鼓励学生勇于创新、敢于创业的同时，积极加强创业风险意识教育，帮助学生了解创业过程中可能遇到的困难和问题，不断提高学生防范和规避风险的意识和能力。建立了一支专兼职的就业创业导师队伍，对学生提供职业生涯辅导、实习实践指导和创业实践引导，对学生创业者进行“一对一”的创业指导和咨询。

学校持续发力建设创新创业教育“第二课堂”。自2009年开始，学校连续9年举办学生“创业之星”大赛，总参赛团队达500余个，参赛人数达数千人，已孵化企业50余个，海内外参赛院校达100余所，“创业之星”已经成为北京市乃至全国知名的大学生创新创业比赛。自2010年11月举办以“企业家精神驱动成长”为主题的中国创业天使孵化论坛开始，学校先后多次组织“星期五创业吧”、创业论坛、创业校友“大手拉小手”等互动式专题讲座、学术沙龙等创新创业教育活动。坚持举办每两周一次的创业路演、每月一次的创业大讲堂等高频次、高品质的课外辅导活动，辅以创业导师、校友创业投资基金等实际支持手段，形成了朝暮有服务、日月有指导、四季有重点、年年有总结的创新创业服务文化。

自2009年开始，中国人民大学文化科技园设立了专门服务大学生创业孵化的学生创业园，现已形成全流程、全方位、全链条、立体化的创业孵化服务平台，累计孵化大学生创业企业71家，在孵大学生创业企业33家。在校外，学校又联合各省市政府、创业孵化基地、创业企业、校友企业等积极构建校外实践教育基地及创新人才工作站40余个，创新实习实训基地260余个，创业实习实训基地20余个。

6. 创业宣传机制建设，营造舆论文化

学校广泛开展大学生自主创业的宣传工作，除通过网络媒体、微信、海报、广播等平台进行宣传外，学校还编制《创业指导手册》《创业政策汇编》《创业人物故事》等材料，宣传国家推动创新创业教育和促进大学生创业工作的新举措、新成效，宣传毕业生自主创业的先进典型，激发学生的创业热情，引导学生树立科学的创业观、就业观、成才观。浓厚的创业文化氛围和舆论环境，既培养了独立思考、自由探索、勇于创新、宽容失败的精神，又让学生通过创业实践试水提高了创业能力。

## 三、创新创业教育成果的示范影响

以创新创业校园文化为载体，深化创新创业教育改革工作取得突出成果，近五年来学校先后被评为“全国高校实践育人创新创业基地”“全国创新创业典型经验高校”“国家级大学生创新创业训练计划实施工作先进单位”“深化创新创业教育改革示范高校”“北京地区高校示范性创业中心”，学校文化科技园被评定为“高校学生科技创业实习基地”“国家级众创空间”“国家级科技企业孵化基地”。

在教育成果的长期持续积累下，创新创业文化成为校园文化的有机组成部分。学校初次就业率、就业质量保持高水平。学生创业比例逐年增长，创业成活率高。近五年来，参加大学生创新创业训练计划人数累计达到6000余人次，参加“创新杯”课外学术科技作品竞赛人数达到1.9万余人次，每年参与各类创新创业实践训练项目活动的学生约4000人次，学生自发成立创新创业社团50余个。第三届“互联网＋”大学生创新创业大赛中，学校报名团队达到123个，参赛人数554人，占北京市报名参赛人数的1/10。

在创新创业文化的长期孕育之下，由人大毕业生组成的社会“人大创业系”根深叶茂。经段永平、牛文文、张磊、刘强东等一批校友创业家的示范、带动和帮扶，学校毕业生自主创业人数逐年递增，自主创业成功率居全国高校前列，涌现出了以云海肴、小毛驴、奥秘之家为代表的一大批优秀大学生创业项目。第二届中国“互联网＋”大学生创新创业大赛上，学校彩虹蜗牛教育团队获得全国金奖，实现人文社科类高校历史性突破。在一系列国际公认的学科创新竞赛中，人大学生的拔尖创新能力也得到了检验。

（中国人民大学推荐，执笔人：陈姚、李姗姗）

# 创新创业教育与专业教育有机融合案例

## ——四川大学创新创业集训营

## 一、背景

创新创业教育在高校虽已呈星星火燎原之势，但部分高校仍将创新创业教育视为仅针对少数具有创业理想的学生开展的技能教育，没有深刻认识到创新创业教育已然融入整个人才培养体系；部分教师主动参与创新创业教学的积极性不高，没有在课程里植入创新创业教育要素，缺乏在课堂上培养学生创新创业能力的意识和行动，同时也难以把科研及其转化工作融入教育教学工作，难以把对产业的理解和产业资源引入校园、融入教育工作；很多教师缺乏市场经验和创业能力，高科技转化工作对他们本人而言困难重重，无力融入创新创业教育；部分学生仍将创新创业教育理解为少数同学比赛获奖、争取功利目的的工具，把创业实践中所必需的亲身体验的优化产品、获得市场反馈、接触产业资源和投资市场视作畏途，幻想创新创业精神、意识、知识和技能可以比拟理论课学习，在教室里、自习室里便可以习得。高校师生对创新创业教育不充分理解和不完全胜任，使得高校创新创业人才培养与社会对高校人才培养的期待存在不小的脱节，这就是所谓的创新创业教育与专业教育“两张皮”。

推进高校创新创业教育，是我国实施创新驱动发展战略、推动经济提质增效升级的迫切需要，也是推进高等教育综合改革、促进高校毕业生更高质量创业就业的重要举措。高校应将创新创业教育贯穿于学生培养全过程，努力实现创新创业教育与专业教育有机融合，这是大势所趋、历史必然，它的实现需要不同要素耦合协同，需要有丰富资源平台和明确而周知的实践路径。

四川大学作为国家在西部的重要战略部署高校和首批国家双创示范基地，坚持“深化创新创业教育改革、创新科技成果转化机制”双轮驱动，紧密结合国家创新驱动发展需求，把创新创业工作与全面建设世界一流大学相结合，与全面提升教育质量水平相结合，与全面推进国家双创示范基地建设相结合，改革创新，先行先试，积极探索高校创新创业教育改革和人才培养新模式。

学校以培养学生“创事业、谋事业”的意识、知识、素养与能力为出发点，将创新创业教育贯穿人才培养的全课程、全过程，全面提升人才培养质量。2018 年，为深入推进创新创业教育与专业教育精准融合，提升双创师资水平和人才培养水平，加速双创项目孵化，

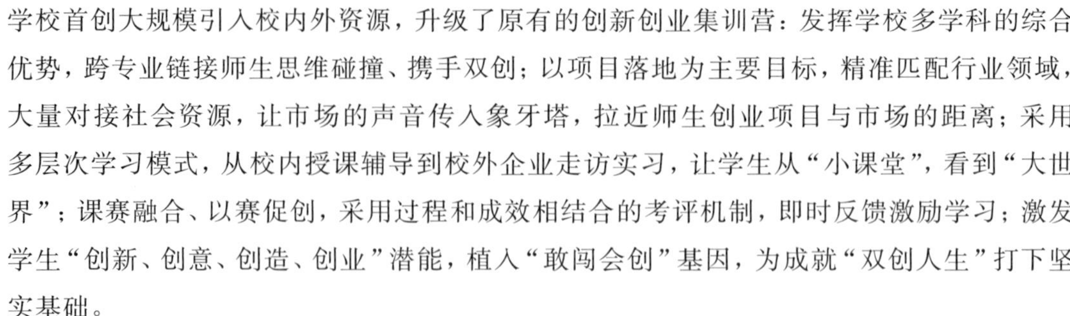

学校首创大规模引入校内外资源，升级了原有的创新创业集训营：发挥学校多学科的综合优势，跨专业链接师生思维碰撞、携手双创；以项目落地为主要目标，精准匹配行业领域，大量对接社会资源，让市场的声音传入象牙塔，拉近师生创业项目与市场的距离；采用多层次学习模式，从校内授课辅导到校外企业走访实习，让学生从“小课堂”，看到“大世界”；课赛融合、以赛促创，采用过程和成效相结合的考评机制，即时反馈激励学习；激发学生“创新、创意、创造、创业”潜能，植入“敢闯会创”基因，为成就“双创人生”打下坚实基础。

## 二、主要做法

1. 以项目落地为实践课程，培养一流双创人才

和以往创新创业集训营最大的不同在于，此次集训营针对高校项目落地难的问题，通过深度剖析川大双创项目的优势和劣势，围绕项目落地痛点难点，以川大的品牌背书，积极对接政企学研资源和智慧，共同商讨解决方案，让师生团队创新创业不再难迈出第一步。通过项目落地的过程，培养人才创新创业的意识、素养、能力和技能。

围绕项目落地的目的，针对川大项目共性特征，引入投资孵化领域顶尖人士，融入国内外相对成熟创投市场经验，共同策划四川大学创新创业集训营：规划顶层架构、遴选双创项目、按照行业赛道分班、精准邀请校内外师资、安排讲座辅导授课模式、设置孵化考评环节与规则等。

实践证明，这样的集训营符合“深化创新创业教育改革、创新科技成果转化机制”双轮驱动的战略，更加符合高校师生的需要，参与度和满意度较高。

2. 遴选双创项目，提升双创教育覆盖面

通过强化顶层设计、统筹部署、平台搭建、政策配套，各级部门通力合作，“面、点”齐抓，促进创新创业项目的挖掘、培育、孵化和成长。2018 年，四川大学仅“互联网 +”大学生创新创业大赛一项赛事，报名项目数就达 1000 余个。学校以大赛为契机，组织专家对创业项目计划书进行网络评审、不服来辩（答辩取得复活资格）、分组答辩评审，共评出获奖团队 200 余个。根据一等奖和二等奖项目自愿报名的原则，通过入营面试，遴选出 100 余个优秀项目、1000 余名师生参加集训营，搭建跨专业、跨年级、跨学院师生交流平台，鼓励师生共同创业，集聚高水平双创团队，促进科技成果转化，支持项目互补合并，把多学科综合交叉优势转化为创新创业项目核心技术竞争优势。

3. 按行业领域分班，精准匹配社会资源

依据当年项目实际情况，将百余项目按行业领域分班，如生物医药、医疗器械、器官修复、电子信息、TMT、教育、互联网 + 医疗、AI + 医疗、新材料、智能硬件、节能环保、军工硬件、智能制造、物联网、AI、网络安全、大数据、企业服务、农业、文创、旅游、体育、金

融、服务、公益等，按班级项目所在行业和细分赛道邀请知名企业、投资机构、孵化器等单位共同参与指导，委派行业精英、产业孵化资深人士代表来校担任相应班级的“创业导师”，为师生提供商业模式辅导、行业资源对接、融资规划等指导及帮助。进一步从认真负责、参与度高的“创业导师”中遴选和邀请“带班导师”，深入孵化同班多个创业项目，为创业项目的发展和成长负责，并根据项目的实际需求，向其导入相应的社会资源。

实践证明，孵化过程聚焦产业链，为项目提供精准孵化，项目可以快速掌握所在行业的创新创业规律，找到适合企业发展的土壤环境，利用产业链上下游的资源，踏上生根发芽的快速通道。

4. 大规模授课 + 一对一辅导，提供高度个性化双创教育

根据川大项目特点，创新创业集训营采用大规模集中授课和一对一辅导的形式，为师生提供高度个性化的项目提升辅导和双创教育。针对师生创业项目在商业化、产业化中的薄弱环节，在集中授课环节中设置了“商业逻辑设计、公司市场模型及技术模型构建、公司融资结构设计、公司治理结构设计、商业计划书的基本逻辑及撰写、路演 PPT 的制作与指导、路演表现力提升”等课程，邀请国内外知名专家进行专题讲解，通过案例分析、互动探究、小组讨论、现场考评等形式，为师生创业“充电、加油”。

在一对一辅导环节中，除每班“创业导师”和“带班导师”外，还动态邀请国内外企业家、投资人、孵化园区代表、创业成功者、校友、大赛评委等社会各界人士来担任辅导专家，让师生通过不同途径全方面了解当前市场形势和市场需求，不断朝着市场认可的“成熟模样”来打磨和提升项目，促进项目尽快成长。

实践证明，高度个性化的辅导，快速提升了师生对其所在行业的理解、对产业链上下游的了解和对投资人寻找标的的认知，加强了他们对创新创业实践的方向感、自信力和执行力。

5. 个人参与 + 团队协作，提升团队“双创力”

集训营采用积分管理制度：现场签到、互动问答、参加公益服务等可为个人获得积分；项目路演、答辩成绩、小组任务反馈情况等可为团队获得积分。个人积分汇总成团队积分，团队积分汇总成班级积分，每天予以公示。积分可帮助项目争取进入私董会和毕业路演的“入场券”，以此激励学生积极参与、克服困难、独立思考、团结协作，培养学生的责任感与担当意识，提升创业团队包括创新能力、凝聚力、战斗力在内的“双创力”。

6. 私董会 + 毕业路演，把真实市场场景搬入课堂

参考市场中多位资深人士召开私董会，快速提升双创项目品质的的形式，在创新创业集训营中设置私董会。集训营每天遴选 2 个项目参加私董会，针对该项目正面临的问题，精准邀请 10 数位行业相近、位于产业链上下游的企业家和投资人共同“会诊”，集体导入资源，解决项目包括核心科技应用场景、产品研发、市场调研、人才团队、财务管理等多方面的问题，甚至直接当场达成销售或投资意向。

参考市场中多方投资机构听取项目路演答辩，快速达成投资意向的形式，在创新创业集训营中设置毕业路演。根据个人、团队和班级积分，遴选一定名额的优秀项目参加毕业路演。毕业路演采用“打分 + 争取投资意向”的方式，邀请30位真实投资人作为评委，师生团队通过项目展示、互动问答等形式与评委交流，争取投资意向，助力项目更好地发展成长。在毕业路演中获得优异成绩的项目，将获得实践差旅资助，用于参观学习、走访本地知名企业与孵化园区，进一步了解市场运作，洽谈合作，争取订单，助力项目踏出落地的第一步。

实践证明，在校内经历过私董会和毕业路演的项目对市场常见的投资对接行为毫不陌生，往往能在其他路演平台上拔得头筹、获得关注。

## 三、实践成效

经过400余场次路演、评审、辅导、对接等环节，师生创新创业竞争力提升，项目质量显著提高。通过集训营孵化的50余个项目达到或接近天使投资水平，5个项目已同投资机构签订合作意向，2个项目已获A轮融资，这批项目作为四川大学优秀大学生创新创业项目代表，在2018年全国大众创业万众创新活动周成都主会场惊艳亮相。在2018年9月举行的第四届四川省“互联网 +”大学生创新创业大赛中，通过集训营培育选拔出的40个项目荣获省级金奖14项（金奖数量名列全省第一）、银奖9项、铜奖8项。在2018年10月举行的第四届中国“互联网 +”大学生创新创业大赛中，“神经可视化脊柱微创手术导航系统”“Doctor Can肿瘤治库——全球首款大数据肿瘤治疗方案”“wowgo我行专业户外服务平台项目”3个项目荣获国家级金奖（金奖数量名列全国第三），“薪公益——保障农民工工资支付项目”“飞行医院——致力于支医扶贫的多功能移动医疗队”2个项目荣获国家级银奖。获奖项目参加大赛主办的投融资洽谈会，其中“薪公益”项目与小样社区成功签约。在同期举办的“我的创新创业故事”暨微视频创作大赛中，四川大学通过集训营遴选出的《从高峰到巅峰——wowgo我行创业故事》和《华西合伙人——外科医生的追梦故事》2项参赛作品荣获视频类一等奖（一等奖全国共5项），《不负青春——Liver-Leader降氨菌药》荣获视频类三等奖，《大隐于市——我的创新创业故事》荣获文字类二等奖，展示了新时代青年学生敢想会创的青春正能量。

## 四、总结评价

创新创业集训营的成功举办，是四川大学持续深化创新创业教育改革、扎实推进创新创业教育与专业教育有机融合、把学术优势转化为创业优势、培养大众创业万众创新生力军的重要举措。学校的双创教育理念和实践获得孙春兰副总理等国家领导人，高校和国家双创示范基地同行，以及企业界、创投界和媒体等社会各界的赞赏和关注。

新时代新征程，四川大学将通过创新创业集训营进一步挖掘和培育优秀项目，并拓宽社会资源对接渠道，尤其引入发达地区成熟商业模式和资源渠道，在资源匹配的前提下，把高校的人力、智力、技术、文化资源与社会企业和投资机构的金融、市场资源精准对接，增大投资和合作可能性；同时借鉴国内外高校先进管理经验，全方位助力大学生创新创业项目落地开花。

（四川大学推荐，执笔人：张红伟、吴迪、杨利琴）

# 天津大学“搭伙”众创空间运行机制探索

## 一、背景

天津大学作为中国第一所现代大学，开创中国高等教育之先河。创校人盛宣怀提出“自强首在储才，储才必先兴学”。建校120余年来，创业精神一直是根植在天津大学人才培养中的文化基因。随着对创新创业教育的深入研究、交流、理解，我们对双创教育的本质有了更深刻的认识。在新一轮科技革命和产业变革浪潮来袭、颠覆性技术蓬勃涌现、世界政治经济格局深刻变革、人类命运共同体呼之欲出的新时代背景下，未来人才要面对的是全球化下更加不确定和复杂的世界。开展创新创业教育不仅仅是为了培养科学家和企业家，更是要培养能够应对更加不确定和复杂未来的世界的领导者。

天津大学在学校章程中明确提出要按照“形上形下、达材成德”的理念，培养具有家国情怀、全球视野、创新精神和实践能力的卓越人才。从身心素质、品德素质、能力、知识四个维度28条要素出发，进一步修订完善《天津大学卓越创新人才培养标准》，突出创新创业教育目标要求。“搭伙”众创空间是天津大学创新创业教育第二课堂开展的重要载体，其运行机制的合理与否将直接影响到高校创新创业教育的质量。由此，如何以学生为中心完善“搭伙”众创空间的运行机制，使其能更好地服务于创新创业教育的开展，营造良好的创新创业生态环境，是天津大学在进行创新创业教育改革中要重点解决的问题。

## 二、主要做法

1.厚植双创文化——明晰众创空间的功能与定位

“搭伙”众创空间秉持“大伙儿来大活一起搭伙”的理念，以“遵循求是之本，摹略万物之然，论求群言之比”为使命，以“深耕当下，做一流大学的一流众创空间”为愿景，播散创新创业内涵和精神的种子。它不仅是创客社区，更是结合我校书院制设计的创新书院和跨界空间，承载着打通专业教育和通识教育壁垒的重要使命。

近两年，天津大学积极探索“搭伙”众创空间支持实体经济转型升级的办法，根据双校区学科布局特点，在卫津路校区“搭伙”众创空间重点布局文化创意、现代服务、产品与建筑设计等项目，在北洋园校区“搭伙”众创空间重点布局高端装备制造、新能源、新材料、节能环保、电子信息等项目，逐步完善“搭伙”众创空间的运行机制。抢抓“双一流”

机遇，发挥学科特色，对接国家发展战略与社会需求，通过市场化机制、专业化服务、资本化途径，构建低成本、便利化、全要素、开放式“搭伙”服务平台。采取学校为主体、多方共同治理的运行管理模式，遵循创新创业教育及众创空间发展规律，充分发挥多方力量，以人才培养为导向，始终坚持以学生为中心，实现双创资源在园区的融合，将“搭伙”众创空间建成跨界空间、创客社区、创新书院，培养具有企业家精神的创新人才，实现“搭伙”众创空间的可持续发展。

将“搭伙”众创空间定位为激发创新创意的开放空间和初创企业的孵化场所，也是连接高校和社会资源的重要桥梁。“搭伙”众创空间在创意端，依托“未来30年”颠覆性创新创想大赛、青年湖畔论坛、学生科普节等活动，激发学生创意；在创新端，实施创新创业实践计划，将众创空间下沉至各学院，建设39个学生创新实验室，推进本科生自主科研，鼓励学生对接社会需求，成为实际的创新者；在创业端，整合校内外资源，为学生提供创业体验与实践平台，实现经营体验、产品研发、加工生产功能全覆盖，致力于打造高校创新人才培养与初创企业的最大公约数，帮助初创企业与社会对接。

2. 创新教育范式——开展“D+”计划

“D+”谐音“大家”，也是“搭伙 +”，其灵感来源于“互联网 +”。“D+”计划是以天津大学“搭伙”众创空间为依托，通过为学生提供项目路演平台、邀请专家评审团进行项目评析、招募“搭伙”学生观察团保证评审的公平公正、按照综合项目评分确定入驻团队的方式，为有创新创业意愿及已通过项目可行性分析的在校学生创新创业团队提供入驻“搭伙”众创空间的机会。并为已经入驻的学生创新创业团队提供：免费工位、活动室、远程视频会议室以及水、电、Wi-Fi 接入等日常办公服务；法律咨询、公司注册、科技成果转化、知识产权保护以及创业指导、对接驻校天使投资人等专业化、定制化服务；“搭伙”众创空间内举办的青年湖畔论坛、创新创业沙龙、机器人节等所有活动的优先参与权；“创青春”“互联网 +”等数十项各级创新创业大赛的优先报名权；等等。

2016年9月，第一期“D+”计划团队入驻期满，空间建设亦日益完善，为给天大学子提供更广阔的学以致用的平台，第二期“D+”计划应运而生，但团队的日常管理仍需规范。为规范管理，制定并发布了《天津大学“搭伙”众创空间运营管理制度》，运用 QFD（质量—功能—客户需求）管理工具，细化对入驻团队的管理及考核，以信用评价机制全程激励监管。以柔性化的管理、扁平化的机构、定制化的服务，增强“搭伙”众创空间的育人作用。

建立校属科技成果转化收益分配机制，鼓励科研团队进行科技成果转化。将团队完成科技成果的奖励比例从70%提高到92%。允许团队按市场评估价格购买学校所属权益。同时，由学校购买教师（放弃的）科研成果，购买后仍将成果收益的50%划分给团队，进一步鼓励专业成果转换。

3. 传播双创知识——完善“D+”竞赛体系

围绕天津大学“创意—创新—创业”全链条的培养模式，“搭伙”众创空间构建了三创融合的竞赛体系，以赛促学，以赛育人。创意端，在全国率先举办“未来30年”颠覆性创新创想大赛，旨在通过选拔支持具有前瞻性、交叉性、战略性、颠覆性的前沿创新创想计划，面向未来、学科交叉、师生共同参与，开拓一批在未来10～30年颠覆传统科技和思路，能为国民经济、社会发展带来革命性影响的战略创新、技术预见及科技创意，同时发掘和培育一批极具创新创想能力的青年人才和学科交叉团队。创新端，举行以“挑战杯”、机器人大赛等为代表的高水准科技赛事，旨在通过综合诸多前沿科技技术促进跨学科、跨领域的交叉融合，激发大学生科研兴趣，提升大学生综合能力，培养具有创新精神和实践能力的卓越人才。创业端，于2018年举行第一届“校长杯”创新创业大赛，以“勇立时代潮头矢志创新，胸怀天大理想兴学强国”为主题，旨在深化高等教育综合改革，拓展人才培养模式和学生成长模式，激发大学生的创造力，以10万元冠军奖励支持创业团队发展。从创意、创新、创业三个维度，形成创新创业教育闭环的支持力量。

通过构建三创融合的竞赛体系，整合实践系列师资与导师力量，充分发挥校友关系与创业网络优势，构建创业价值链与科技成果转化体系，与经济社会发展需求精准对接。通过校内外资源的对接互动，形成创新创业教育的全员全方位育人合力。

4. 集成校内外资源——拓展“D+”合作

“搭伙”众创空间通过集聚创新创业教育要素与资源，开放合作，全员参与，积极构建完整的创新创业生态体系。

在校内统筹教育力量，营造健康的创新创业教育生态文化。积极建设理论与实践相结合的师资体系，汇聚校内多学科师资力量，全职、兼职创业导师，国际高端合作单位，创投基金以及校友等资源，形成全员参与、高水平高质量的创业辅导师资体系。

在校外建设合作企业网络，增进双向交流，推进校企协同育人；对接投资人、市场等社会资源，实现科技成果转化和项目投融资落地。

## 三、实践成效

“搭伙”众创空间总面积8000余平方米，目前已建成15个创新创业实践基地，累计培养创新创业团队94支，注册企业47家，参与创新创业学生超过500人。

厚植双创文化方面，“搭伙”众创空间全链条科技创新体系建设取得良好成效。天津大学每年申请的专利数超过2000项，获授权专利超过1000项，其中90%都是发明专利。辰星公司凭借我校机械学院高速并联机器人技术成为武清区科技型中小企业，吸引众多机器人公司落户武清，以其为核心打造出天津市机器人产业基地。自动化学院孙立军老师“无水塔重力流量实验装置”项目获中科招商150万元投资，成立天津福路瑞特测控技术有限公司，投资公司占股10%。

创新教育范式方面，“搭伙”众创空间育人成效显著。我校环境学院博士研究生史全滨入选“2017年大学生创业英雄100强”；材料学院何健博士获“中国青少年科技创新奖”；“建造环境”团队获评“小平科技创新团队”。截至目前，“D+”计划已举办四期，空间内现有入驻团队20余支，其中10余支已经完成注册，创新创业涉及电子信息、高端装备制造、新能源、新材料、节能环保、医药卫生、文化创意和现代服务业等多个领域。其中1个团队已加入O2O校园服务联盟；3个已完成天使轮融资，总估值2200万人民币，投资来自清华控股、北京创客总部、西安西科天使等；1个团队与津南区政府、比亚迪汽车公司达成深度合作，计划向市场投入50辆共享汽车；2个团队已融资超200万元；1团队年预计盈利超100万元；1团队年营业额达60万元以上。

传播双创知识方面，“搭伙”众创空间充分发挥自身优势，整合校内资源，为每支创新创业团队进行一对一的深度辅导。2018年硕果累累，第四届中国“互联网+”大学生创新创业大赛中，取得了1金1银1铜的历史最好成绩。2支队伍获“挑战杯”全国二等奖、“青年之声·青春创客”总决赛三等奖、“创青春”MBA专项赛铜奖和全国大学生机器人大赛机器人创业赛三等奖等。

集成校内外资源方面，建立天津大学创新创业导师库，共聘请创业导师230余名，90%来自业界创业导师。其中最年轻的创业导师、天津大学校友张璐，入选风险投资领域2017年福布斯“30位30岁以下俊杰”。探索多渠道发展，不断“结识”新的“D+”伙伴，加强校友合作机制，与校友企业布尔科技合作成立创新创业实践基地，响应精准扶贫号召，与静海傅家村合作成立红色之旅实践基地，依托津南区育人共同体，与阿里云创新中心成立加速孵化基地。打造政产学研用五位一体的双创服务模式。以“众创”的方式建设创新创业基金，与中科招商、海泰投资等企业和南开区、滨海高新区等7个区县政府联合设立数亿元的创新创业基金，为优质创新创业项目提供资金支持。

## 四、总结评价

1.注重顶层设计，在学生活动中“加盐”。和炒菜出锅前撒盐不同，活动中的“盐”应该在最开始就加入。这样整个活动才能润物无声地融入教育的需求。李克强总理对天津大学的创新创业工作做出了重要批示，希望天津大学不懈探索，精心打造创新创业教育品牌，也希望同学们敢于梦想，勇于突破，脚踏实地，勤勉践行，在大众创业、万众创新中竞相迸发青春活力，镌刻出彩人生。

2.注重学生获得感，关注无法量化的指标。组织学生活动，意义不在于评奖，不在于最终的成绩。意义在于活动中学生的成长，对创新的理解，对国家发展的关注。何明霞教授在竞赛颁奖典礼上说，我们今天播下一颗颠覆的种子，总有一天会生根发芽。

3. 注重示范效应，活动的终点是教育。加盐要加得润物无声，而在后面的示范教育中就应该大张旗鼓。尽可能吸引学生参与，扩大影响面。2018 年 9 月 20 日，时任教育部副部长林蕙青莅临我校众创空间，参观双创展并予以高度评价。10 月 8 日，我校迎接教育部审核评估，评估组集体考察众创空间，在总结会上两次赞扬我校创新创业工作。

接下来，天津大学“搭伙”众创空间将继续紧密围绕学校人才培养目标与一流大学建设目标，持续深化创新创业教育改革，形成具有天大特色的创新创业实践理念，努力打造全链条的实践教育体系，培养出具有国际化视野、技术创新能力和创新意识，富有企业家精神，勇于投身实践的卓越人才和能应对不确定性和复杂性的未来领袖。同时加强与政府、企业的多方合作，打造创新创业和高端科研企业聚集的新高地，立足校园，辐射社会，促进学校学科链与社会产业链的对接，推动创新人才培养和科技成果转化，将天津大学的创新能力更好更快地转化为兴学强国、服务社会的力量。

（天津大学推荐，执笔人：王鑫、郑喆、汪酉晨、刘雅薇）

# 服务“健康中国”的“四·三制”大学生救护素质教育体系的构建与实践

## 一、背景

培养创新型人才、提升全民素质是建设创新型国家的前提，推进“健康中国”建设是实现全民健康、提升中华民族素质的重要保障。2009年卫生部提出“健康中国”理念，2016年中共中央、国务院印发《“健康中国2030”规划纲要》，党的十九大报告更将“实施健康中国战略”纳入国家发展的基本方略。

全面实施素质教育，既是教育改革发展的战略主题，也是贯彻党的教育方针的时代要求。早在1999年，中共中央、国务院就出台《关于深化教育改革　全面推进素质教育的决定》。2006年国务院印发《全民科学素质行动计划纲要（2006—2010—2020年）》，十九大报告中习近平总书记更对发展素质教育提出了新使命和新要求。由此可见，高校以素质教育为引领，对于全面提升人才培养质量具有重大现实意义。

南昌大学是具有优良办学传统及地方特色的综合性大学，是教育部与江西省实行部省合建的国家“世界一流学科”建设入选高校。而作为江西红土地上医学教育、科研和医疗卫生服务的龙头，历经九十八载薪火相传的南昌大学江西医学院对于服务“健康中国”、践行新时代下素质教育新使命，具有义不容辞的责任。

有感于全民安全意识教育的需要及大学生救护素质教育缺失的实际情况，南昌大学江西医学院通过多年的系统性、深入性研究和探索，构建满足高等教育多层次人才培养以及社会服务多样化需求的“四·三制”大学生救护素质教育体系，不仅培养了大批具有家国意识、社会责任感、救护素养以及公益情怀的创新人才，更前瞻性契合《“健康中国2030”规划纲要》要求，在“救护知识普及、志愿服务优化以及救护领域研发”等方面，做出了积极的努力。

## 二、主要做法

以校内外国家级实践育人平台为支撑，以地方综合性大学学科优势特色为依托，创建“三位一体”（医学救护知识、救护创新能力、学生综合素质为一体）、“三类相融”（通识教育模块、专业教育模块、双创教育模块相融合）、“三相贯通”（课程、社团、基地建设与运行相贯通）、“三元驱动”（价值引领、学科支撑、协同创新共驱动）的“四·三制”大学生救护素质教育体系（图1），同时为高校服务“健康中国”及“科普中国”，解决人民日益增长的生命健康需求和医学知识不平衡、不充分普及之间的矛盾提供可借鉴的范式与参考。

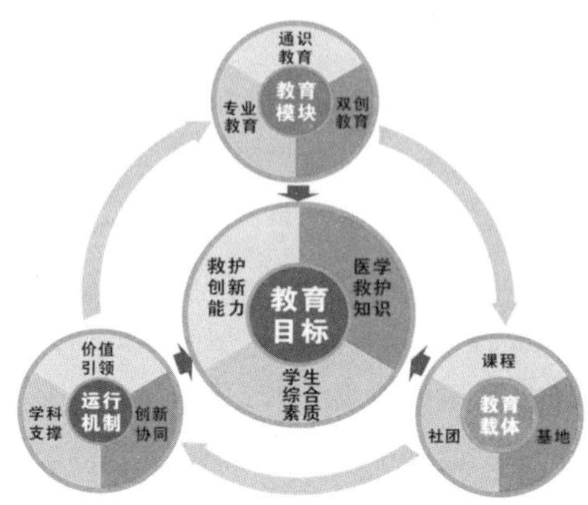


图1 “四·三制”大学生救护素质教育体系

（一）确立“三位一体”的教育目标

将救护素质教育课程纳入本科人才培养方案，实现医学生、非医学生救护素质的养成与提升。

（二）搭建“三类相融”的教学模块

1. 通识教育模块：基于公民急救知识与技能现状，开设系列教育课程及在线课程（网络辅助教学、微课、视频公开课、慕课），构建提升救护素质的通识教育模块。

2. 专业教育模块：遵循国际急救认证培训标准，结合护理学、麻醉学、危重病学等优势专业，构建面向医学生、具有国际标准的规范化专业救护能力训练模块，培养学生救护专业技能。

3. 双创教育模块：依托校内外国家级实践教学基地和创新创业基地，指导与救护相关的双创训练项目及高水平学科竞赛，拓展救护领域创新思维与产品研发。

（三）创建“三相贯通”的教育载体

以“课程、社团、基地”为救护素质教育载体，三者相辅相成、相互促进、并行共赢，实现课程建设“多融合”、社团建设“全过程”与基地建设“全拓展”。

1. 课程建设“多融合”

更新专业课程内容，并率先将救护素质教育作为独立通识课程纳入高校教学体系，开设系列通识课程，系统化、规模化面向学生普及救护知识。同时探索如何融合实训实践、现代信息技术、社团建设和创新创业，实现教学多方位及效果最大化。

2. 社团建设“全过程”

我们深感课堂教书育人的局限性，积极投身学校“全员、全方位、全过程育人”中。经过调研，我们发现大学生社团多为学生自发组织，专业性不强，故通过与校内外多部门合作，探索多维协同培育专业型大学生科普志愿者和创新创业社团的途径。2010 年急救宣教大学生志愿者组织——3S 救护会成立，不仅实现了社会实践类与创新创业类社团属性相结合，同时还反哺课程，助力课程线下与线上建设。

3. 基地建设“全拓展”

我们不断加强国家级实践教学基地内涵建设和功能开发。一方面通过在线课程及系统研发，强化“虚拟仿真”功能。另一方面指导开展创新创业，拓展基地“创新创业”功能。此外通过支持社团活动，拓展基地“科普”功能，实验室使用率得以全面提高。

（四）建立“三元驱动”的运行机制

1. 价值引领：弘扬井冈山精神、南丁格尔和白求恩医学精神，突出无私奉献与志愿服务大爱精神。

2. 学科支撑：依托综合性大学多学科优势，推进医文理工交叉，以优势学科促医学教育发展；基于大医学背景，以相关重点学科助推救护素质教育教学。

3. 协同创新：加强实践育人，第一课堂与第二课堂衔接，理论授课、在线学习、技能训练和创新创业相结合；加强校内外全方位协同育人，携手构建救护素质教育育人网络。

## 三、实践成效

打造了多维度优质课程群。其中“现场生命急救知识与技能”受益人数已近 20 万，先后入选“国家级精品视频公开课”和”国家级精品在线开放课”，被江西省教育厅重点推荐。开发的微课和案例分别在全国高校（医学类）微课教学比赛中获奖及荣获“全国十佳实训模拟病例”称号。

组建与培育的大学生社团 3S 救护会，实现了社团公益性、专业性与创新创业性相结合，“志愿服务与公益创业并行共赢”，产生了巨大社会效益。截至目前，已面向校内外举行各类讲座与培训达 300 余场次，同时大力开展“互联网 +”科普平台（新浪微博：南昌大学-3S 救护会。微信公众号：3S 生命花）的建设与宣传，并与中华医学会、中国生理学会、江西省红十字会等组织及机构合作，参与南昌国际马拉松、“泳安计划”、“心手相连”等大型应急志愿服务和培训计划。此外，积极参与多项以“救护”为主题的大学生创新创业活动，在急救设备研发、公益创业等方面取得显著成效，曾获中国“互联网 +”大学生创新创业大赛金奖、铜奖，大学生创业世界杯总决赛优胜奖等多项奖励。

相关实验、实践平台已建成满足多层次教学需要的医学人才培养中心、医疗卫生人才培训基地、医学科普宣传基地以及大学生创新创业基地，曾获得“国家级虚拟仿真实验教学中心”“全国高校实践育人创新创业基地”等荣誉，并顺利通过“国家级实验教学示范中心”的验收。

## 四、总结评价

在多年的研究、实践与探索中，我们逐步构建特色性大学生救护素质教育体系，创新出“课堂教学、在线学习、技能训练和创新创业实践”相结合的教学模式；深入推动“医学教育、双创教育、道德教育”的有机结合，首创了“课程建设、社团建设与基地建设贯通，专业训练、志愿服务与公益创业并济”的大学生社团建设与运作新模式；打造了集“精品视频公开课、微课、慕课”等多个维度于一身的“互联网+”优质素质教育课程群，满足了医学生、非医学生以及社会民众等不同人群的需要。其对于推动医学实验教学改革、创新人才培养以及拓展社会服务与辐射起到了示范与引领作用。成果得到国内外同行专家的好评与认同，曾在多个国家级教学研讨会以及国内外数十所高校中推广交流，并得到《中国教育报》等主流媒体的报道。今后我校将进一步加强国家级课程、社团、基地的建设、推广与利用，提高创新创业人才培养水平，增强学校社会服务功能，为服务“健康中国”贡献更大的力量。

（南昌大学推荐，执笔人：郑莉萍）

# 全程融入，多向融合，助力双创人才培养

**摘　要**：近年来，广东工业大学结合学校的实际情况，在服务学生创新创业能力提升方面主动探索，积极推动成立创新创业学院，建成大学生创客空间，构建“1+4+3+N”全程融入的高校双创大赛赛事体系，推动创新创业教育课程、平台、文化等建设，并以立制度、建队伍、拓平台、筹资金、聚资源、造氛围等工作举措扎实推进创新创业教育实践工作，助力学校创新创业人才培养。

**关键词**：全程融入；多向融合；双创人才培养

## 一、背景

近年来，借承办第十四届“挑战杯”全国大学生课外学术科技作品竞赛的东风，广东工业大学不断探索和丰富双创人才培养的内涵，在校内建成了近3万平方米的创新创业孵化基地。三年来，先后获评首批“全国创新创业典型经验高校”、首批“深化创新创业教育改革示范高校”、“全国高校实践育人创新创业基地”、“国家级众创空间”、“全国毕业生就业典型经验高校”、首批“广东省大学生创新创业教育示范学校”、“广东省众创空间”、“广东省创业带动就业孵化基地”；已累计培育创新项目2992个，创业项目306个，目前在孵创新创业项目326个。作为主导单位，发起成立粤港澳高校创新创业联盟，创建粤港澳大学生创新创业实践基地，建立长期合作机制，共享课程、师资、平台等教育资源，促进粤港澳高等学校创新创业教育协同发展。学校平均每年校内投入创新创业教育专项经费超过1000万元，设立风投基金超过1亿元，与地方政府和工业界联合建成4个亿元级跨学科协同创新育人平台。

## 二、我校构建双创赛事体系，推动双创人才培养工作的主要做法

我校充分发挥组织动员、资源聚集、载体搭建、氛围营造等方面的工作优势，构建“1+4+3+N”全程融入的高校双创大赛赛事体系，配合创新创业学院推进课程建设、平台构建、资源引进、氛围营造、社会影响等工作，取得阶段性成效：

### （一）整合资源，推动建设多向融合的创新创业教育课程体系

双创人才的培养是一项系统工程。我校整合校团委、教务处、学生就业指导中心、相

关学院、通识教育中心等部门资源，打通创新创业教育与学科、产业、平台间的壁垒，采取面上分层施教覆盖、点上重点培养突破的方式，构建思维引导、专业创新和实践训练三类显性课程，和创新创业基础理论知识、创新创业训练、创新创业实践三个层次校园文化隐性课程。坚持创新教育与学科专业教育相融合、创新教育与创业教育相融合、创新创业教育与社会需求相融合、创新创业教育的理论教学与实践训练相融合等“四个融合”。

（二）搭建平台，构建“N+1+N+N”四级一体化创新创业训练孵化平台

我校积极探索从学院创新创业工作室挖掘项目的“前孵”，到学校创客空间（“青创空间”）筛选项目的“初孵”，再到粤港协同创新平台扶持、转化项目的“深孵”，构建“N+1+N+N”四级一体化创新创业训练孵化平台，即N个学院创新工作室，1个校内创客空间，N个学校协同育人平台（广州国家现代服务业集成电路设计产业化基地、东莞华南设计创新院、佛山广工大数控装备协同创新研究院、河源协同创新研究院等），和N个校外训练孵化平台（珠三角地区国家级、省级科技企业孵化器）。创客空间第一期建设投入约600万元，占地约10000平方米，是国家级、省级众创空间试点单位，被省教育厅、省科技厅、省人社厅、团省委、广州市人社局等省市部门评为学生创新创业基地。创客空间为学生提供培训、投融资、企业注册、法律咨询、政策咨询、技术支持、虚拟评估，以及网络平台、项目路演、创客咖啡、文化活动等全方位、全链条、线上线下相结合的一站式专业服务。

（三）以赛促改，构建“1+4+3+N”全程融入的高校双创大赛赛事体系

我校积极整合教育资源，坚持全程融入这一主线理念，以《中国高校创新人才培养暨学科竞赛评估结果》中排名前三的“互联网+”“挑战杯”“创青春”为重点赛事，以一支“双师”素质的教师队伍、一批具有发展潜力的项目、一套创新创业协同政策、一批校内外创新创业实践资源为保障，实施多专业融合培养、同专业多方向培养、校企联合培养、国际化协同培养等创新创业人才培养的N种路径。此外，构建“1+4+3+N”全程融入的高校双创大赛赛事体系，联合政府部门、高校、科研单位、相关金融机构共同参与大学生创新创业项目，为创新创业提供基础环境和良好条件，为培养学生创新创业能力提供坚强后盾。

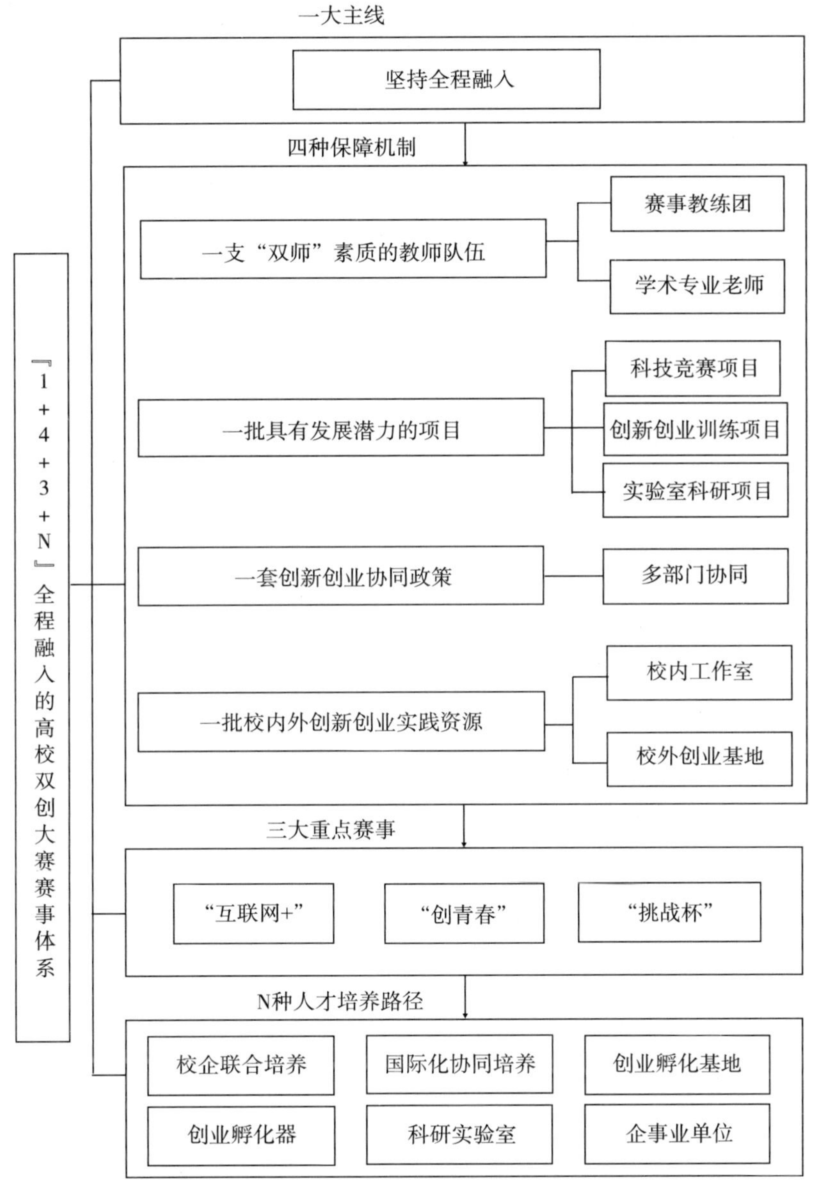


图 1　“1+4+3+N”全程融入的高校双创大赛赛事体系

### （四）多方合作，与产业深度融合，整合创新创业教育资源

我校在素质教育的大背景下，激活学生的第二课堂，通过举办校园科技节、课外学术作品竞赛来鼓励学生投入科研与创新，将课堂知识与实践内容相结合，不断拓宽思路，引导学生关注社会热点，解决社会需求。同时，充分发挥社会实践基地和校企合作单位的优势，合理运用校外优秀资源，为创新型人才的培养提供孵化器。通过引进香港高锋创投有限公司、广东省粤科金融集团、广州太科商务有限公司、广州股权交易中心等科创企业服务学生创新创业，与广州股权交易中心协同打造“中国青创板”服务窗口。引入校友管理

服务公司（庭燎企业管理服务有限公司），协助学校开展“家门口”财税管理及工商注册工作。开展创新班、创业班、机器人班、科技金融班、“3+1”校企联合班、IC“2+2”培养班、实践能力提高班等个性化培养；建成国家级和省级实践教学平台44个，与地方和产业界共建亿元级协同创新与育人平台4个，与广东各地级市政府建成协同育人平台21个，发展校外实践基地43个。校内建成3万平方米的国家级众创空间，开放300多个科研及教学实验室、教授工作室、创新工作室供学生开展创新创业实践；目前已入驻创新项目200余个，在孵创业团队100余个，已注册企业63家。

（五）全球视野，推动粤港协同培养具有国际视野的创新创业人才

我校以承办第十四届“挑战杯”全国大学生课外学术科技作品竞赛为契机，聚合香港科大、香港理工等高校师资、课程、平台、资金资源，通过联合培养人才、共享教学资源、共建创客空间、联合办赛办会等形式，协同培养具有国际视野的创新创业人才。开展“海峡两岸暨港澳大学生创新实践挑战营”“海峡两岸暨港澳大学生科技创新实训营”“海峡两岸暨港澳四地大学生创新创业大赛”等7个项目，实训250多人/年；联合培养550多人，带动高层次研发就业250多人；培养联合项目团队35个；吸引风险资金100万元；联办赛事吸引俄罗斯及港澳台等境外学生500多人，推动成果转化交易30项；开展项目路演、项目对接活动20余场。

## 三、双创人才培养工作实践成效

（一）我校学生在创新创业比赛中屡获佳绩

通过一系列创新举措，学生综合素质和创新能力不断提高，学生在全国各类科技创新竞赛、文化体育竞赛中不断刷新纪录。在2013—2017年全国普通高校学科竞赛评估结果中，我校位列全国第39位。2013—2017年，学校在连续三届“挑战杯”全国大学生课外学术科技作品竞赛中捧得“优胜杯”，其中，2015年和2017年，我校学生团队均摘得2项特等奖；2012—2016年，学校在连续三届“创青春”全国大学生创业大赛（前身为“挑战杯”中国大学生创业计划竞赛）中夺得金奖；2017年，我校FSAE车队荣获中国大学生方程式汽车大赛总成绩第一名；2018年，我校学生荣获美国大学生数学建模竞赛一等奖18项；2017—2018年，我校学生荣获德国红点（RED DOT）设计大奖1项，德国iF设计新秀（iF DESIGN TALENT AWARD）大奖4项；近五年来，学校有3名大学生先后荣获第七届、第十届、第十一届中国青少年科技创新奖。

获奖证书

广东工业大学

林锦荣　尧永贤　付丙良　黄鸿胜　康嘉文　同学：

你（们）的作品《基于盲分离技术的胎儿心电监护系统》在第十四届“挑战杯”中航工业全国大学生课外学术科技作品竞赛中荣获

特等奖

指导老师：谢胜利

特颁此证，以兹鼓励。

二〇一五年十一月

图2　我校学生荣获第十四届“挑战杯”全国大学生课外学术科技作品竞赛特等奖

### （二）我校学生参与创新创业活动热情高涨

通过开展创客季、创业文化节、科技节、创客市集等40余个校级品牌活动，评选创业之星、创新先锋，举办创者沙龙、创客咖啡等活动，每年组织“走访创业者足迹”回访校友活动，营造了富有工大人特色的“爱创、敢创、能创”的校园创新创业文化氛围。学生专利获授权数位居省内高校前列，其中学生申请或参与申请的专利约占60%。

### （三）示范作用大，双创人才培养工作受到社会各界的广泛关注和充分肯定

一是在全国性创新创业重要会议上做经验介绍10次。其中，2016年“两会”期间，在教育部组织召开的主题为“建设高水平大学和高水平理工科大学服务创新驱动发展战略”的新闻发布会上，学校作为高校代表介绍创新创业人才培养总体思路、主要举措和重大成效；在2017届全国普通高校毕业就业创业工作网络视频会议上，学校作为全国两所本科代表高校之一，介绍创新创业教育改革经验。二是得到主流新闻媒体广泛关注。中央电视台《新闻联播》、《人民日报》、《中国教育报》以及凤凰网等境内外100多家媒体先后报道学校创新创业实践教育成效与做法近300次。

## 四、我校推动双创人才培养工作的思考与举措

近年来，我校创新创业实践教育成效显著，受到境内外广泛关注。接下来，我校将继续坚持“重基础、强能力、宽视野、多样性、个性化”的创新创业教育改革主线，实现大学生创新创业理论教育和实践教育双轮驱动，提高创新创业人才培养质量，打开了一条具有地方院校特色的创新创业人才培养新途径。

（一）突出保障立制度

将制定出台或修订10多个保障和激励制度，包括《创客空间（创新创业训练与孵化基地）管理办法》《创新创业导师聘用管理办法》《学生创新创业实践保障和激励办法》等；探索建立创新创业团队中的本科生免试攻读硕士学位研究生与科研团队导师对接的机制等。建立“以能力为导向，过程与结果相结合”的创新创业实践激励与保障制度，给予教师在科研积分认定、职称评定和评先评优等方面的支持，给予学生在专利申报、项目培育、竞赛参赛等方面的资金支持，以及入驻基地、研究生推免等方面的政策支持。制定学生创新创业成果与课程学分转换机制，将学生在创新创业实践活动中的表现与成果列入学生综合测评的重要指标。

（二）突出多元建队伍

构建“校内教师—产业讲师—培训导师”三个层级、专兼结合、内外互补的师资队伍。校内专聘创新教育及项目实践指导教师、创新思维及培训教师、创业教育导师、创业实践导师。通过协同创新平台、专业培训机构、企业来访高层次人才等渠道聘请校外导师。根据导师的社会影响力和对学校创新创业教育工作的推进力度，分学校、创新创业学院、各基层学院三级聘请，并通过定期考核、淘汰、更新，建立优秀创新创业导师人才库。

（三）突出延伸拓平台

搭建“创新创业训练专项基金—前孵化基金—天使基金及风投基金”多方资金链条，建立长期性培育基金。计划引进5个天使基金，5家投资机构，并与各个协同创新平台共建孵化基金，培育创新创业项目众筹的新方式。开展“场地＋企业导师＋校内导师＋基金池＋推广平台＋服务团队”六个一联动帮扶。利用地域优势，与港澳高校合作打造海峡两岸暨港澳创新创业训练与孵化基地。

我校将继续坚持“重基础、强能力、宽视野、多样性、个性化”的创新创业教育改革主线，协同政府、企业等多方面资源，以协同创新平台为支撑，开展创新创业实践教育，以成果评价机制、师资队伍、经费、制度等为保障，以创新班、创业班、机器人班、科技金融班、挑战营、实训营等N种创新创业实践教育路径为载体，构建创新创业实践教育体系，将创新创业实践教育融入人才培养的全过程。

（广东工业大学推荐，执笔人：吴振铨、许金镇）

# 西安交通大学创新创业教育改革案例

## 一、背景

西安交通大学肇始于1896年建办于上海的南洋公学，建校以来，始终秉承兴学强国的办学宗旨，坚持“起点高、基础厚、要求严、重实践”的办学特色，秉承“品行养成、知识传授、能力培养、思维创新”四位一体的教育理念，面向国际科技前沿、面向国家重大需求、面向国民经济主战场，把加强实验实践教学、深化创新创业教育改革作为推动学校“十三五”教育综合改革的突破口，积极探索实验实践教学和创新创业教育生态体系，着力提升人才培养质量。

## 二、主要做法

学校高度重视创新创业教育工作，提出将创新创业教育贯穿于人才培养全过程，构建了以一个目标、两个原则、三大任务、四项举措为基础的“一二三四”实践教学和创新创业教育生态体系，预计到2020年将形成培养规模、培养模式、类型结构与学科发展相匹配的创新创业人才培养新局面。

学校从构建实践教学和创新创业教育体系、优化师资队伍结构、提升师资队伍水平、健全实践教学和创新创业教育体制机制等方面入手，专门制定了《西安交通大学关于开展研究生招生与培养改革试点申请》《西安交通大学关于深化创新创业教育改革的实施方案》等政策文件，从招生、培养、毕业等多个环节引导实践教学活动科学、有序、规范开展。

学校在顶层设计上，首先明确实践教学和创新创业教育的总体目标要求，形成了完善个性化培养与研究性教学相结合的创新人才培养方案、将实践教学改革活动贯穿于学分制改革、本科“大类招生”机制改革等活动。通过提高跨学科交叉课程比重等具体举措，实现“品行养成、知识传授、能力培养、思维创新”四位一体综合育人目标的落实。

2016年以来，依托实践教学中心和工程坊建设，学校累计投入3000余万元建成了示范中心、交叉平台和校外实践基地等三创平台。已经投入400余万元开展各级创新创业项目和竞赛；投入100余万元进行研究生创新创业课程、基地、平台建设；设立300万元大学生科技创业孵化基金并落户西安交大科技园。此外，西安交通大学还获得陕西省科技厅、渭南创客汇、“创业STYLE”等提供的各类资助50万元～170万元不等，分别用于形式多样的实践教学活动，学生受益面不断扩大。

## 三、实践成效

1. 健全管理机制

成立西安交通大学创新创业教育工作领导小组，由校长担任组长，分管校领导担任副组长，教务处、研究生院、实践教学中心、学生处、校团委、科研院、人力资源部、就业创业中心、校友会负责人为成员，下设办公室挂靠教务处，定期召开工作会议，研究部署具体工作任务。

2. 完善课程体系

推进专业课程的创新创业教育改革，引导教师将创新创业教育理念与专业学习深度融合并取得显著成效。建立多层次、立体化、全覆盖的创新创业教育课程体系。2015 年以来，新开设创新创业通识类课程 21 门，专业导论和学科史课 35 门，引进美国国际教育联盟（AAFIE）国际工程教育系列课程 1 门，全部纳入学分管理，深受学生欢迎。开发并引进 103 门校外创新创业教育类精品开放课程、资源共享课程和慕课课程，目前参加创新创业教育在线课程学生达到 500 余人。

学校还系统设计并开发了一批高质量的创新实践类课程，例如 2013—2017 年特邀教育部创新方法教学指导分委员会委员陈九龙教授开设“科技创新方法论研究”等，目前已经形成 107 门实践教学课程，形成一批创新创业教育重点规划教材，建立并不断完善创新创业教育案例库，为深入推进创新创业实践教育提供了良好的课程资源保障。

3. 提升教师队伍

为积极推进创新创业教育师资队伍建设，学校在师资水平提升上多措并举，通过创新创业导师库、创新创业实训、推动挂职锻炼等具体举措，打造了一批有经验、有素养、有能力的多样化、高水平教师队伍。

创新创业导师库建设方面，学校按照专任为主、专兼结合的原则，特别聘请校外知名科学家、企业家、风险投资人等优秀人才担任创新创业课程授课教师或导师。现入库导师达到 120 余人，校外导师 80 余人，明确要求导师的主要职责包括参加高等学校创业实践活动，提供导向性、专业性、实践性咨询和辅导等，为支持我校师生开展创新创业活动提供了充足的教师保障。

创新创业实训活动方面，学校面向全校教师，采取专家讲学、专题研讨等多种形式，进行创新创业教育课程建设与教学实训，开展创造性思维培育与创新人才培养等五个方面的培训，使学校形成了“教师关注创新教育、师生参与创新探索、学生努力提升创新能力”的新风气。

推动挂职锻炼方面，实践教学中心推动并建立了创新创业教师到行业企业挂职锻炼的常态化机制，保证相关专业教师、创新创业专职教师有累计5年以上的企业或科学研究院工作经历，为教师实现创新理论与创业实践相结合搭建绿色桥梁。

4. 转变教学方法

转变以教师、课堂为中心的传统教学模式，广泛开展启发式、讨论式、翻转式、参与式、CDIO以及小班教学改革，实现全校各院系专业课程的全覆盖，激发学生独立思考意识和创新意识，对增强学生自主学习能力、分析解决问题能力、团队合作和社会活动能力起到积极作用。

为破除“重理论轻实践”的积弊，引导学生积极关注学习过程，而非仅仅关注学习结果，真正促进创新能力的获得，学校试点改革考试考核内容和方式，注重学习过程中的综合考查，探索非标准答案考试。

5. 强化实践训练

（1）搭建专业级、学科交叉综合级、校外企业级新“三级实践教育平台”，整合国、省、校三级实验教学示范中心资源，构建机电一体、智能电气、航空航天、能源化工、电子电信、生物医学、土木工程、新材料8个学科交叉实践创新平台。

（2）对各级教学实验室进行统筹规划、资源整合并大力投入建设，目前学校的5个国家重点实验室、4个国家专业或专项实验室、2个国家工程研究中心、59个省部级重点科研机构覆盖全校学生。

（3）校内科技创新资源面向全体本科生开放，2017—2018学年，学校15个学院的各类实验室、训练中心共承担583门实验课程教学任务，接纳学生62762人次，完成实验项目3028个，共14092学时。

（4）依托8个国家级大学生校外实践教育基地和6个陕西省大学生校外实践教育基地，建成220余个学科级校外实践教育基地和10个实践育人、创新创业校外综合实践基地。

（5）构建并完善三级创新训练项目和三级学科竞赛创新能力培养体系，年投入经费400余万元推进大学生创业训练计划，2014—2018年，通过各级创新创业训练计划，共发表论文159篇，其中SCI检索43篇，专利授权83项，获得国际国内各类竞赛奖项200余项，每年参与学生2000余人次。

（6）成立了学生创新创业协会——“七楼创客汇”，举行讲座、沙龙、创业训练营、考察参观、项目展示以及校友论坛等活动，邀请周鸿祎、俞敏洪等知名企业家与创业学生面对面交流。

6. 创新创业教育

按照覆盖全体、立足专业、分类实施、强化实践、贯穿全程的原则，在“通识教育＋专业教育＋创新创业教育＋创新创业实践”的创新创业教育体系下，科学合理地设定了创新创业学分、学籍管理细则。部分创新举措包括：建立创新创业学分积累与转换制度，明确创新实验、论文、专利和自主创业等情况的学分折算标准，明确创业实践活动折算为专业实习的具体学分标准；专门制定文件，实施弹性学制，允许保留学籍3年休学开展创新创业活动；优先支持参与创业的大学生转入相关专业学习，在评奖评优、研究生推免中，优先考虑在创新创业方面取得突出成果的学生。此外，学校还设立“陈奇奖学金”“李福善奖学金”等约20项创新创业奖学金，累计授予人数640余人。

依托校外实践育人基地开展校企联合培养，以“菁英班”为切入点，将创新创业融入人才培养体系及过程之中，激发学生兴趣，与国内著名科研院所和龙头企业合作，弥补自身短板，采取科教结合、校企合作的联合育人模式，创新育人机制，培养能够学以致用、以用促学，具有创新意识、创新精神和创新能力的优秀人才，打造创新人才培养的试验田和新高地。

## 四、总结评价与展望

通过建立“一个目标、两个原则、三大任务、四项举措”的实验实践教学和创新创业教育生态体系，学生的创新精神、创业意识、创新能力明显增强，投身创新创业学生显著增加，各类获奖成果大批涌现，受到了各界的一致好评。

学校相关合作企业对学生在“道德品质”“工作态度与积极性”“责任担当精神”“工程实践能力”“工作适应能力”“学习与再创造能力”等指标上予以较高评价。原中国高等教育学会会长瞿振元教授认为，我校的创新创业教育实践针对工科学生培养中“三个脱节”的问题，创新卓越人才培养新机制、实践育人新模式，符合当前新工科教育理念。

随着学校创新创业教育改革实践的深入，未来还可关注一些普遍存在的问题，例如：高校创新创业资源相对分散，缺少平台载体发挥创新引领作用；校外企业、孵化机构与学校创新创业教育结合度低，有意向创业学生缺乏咨询服务机制；创新创业资金投入不足；等等。

西安交通大学为了有效解决以上问题，未来也将继续深化以下方面的改革，包括：进一步加强以工程坊为主的八大平台内涵化建设，拓展物理场地和孵化功能，推动创新创业快速良性发展；适度减轻学生学习负担，完善学籍管理制度，增强学生“学以致用、以用促学”意识，鼓励学有余力学生积极参与创新创业活动，以增强学生社会责任感、创新精神、实践能力、国际视野为重点，着力提升学生的综合素质和社会化技能；优化资源配置，理顺管理机制，建立协同育人机制；引进行业领军企业资源，依托院系专业优势，共建学生创新实验基地，扩大学生科技社团覆盖领域，实现企业研发、社团活动、专业实践相结合，激发学生科技创新活力；加强与科技园以及全国高校创新创业投资服务联盟等创新创业组织与机构的合作，为“双创”者提供政策、市场、导师、培训、资金、产业资源等相关服务。

（西安交通大学推荐，执笔人：王小华、陈立斌、张泽、梅红）

# 成都理工大学传播科学与艺术学院<br>大学生创新创业训练“种子计划”

## 一、背景

成都理工大学传播科学与艺术学院地处艺术教育蓬勃发展的四川，成立至今有20年的艺术与传媒办学经验，学院具备国内一流的硬件条件与教学环境，依托学校理工科教育教学背景，努力推进实践教学改革，培养复合应用型艺术与传媒人才，办学具备较为扎实的历史与现实基础。

学院位于成都市区内，后者现为全国知名的文化创意产业（简称文创产业）高地。“十三五”期间，成都已形成了“文化＋科技”“文化＋旅游”等产业发展新模式。未来发展将继续深度挖掘成都中国西部高科技城市、旅游城市的特色优势，整合、联动相关产业资源，在产业链的延伸和完善上大有可为。综上，学院具有较为显著的地域优势，能充分利用区域内较为发达的文化传媒产业资源，具备找准差异化发展方向与突破口的客观条件。

在国家积极推进大学生创新创业训练和实践的改革浪潮中，学院敏锐地捕捉到文创领域创新创业的优势，以文创领域创业创新人才培养为突破口，对接高端平台资源，实现全产业链的优质人才培养，这也是推行“种子计划”的初衷。

为落实学院对文创领域创新创业人才培养的部署，由学院学生工作负责人牵头，于2014年年底（“双创”热潮刚刚兴起之即）率先在全校范围内进行改革试点，提出多类别（详见下文第二部分）的自主选择式“人才培养菜单”，以学生自组织的方式实现资源的匹配，且从资源保障等环节进行了积极的探索和实践，提出基于“全生命周期持续进化”的项目实施全过程监控，有效保障了“种子计划”这一独特的针对文创领域大学生创新创业训练计划的实施，阶段性成果获得了包括中国青年网等在内的多家主流媒体报道，实施该项目的成都理工大学传播科学与艺术学院也在短短的四年之内，异军突起，成为以理工科为优势的大学校园内学生创新创业团队实践的“后起之秀”。

## 二、主要做法

根据国家和区域内社会、经济、文化发展需要，紧扣创新和创业的时代发展主旋律，学院抓住大力发展文化创意产业的机遇，瞄准艺术与传媒人才的市场需求，致力于培养

“智慧创作型”人才。

(一)理念与方案设计

聚焦上述人才培养目标，学院集成创新创业工作体系，于2014年年底在全校范围内率先提出大学生创新创业训练的“种子计划”。该计划分为创新训练、创业计划和创业实践三大类项目，通过团队申请—审批立项—实施项目—成果验收—成效推广的方式鼓励学生跨年级、跨专业组建团队，开展文创领域的科学研究和创业实践(训练)。在其基础上，实施“种子计划”—“青苗计划”—“国家级大学生创新创业训练计划”—“创青春”/“互联网+”大学生创业大赛的孵化培育模式，通过“以赛促建”实现“种子计划”的良性运转和团队胜任能力的持续提升，探索出一条“作业—作品—产品”的文化产业全链条人才培养路径。该计划运行四年以来，取得丰硕成果(详见表2)。

(二)实际举措

1. 打造“学习型”组织，实现“后发优势”

学院致力于营造文创领域创新创业研究和实践的浓厚氛围，将相关工作按照流程推进的方式写入年度工作安排一以贯之，确保工作的延续性、规范性和严谨性。如：每年10月，学院邀请专家围绕人文社科类科研课题如何选题、如何确立研究方向、申报书的撰写等内容对学生进行科研精神培育培训；11月上旬，学生组建科研申报团队，寻找指导老师，拟定“种子计划”申报书；11月中旬，组织校内外专家对申报项目进行答辩评审；12月初，组织立项成功的团队学生与老师进行互选；其余时间，按照每月至少开展一次创新创业研究训练工作坊的工作安排，辅以创业沙龙、“大咖讲座”等多层次、多维度的学习措施，持续助力“种子计划”项目团队成长。

2. 系统培育，协作共建

鼓励项目可持续化运营，按照“分层培育”的模式和“递进式”成长的规律，学院在培育、扶持、孵化和转化成果方面，依据不同的项目成长阶段给予适宜的指导师资力量配备。

已建立包括校内外专家、优秀业界人士、杰出创业校友等在内的创新创业导师库，并从中选拔责任心强、经验丰富的导师组建导师组，主要承担对优质项目成长全过程提供定制性建议和将实施过程中的优秀项目推荐到高级别赛事进行锻炼等指导性工作。

一般立项项目实行“双导师制”，根据项目实际，为每个团队配备“专业老师+辅导员”，从业务素养培养、创业知识培养两个主要维度对学生团队进行训练和培育。

3. 严格考核，项目化运作与管理

学院每年度实施的“种子计划”均严格按照项目管理的方式进行运作与管理。项目负责人代表团队与学院签订协议，承诺按期完成项目任务，双方约定清晰的工作任务和时间节点。如：立项后的次年5月，举行“种子计划”中期项目检查，依据评审结果，对未实际开展工作或开展工作不力的团队直接予以淘汰，并要求退回资助经费；同期，开展“种子计划”进阶暨“青苗计划”选拔答辩，对入选“青苗计划”项目给予更多的经费支持和校内外专家专业技术指导，从而孵化优秀项目参加国家级大学生创新创业训练计划、“创青春”全国大学生创业大赛、中国“互联网＋”大学生创新创业大赛等。

学院有专人联系项目指导教师，及时沟通项目进展，帮助项目研究团队就项目执行期间出现的资源协调等相关问题与校内外有关单位进行协调，以及承担中期和结题等关键环节的考核工作，尽职尽责为立项团队师生服务。

（三）创新点

1. 基于文创产业全链条的人才培养通道设计

针对文创行业产业附加值高、可进行全链条化生产，有助于系统化培养创新创业人才的现实，学院深度梳理了现有的人才培养方案，以“种子计划”的实施为契机，对专业协同育人的路径进行了对接和优化，成功实现了“作业—作品—产品”的成果培育流程。

2. 研究驱动型的动力来源

依托成都理工大学校级研究和实践平台（社科处、校团委、创新创业中心等），“种子计划”的项目指导教师以承担的研究课题为蓝本，提供部分经费用于支持项目开展。指导教师将项目实施中的问题进行抽象，形成研究的科学问题，带领学生团队一起“攻关”，既有效保障了项目的执行，又从科学研究的高度为项目的实施提供了动力来源，部分指导教师的科研项目见表 1。

**表 1 “种子计划”部分指导教师的科研项目汇总**

| 姓　名 | 职称 | 科研项目名称 | 项目来源 |
| --- | --- | --- | --- |
| 刘　翼 | 教授/国家一级导演 | 川剧导演艺术研究 | 国家社科基金艺术学项目 |
| 汤　敏 | 副教授 | “互联网＋”时代女大学生的创业与就业研究 | 四川省教育厅 |
| 刘　星 | 讲　师 | 全民健身背景下四川省健身健美训练由竞技向休闲体育文化演进的研究 | 四川省教育厅人文社会科学重点研究基地 |
| 余梦铷 | 助　教 | 基于 PCA（心理资本）开发的地方本科高校大学生创新创业教育与服务体系研究 | 成都理工大学 |

（四）资源整合机制

1. 主动牵引，发挥“互联网＋”的平台聚合优势

文创领域创新创业的核心和焦点在于如何提升用户体验，“种子计划”项目从本质而言，依然属于互联网时代的产品，自然需要遵循产业和行业发展的客观规律。因此，依托学院“青葱火焰”官方微信平台进行线上推广，同时在线下以学生喜闻乐见的活动和实践参与方式进行宣传，实现线上、线下的同步互动，推广“种子计划”项目的立意、产品和服务，较短时间内迅速聚集起了人气。

2. 形成核心，发挥“小世界网络”的社交网络优势

资源的聚集需要核心，在充分研究互联网时代资源聚合效应的基础上，形成以学院创

新创业工作体系为核心，辐射相关行业校友、行业合作单位、学生创业团队的社交网络，由学院创新创业工作负责团队制定合作联盟的参与标准，以上述主要参与者为节点，进行网络的延展和深化，主动选择优质合作伙伴加盟，形成更富有生命力、资源更为强大的实践联盟和创新网络。

（五）保障及支撑条件

1. 形成规范化制度，提供管理机制保障

为保障“种子计划”按照工作进程顺利推进，实现预期成效，学院从制度建设上为其提供了健全的设计，制定了激励学生从事文创领域创业创新的“一揽子”制度（管理规定），从学生评优、推荐免试研究生等各方面给予成果突出的学生正面的肯定和激励。

2. 部门协同配合，实现资源互补的有效支撑

全产业链的育人模式需要把控每个关键节点的育人成效，意味着专任教师、辅导员这两支队伍要充分融通，实现优势互补。学院通过联系会议制度，定期举行学工与教务的专题研讨，就双方配合过程中的各种问题进行研究和协调，有效保障了“双导师”制度的实施。

3. 积极拓展视野，依托优势资源突破创造力约束

文创产业的创新创业强调创意，尤其是原创设计的思维和能力，这对学生团队乃至指导教师本身的胜任力均提出了很高要求。对此，学院积极融入地方经济社会发展战略规划，主动出击，吸引高端文创领域产业公司和优质品牌与学院共建，约定双方的共同任务是令“种子计划”的初衷实现持续发展，承诺为支持项目提供行业最顶级的平台及资源，助力项目成长。

## 三、实践成效

从 2014 年 11 月启动第 1 期种子计划至今，“种子计划”共培育文创领域创新创业项目 134 项，学生团队共发表学术论文 38 篇，其中 CSSCI 来源期刊 1 篇、核心期刊 29 篇、人文社会科学国际高水平学术会议收录（CPCI-SSH）2 篇，师生共建团队出版学术著作、规划教材各 1 部。

近年来，由“种子计划”立项和持续追踪、扶持的 15 个项目在国家级大学生创新创业比赛中立项，13 个项目在四川省大学生创新创业比赛中立项，2 个创业项目团队入驻成都市龙潭工业园。此外，在创业实践的道路上，部分团队已经取得了骄人的成绩，创业领域代表性成果及成效如下（详见表 2）。

**表 2 “种子计划”培育的代表性创业团队及其成果**

| 时间 | 项目名称 | 竞赛名称 | 奖项等级 |
| --- | --- | --- | --- |
| 2018 年 11 月 | 成都攀岩者文化传播有限公司 | 2018 年“创青春”浙大双创杯全国大学生创业大赛创业实践挑战赛 | 国家级铜奖 |

续表

| 时 间 | 项目名称 | 竞赛名称 | 奖项等级 |
|---|---|---|---|
| 2018 年 6 月 | 成都攀岩者文化传播有限公司 | 2018 年“创青春”四川省大学生创新创业大赛创业实践挑战赛 | 省级金奖 |
| 2018 年 6 月 | 助农得“梨” | 2018 年“创青春”四川省大学生创新创业大赛创业实践挑战赛 | 省级银奖 |
| 2017 年 6 月 | “电竞工厂”一站式服务平台 | 第三届四川省“互联网 +”大学生创新创业大赛 | 省级铜奖 |
| 2016 年 5 月 | “心联盟” | 第三届“创青春”四川青年创新创业大赛暨第七届高校毕业生创业大赛 | 省级银奖 |
| 2016 年 1 月 | “微控校园”创业团队 | 2016 GSEA 全球青年企业家创业大赛中国区决赛 | 国家级冠军 |

此外，为推行“种子计划”在文创领域获得的突出成绩，学院与东郊文化创意集聚区签订了合作协议，围绕文创领域人才培养、产业链开发与运营等方面开展深度合作（详见图 1）；与长沙市雨花区颜色教育培训学校共建“文化产业链创新创业孵化培育基地”，由后者出资设立“梦想基金”，资助学生团队开展文创类实践和创业；由“种子计划”孵化的“优课优学”创业团队获得 2016 年教育部高等教育司产学合作协同育人项目——腾讯公司创新创业训练项目资助，并顺利通过结题验收；创业团队成员经过系统、规范的训练，创新能力获得显著成长。以“成都攀岩者文化传播有限公司”为例，团队成员在完成本科学业以后，均获得进入双一流大学（学科）继续深造的机会（详见表 3）。

图 1　项目负责人（汤敏）代表学院与东郊文化创意集聚区签订合作协议

表 3　成都攀岩者文化传播有限公司成员深造情况

| 姓　名 | 团队分工 | 深造学校名称 | 深造学校类别 |
|---|---|---|---|
| 周　元 | 负责人 | 成都理工大学 | 一流学科建设高校 |
| 王　岚 | 市场推广 | 成都理工大学 | 一流学科建设高校 |
| 甘　涛 | 技术开发 | 电子科技大学 | 一流大学建设高校 |
| 刘泽宇 | 人力资源管理 | 苏州大学 | 一流学科建设高校 |
| 殷豪良 | 产品设计 | 西南交通大学 | 一流学科建设高校 |

## 四、总结评价

成都理工大学传播科学与艺术学院根据国家和区域内社会、经济、文化发展需要，紧扣创新和创业的时代发展主旋律，把握国家大力发展文创产业的机遇，瞄准艺术与传媒人才的市场需求，结合学院培养“智慧创作型”人才的理念，构建了创新创业教育工作体系，搭建了大学生创新创业的实践平台和广阔舞台。

在理念上，以学生自组织为教育服务主体，以自主选择式“人才培养菜单”为实践地图，实现资源匹配，构建文化产业全链条人才培养路径。在制度上，形成了激励学生从事文创领域创业创新的“一揽子”制度。在资源上，学院设专项资金支持，提供实验场馆与融媒时代云平台，组建校内外师资团队，深化行业合作，形成了产学研协同育人合力。在过程上，形成了基于“全生命周期持续进化”的项目实施全过程监控，进行阶梯式晋级持续孵化。

基于此，“种子计划”这一独特的针对文创领域大学生的创新创业训练计划，在短短四年之内取得了丰硕的阶段性科研成果与实践成果，摘得了多项国家级、省级竞赛的奖项，孵化出了实力与潜力并存的多家公司，多次受到知名媒体宣传报道。未来，成都理工大学传播科学与艺术学院将再接再厉，在过往经验的基础上进一步延展和深化，构筑指导性更强、资源更广、更具影响力的创新创业实践高地。

（成都理工大学推荐，执笔人：汤敏、余梦铷、刘星）

# 深化创新创业教育改革　培养高素质应用型人才

## ——湖北工业大学创新创业教育案例

## 一、实施背景

根据学校“立足湖北、服务工业”的办学定位，和培养创新创业能力和实践能力强的高素质应用型人才的目标定位，在人才培养方面，学校实施“721”人才培养模式改革，并将创新创业教育融入人才培养各环节。自 2015 年 5 月《国务院办公厅关于深化高等学校创新创业教育改革的实施意见》（国办发〔2015〕36 号）实施以来，在省教育厅及有关单位的指导下，我校按照文件要求，以连续四次承办中国“互联网 +”大学生创新创业大赛湖北省复赛为契机，将创新创业教育作为学校综合改革的突破口，精准施策，坚持育人为本、面向全体、分类施教、结合专业、强化实践，构建创新创业教育体系。以问题为导向，建章立制，丰富课程、创新教法、强化师资，补齐培养短板。整合资源，协同推进，汇聚培养合力，把创新创业教育贯穿人才培养全过程，取得良好进展。2017 年 1 月，湖北工业大学获批全国首批“深化创新创业教育改革示范高校”。2018 年，学校获批“全国创新创业典型经验高校”。

## 二、具体做法

学校在深化创新创业教育改革方面做了大量卓有成效的工作。

### （一）顶层设计，总体规划

学校积极推进“721”人才培养模式改革，坚持“育人为本、面向全体、分类施教、结合专业、强化实践”的原则，出台《湖北工业大学创新创业教育实施方案》（湖工大教〔2016〕7 号），成立创新学院、就业创业学院，构建“实验教学—实习实训—毕业设计（论文）—创新创业教育实践—课外科技活动—社会实践”六元结合的实践教学体系，实施短学期制，将创新创业教育融入实践教学改革，搭建创新创业平台，培养了一批创新创业专兼职教师，取得了良好效果。

### （二）四方协同，机制保障

学校高度重视创新创业教育工作，将其列入学校“十三五”规划与《湖北工业大学普通本科人才培养“十三五”规划》，成立了由校长刘德富任组长，副校长龚发云任副组长，教务处、招就处、校团委、学工部负责人为成员的创新创业教育改革领导小组，全面统筹创新创业教育改革工作。形成了教务处牵头，招就处、校团委、学工部齐抓共管的创新创业教育工作机制，其中教务处统筹创新创业教育工作，负责创新创业教育顶层设计、人才培养方案修订、课程设置、教学与学籍制度建设等工作，招就处负责大学生创业教育和指导工作，校团委组织开展创新创业类的社团活动，学工部负责创新创业思想教育与发动工作。四个部门各有侧重点，相互配合，形成合力，大力支持学生创业活动，投入大量人、财、物支持创新创业教育工作。

（三）立足实践，六元结合

夯实基础，在实践的基础上创新。学校统筹一、二、三课堂，根据面向全体、分层分类实践、结合专业、强化实践的原则，探索设置实践教育短学期制，将其纳入学分管理，实现学生实践参与面全覆盖。加大人才培养方案中实践教学比重，文科不少于 20%，工科不少于 30%。其中实验教学方面，着眼于学生创新与实践能力培养，严格执行实验教学运行的规范管理，整合实验资源，完善实验教学平台建设，加大综合性、创新性实验教学改革力度，让学生走进实验室，扎实做实验。加强毕业设计过程管理，把好选题关，让学生“真刀真枪”做设计，把好前期、中期与后期的检查关，以省优论文指标分配为“指挥棒”充分调动学院积极性。

（四）融入专业，教育创新

开设创新创业通识课程是基础，将创新创业教育融入专业教育是根本，学校重视在专业教育中培养学生创新实践能力。通识课程方面，开设“创新思维训练”“KAB 大学生创业基础”“创造力与财富拓展”等公共选修课程。面向 2017 级全体学生开设“大学生创业基础”网络必修课。开展创新创业理论与实践教学，开设了“创新设计（TRIZ）”“创新实验”“创新工艺设计实践”“结构创新设计”“创新设计——机械产品创新设计”“设计研究（一）：创意思维”“空间创意思维与模型”“图案创意与应用”等理论及实践课程，将创新创业实践与专业知识紧密结合。以创新创业实践基地建设、各类学科竞赛为平台，以大学生创新创业训练计划为抓手，使学生初步了解创新创业的基本知识、途径和一般规律，培养学生创新创业意识。

课程教学改革是培养学生创新精神、创业意识和创新创业能力的重要途径。在全校范围内深入开展“一院一教法”、“翻转课堂”、在线开放课程建设等系列教学改革活动，广泛开展启发式、探究式、讨论式教学；建立教师教学工作奖励制度，激励广大教师投身于改革之中。学校从各学院改革优秀案例中遴选 18 门课程举办教学改革典型案例成果展，树立改革典型，推广典型经验，固化改革做法，起到良好效果。注重教学过程中教师与学生的互动、交流，注重教学过程中的思考、归纳与总结，形成多种测评、多个分数和形成性评价模式。新建了适应研讨式教学等新型教学模式的教室 73 间 3500 余平方，各学院依据专业特点共归纳总结出 30 余种教学新方法，形成了良好的“思想碰撞、思维创新”的课堂氛围。

出台人才培养方案的修订意见，明确提出将创新创业教育融入人才培养方案，贯穿于人才培养的全过程。根据年级分层次递渐实施。从大一入学的创新精神与意识启蒙培养，大二的创新能力实践与创业教育培训，到大三、大四的与专业相结合的创新创业教育与实践，以大学生创新创业训练项目、学科竞赛、创业项目孵化、创业实践等为依托，健全创新创业教育课程体系，确保创新创业能力培养四年不断线。

（五）探索实施校企协同培养人才机制，强化创新创业实践

深入实施系列“卓越计划”和科教协同、产教融合的育人行动计划等，多形式举办创新创业教育实验班，探索建立校校、校企、校地、校所以及国际合作的协同育人新机制，构建了校企合作为主体，实习实训基地建设、校企合作办班、产学协同育人三位一体的合作机制。

在实习基地建设方面，校领导高度重视，实施每位校领导每年对口联系一个大型合作企业的机制，实施产学研协同育人机制。科研处、教务处等职能部门制定校企合作机制，建立起产学研相结合、“双向嵌入”的大学生实习实践基地。目前，我校已与400多家企业签订校企、院企合作协议，每年满足70多个专业7000余名学生的实习实训需要。在校企合作办班方面，主动利用学校智力优势与企业技术资源的系统互补性，推动协同育人实践化、规模化发展。实施“一院一班”，以校企联合办学的性质“搭接”共同培养应用型人才。据统计，学校先后合作开设“五鑫模具班”、“敏实机电班”、“易时科技精英班”等19个校企合作班，每年近600名学生参加校企共建班学习，联合办学形式受到企业与学生好评。

在产学协同育人项目方面，加强校企协同，实施全程产学结合，通过学校与企业融合式全流程协同育人，着力培养学生的工程意识、工程素质和工程创新能力，并持续拓展校企、校地、校所、校院合作模式，积极依托行业、企业、科研院所进一步优化人才培养结构和资源配置，汇聚企业资源支持学校专业综合改革和创新创业教育，取得良好成果。现教育部产学合作协同育人项目已达118项。

（六）搭建平台，创新创业

学校不断探索创新创业教育的有效途径，打造创新创业平台，为创新创业提供保障。

学校依托国家级、省级实践教学平台，建设了23000多平方米的实训、实验创新基地，打造了一系列学科全、技术新、专业强的创新创业训练平台，有力提升了学生创新创业能力和实践能力。

实施大学生创新创业实践教育短学期制。四年来，有14万人次参与短学期实践，满意度达90%以上。

通过“一学院一精品赛事、一专业一赛事、一赛事一指导团队”的“111”竞赛平台，认真组织学生团队参加高水平科技赛事和大学生优秀科研成果活动；打造省“互联网+”大赛平台，以赛促学，以赛促创，形成“万众创新、大众创业”的创新创业文化氛围。在实

训楼六楼建设2500多平方米的创新创业教育基地，用于开展学科竞赛和大学生创新创业教育活动。

学校成立大学生创业园，实施“青桐计划”，并设立大学生创业基金。与武汉市“同心”律师服务团合作，提供咨询服务，引进财务管理公司，为学生企业提供代账服务，用于资助在校大学生自主创业活动。建设有大学生创业孵化器、艺术品集市、绿盟众创空间等共8500多平方米的创新创业平台。其中，创业孵化器室内建筑面积2530平方米，结合学科专业划分为5个区域。艺术品集市占地面积2500平方米，专门为在校学生提供原创艺术设计或文化创意类产品交易平台。绿盟众创空间是与各学院联合建立的实验实践教学中心和敏捷创新实验室，占地面积3400多平方米，面向全体学生全年免费开放。

## 三、特色与成效

1. 学生创新创业能力强

2017年，在中国教育在线发布的“2013—2017年中国高校创新人才培养暨学科竞赛评估结果”中，我校位列全国高校第81位，省属高校第一。

2. 大学生创业企业存活率高于一般水平

经过我校大学生创业基地培育的企业总数达176家，其中目前存活企业91家，存活率超过50%。

3. 创业典型不断涌现

在团中央评选的“2017年大学生创业英雄100强”名单中，我校学子独占两员，创业英雄10强、100强各1名，占了湖北4名创业英雄的半壁江山。武汉雅格创意文化传播有限公司创始人钱立权入选创业英雄10强，新四板首批上市的武汉艺亦青文化传播有限公司创始人蔡青入选100强。

涌现出休学创业做羊倌的“乡村创客”、首批“长江学子”、“青年扶贫先锋”、德晟牧业创始人赵湖北，在校期间接管家族企业、休学并成功二次创业的“湖北十大杰出创业人物”、武汉天仕达电气有限公司董事长钟辉，离园仅三年时间就一次性向学校捐赠110万元的大学生创业园首批入孵企业洛奇教育集团董事长朱从香等众多创业典型。

4. 教学成果多次获奖

经过多年建设，2017年我校在创新创业方面的教学研究获得了省级教学成果一等奖6项、二等奖6项、三等奖5项。

5. 有效支撑专业建设

创新创业教育工作受到专业论证专家的高度肯定，截至目前，学校11个专业通过专业论证。

6. 校领导在省级以上会议上做典型经验交流发言

2016 年全省就业创业工作推进电视电话会议上，作为两所高校代表之一，校长刘德富做“培养创新创业人才，努力实现高质量就业创业”交流发言。

校长刘德富作为唯一地方高校发言人在 2017 教育部产学合作协同育人项目对接会上介绍我校协同育人工作经验。

校党委副书记蔡光兴在 2017 年湖北省本科高校大学生创业示范基地建设推进会上做典型发言 。

校党委副书记蔡光兴作为唯一高校代表参加 2016 年湖北省就业创业工作座谈会。

副校长龚发云在 2016 年湖北省高等学校就业创业工作会议上做经验交流发言。

（湖北工业大学推荐，执笔人：吕栋）

# Dian 团队——基于导师制的人才孵化站

## 一、背景

华中科技大学是中华人民共和国教育部直属的综合性研究型全国重点大学，是首批列入中国“211 工程”和“985 工程”重点建设高校的大学、“双一流”建设高校。

2002 年，为了让本科生也能参与真实科研项目，提高动手实践能力，Dian 团队应运而生。全称是“基于导师制的人才孵化站”，由电子信息与通信学院刘玉教授于 2002 年 3 月创建，植根于华中科技大学电子信息与通信学院（以下简称电信学院），隶属于华中科技大学启明学院，旨在通过真实项目实践培养学生的创新能力、实践精神和综合素质。目前培养的正式队员共 632 名，已出站 591 名，并常年保持 100 名在校队员的规模，队员主要来自华中科技大学各信息大类院系。

Dian 团队以本科生创新能力的早期培养为首要目标，强调“高尚的道德情操、优秀的工作作风和扎实的专业技能”，并希望其具有远大理想和执着精神。以真实科研项目为牵引、从本科低年级开始进行人才长线孵化，让学有余力的学生直接参与面向学科前沿或生产实际的科研活动，通过“干中学”的方式培养学生的创新能力和综合素质，提高从知识到能力的转化效率。

通过十余年的发展，Dian 团队逐渐从以创新教育为主转向创新教育与创业教育并重。在“创新是创业的基础，创业是创新的延伸”这一思想指导下，团队进一步形成了以真实项目为牵引的创新能力培养、借力业界先进实践经验的创新能力提升、促进新老结合抱团创业的创业凝练三段式双创培养模式。

## 二、主要做法

1. 在不断的探索实践中，Dian 团队形成了“导师制”“导生制”“顾问制”结合的指导体系，建立了递进式的培养路线，积累了独具特色的团队文化，达成真实项目牵引的创新能力培养模式。

在以本科生为主的学生团队中运用真实科研项目为牵引，将本科生带入与企业合作的项目当中“挑大梁”，并保质保量完成项目交付，是 Dian 团队的创举。相对于课内实践或各类竞赛，来自企业的真实科研项目无疑反映了市场对创新的需求。面对来自社会的

"考卷",答对、答好题目是检验团队队员创新能力的最佳标准,也是创新能力培养的"指挥棒"。为此,一批优秀的专家、拼搏的同学聚集在一起,磨合出有效的管理措施,交出了令企业刮目相看的答卷。

华中科技大学电信学院刘玉教授是Dian团队的创始人、精神领袖,是整个团队发展的灵魂人物,把握着团队前进的节奏;电信学院院长、前中国移动研究院院长、"千人计划"国家特聘专家黄晓庆教授是团队领军人物,指引着团队的研究方向;电信学院信息工程系副系主任钟国辉副教授是团队执行责任导师,全面负责各项工作。此外,Dian团队还有近10名指导教师、28名顾问,为团队提供科研、项目指导工作,为教育、教学、创新创业提供策略支持。在学术科研梯队的逐级带领下,建立严格有序的培养制度,引入先进的项目管理规范,创造亲和融洽的团队气氛,使队员们动力和压力并存,迅速成长,也使人才梯队具有延续性。创新教育探索的溢出效应使得"基于项目信息类专业教育实验班"(简称"种子班")于2006年成立,将体制外的创新教育探索惠及体制内实验班级。

Dian团队的队员资格管理实行正式队员编号制度。学生以预备队员的身份加入Dian团队,在满足转正条件后可以申请转正,经考核答辩成为正式队员。截至目前,共有632名正式队员。据不完全统计,先后在Dian团队历练过的学生不下2000人,加上每次不超过15%的预备队员录取率,成为正式队员的学生人数占申请进入团队学生人数比例少于5%。这一筛选效果的完成并非通过严格的管理制度,而是对团队文化和团队精神高度认同的内化结果。

以真实项目为牵引的模式,使得团队管理以项目组为基本单位。项目组根据与企业合作合同的签署而创立,以合同完成为终结。项目组由组长负责管理。组长一般由有一年以上项目经验的正式队员担任,在导师的帮助下负责把控项目的进度、给组员分配项目任务、与甲方沟通项目需求等。每年团队会对新任组长或组长候选人展开培训,并在实践中完善组长培训流程。Dian团队对项目组组员的工作时长提出明确要求,特别对研究生及种子班的同学提出严格要求,以保证他们有足够的时间投入科研项目训练。

对于刚进入团队的新人,Dian团队有完善的新人培训制度和师徒制度。Dian团队有"预备队",由核心层指定总教练。新人培训讲师由总教练与技术部挑选,授课前必须试讲,课后必须布置作业,听取学员汇报并点评,优秀作业推荐到团队例会分享。由行政部的人资组为每位新人选派师父,技术部提供支持。在新人入团队6个月之内,组织三次师徒间的互评考核,由行政部的人资组根据考核结果调整师徒关系。

Dian团队每周举行一次例会,例会的持续时间不少于90分钟。例会包含项目组工作汇报环节,旨在让导师和队员们了解各个项目组的进度,项目组(含预研组、预备队)组长需在例会上汇报每周情况,对组员进行评分,评分要体现近一周变化。对于项目组暴露的问题,技术部需派专人跟踪记录。例会结束前,在场导师代表需对本次例会进行点评,按照A、B、C三个等级对本次例会进行评分,旨在提高例会的质量。例会由项目组轮流承办，在例会最后，主持人通报到会情况。

Dian团队从2009年开始实行队长负责制，队委会由队长、技术部部长、行政部部长、外联部部长和各部门人员组成。Dian团队的组织结构由核心层与队员代表构成。其中核心层由导师代表、队委会骨干、组长代表和种子班代表构成；队员代表由每间实验室代表、研究生代表和种子班代表构成。

Dian团队每月定期举行核心层工作会议、队员代表沟通会和组长联席会，以保证团队沟通渠道畅通。在核心层工作会议上，核心层商量决议一个月内团队各项事务。在队员代表沟通会上，队员代表反映团队近期出现的问题。在组长联席会上，评选“每月之星”，必须提出末位名单。由项目组组长提名“技术之星”，由队委会提名“热心之星”，干部也可以参与“技术之星”的评选，由技术部提名。对末位人员，第一次末位者需与组长谈话，第二次末位者需与导师谈话，连续三次末位者由核心层商讨处理意见。

通过完善的培养措施和真实科研项目环境的历练，Dian团队系统实践了“目标英才式、指导开放式、培养递进式、管理竞争式”的创新人才多重孵化模式，实践了一种符合高等教育规律和社会需求的教育理念，努力搭建高等教育与社会需求之间的坚实桥梁，走出一条学生、家长、高校、社会都欢迎和支持的“四赢”之路，为高校本科人才培养提供了一种有益的探索路径。

在与企业合作的过程当中，Dian团队充分利用业界的资源，将企业的优秀实践经验引入高校，促进学生创新能力的提升。

随着科技的进步和社会分工的发展，越来越多的行业领先科技由企业所引领，尤其在工程应用领域，将业界领先的实践经验引入校园，服务于创新创业教育，是双创教育的能量源泉之一。2006年，借Dian团队与华三通信项目合作的契机，团队导师组促成了华三外派项目QA给团队队员讲授“软件工程与项目管理”课程的举措，并辅以mini project开发培训业界标准CMM流程；在之后的项目合作过程当中，迈普通信、华为均通过项目经理或人力资源部为团队带来同类课程。除了Dian团队因此受益以外，团队导师组还将这类课程导入启明学院创新实验班的课程体系当中，首先在种子班正式引入业界双师课程，为创新教育引智开拓了新的方向。

随后，“商业企业管理”这一经管类课程被引入工科背景的种子班，曾任某酒业高管、有着丰富营销经验的校友唐德华成为Dian团队顾问，给信息技术背景的Dian团队队员带来完全不同的商业视角，助力团队加速推开了由创新教育转向创业教育的大门。

此外，“批判性思维”“技术创业”等一系列与创新创业相关的课程被引入Dian团队和种子班，进一步拓展了创新教育的内容与师资来源，多元化的教育资源体现了学科交叉、校内外融合的创新创业教育新理念。

创业是创新的延伸，但创业的高风险往往成为横亘在创业实践教育上的一道坎，如何让更多的团队创业者迈过去，少些磕绊，是Dian团队导师组的努力方向。从2008年团队导师首次关注队员创业开始，Dian团队在团队政策指导层面逐步厘清各种问题，形成了“以老带新、抱团创业”的指导思想。创始人刘玉教授更是设立“创业红娘工作室”，把帮扶Dian团队老队员创业的初衷做成了面向全国义务为创业项目与投资机构牵线搭桥的公益事业。

面对如火如荼的创业热潮，Dian团队导师组经过审慎评估，认为创业的重点在于支持团队已毕业并有一定工作经验的老队员，如果恰当地搭配即将毕业的在校队员，以老带新，更容易成功。毕业老队员经过在社会的打拼，有了社会阅历和经验，能更准确地理解创业需要做什么——懂世道；毕业老队员也容易触碰企业的“玻璃天花板”，更容易感受到企业内晋升的困难——有需求。而在读队员有激情，愿意闯，只是缺经验。在读队员与毕业老队员间有一根隐形的纽带相连接——共同认可的Dian团队培养理念，使得新老队员合作时少了猜忌、多了默契，降低了创业团队信任成本，提高了创业团队沟通效率，极大地增加了创业成功率。

而团队创业先行者的经验传递与刘玉老师“创业红娘”工作的推进，使得Dian团队的同学常常有机会接触到创业者和投资人，并近距离地接触和了解到创业项目的细节以及投资机构对创业项目的点评等等，促使团队队员产生更多关于创业的深层次思考和见解，进一步激发团队队员对双创事业的热情。

在这种模式之下，近年来团队涌现出许多成功案例。已经上市的悦然心动公司，由颜庆华、刘金柱、赵威等老队员从北京、南京回到武汉扎根团队创业而创立；独角兽贝贝集团，由老队员张良伦在阿里工作后带领刚毕业的老队员柯尊尧创立，又先后吸收团队五届队长加入；武汉小安科技创始人钱建安在团队时就是硬件嵌入式相关项目的组长，曾参与“挑战杯”特等奖作品组的工作，入职公司不久就因放不下对硬件的兴趣，萌生了创业的想法，并拉来在华为、大疆、腾讯等公司的团队老队员，抱团回武汉创业，现公司已获得多轮融资，在智能电动车行业提供全面的服务，和国内众多电动车平台均有合作。

## 三、实践成效

在多年的实践当中，Dian团队成功形成自己独特的创新创业人才培养体系，共孵化632名正式队员。从2002年至今，导师获国家级荣誉奖项6项，获省级荣誉奖项6项；学生获国家级奖项36项，获省级奖项56项，获校级奖项202项。团队申请国防专利获批9项，发明专利受理6项，实用新型专利获批20项，实用新型专利受理2项。团队师生发表了41篇国内权威期刊以及国际会议学术论文，24篇国内核心期刊学术论文，5篇公开刊物文章，并出版2本著作。

2002年以来，Dian团队实到科研经费总数超过2500万元，完成纵向科研项目137个，横向科研项目175个，国际项目19个，教育基金会专项项目4个，在研项目6个。

Dian 团队实行的正式队员编号制度使队员中形成了良好的生态圈。在站队员毕业离队后，根据工作所属地加入分站，团队有北京站、华中站、长三角站、珠三角站、西南站、杭州站和海外站共 7 个分站。老队员对团队现状有关心、有分析、有建议。老队员也会在团队例会上分享自己的经历和知识，更好地促进新老队员之间的交流。

16 年来，Dian 团队孵化出 52 家企业，其中 13 家公司估值过亿。201 号队员、贝贝 CEO 张良伦，002 号名誉队员、Ping++ 创始人金亦冶，210 号队员、贝贝 COO 柯尊尧和 025 号名誉队员、奇点金服创始人吴一明等 4 名老队员荣登福布斯“中国 30 位 30 岁以下创业者”榜单。

此外，Dian 团队在创业投资圈形成了一股特殊的力量，Dian 团队创投闭环生态已经初步形成：28 号企业顾问孙业林投资 25 号名誉队员吴一明奇点金服项目 3000 万元；26 号队员颜庆华投资 52 号队员钱建安小安宝项目 300 万元、投资 421 号队员钟晶花赚项目 200 万元。

## 四、总结评价

Dian 团队三段式双创培养模式已获得了学校、教育部和国家领导人的充分肯定，前国务院副总理、前国务委员刘延东对 Dian 团队模式给予了高度赞扬，并做出重要批示：“将科研、教学、团队合作与创新人才培养相结合，是一种有益的探索。”

《人民日报》、新华社、中央电视台等主流媒体均有深度报道，刘玉教授也曾应邀到百余单位做经验介绍。

受 Dian 团队案例启发而产生的“国家大学生创新性实验计划”已在全国 100 余所重点高校实施，以 Dian 团队为依托的“基于项目信息类专业教育实验班”已成为全国首批 300 个“人才培养模式创新实验区”之一。2008 年华中科技大学本科创新人才培养特区——启明学院宣布成立，Dian 团队成为首批进驻启明学院的核心团队之一，每年有大量访客慕名而来进行交流学习，产生了广泛的影响力。

17 年来，Dian 团队硕果累累。我们将继续秉承“历平凡事，成放心人”的原则，践行“优秀是一种习惯，细节决定成败，态度决定一切，好的态度带来更多机会”的团训，传承团结、友爱、奋进的精神，为中国的创新创业教育添上浓墨重彩的一笔。

（华中科技大学推荐，执笔人：钟国辉）

# 上海理工大学创新创业教育改革与实践案例

## 一、学校全面实施创新创业教育

创新创业教育是适应经济社会和国家发展战略需要而产生的一种教学理念与模式。在高等学校中大力推进创新创业教育，对于促进高等教育科学发展、深化教育教学改革、提高人才培养质量具有重大的现实意义和长远的战略意义。早在2007年，党的十七大就提出“提高自主创新能力，建设创新型国家”和“促进以创业带动就业”的发展战略，党的十八大以来，我国不断深化高等学校创新创业教育改革，把创新创业教育融入人才培养，为建设创新型国家提供人才智力支撑。

上海理工大学原属机械工业部高校，1998年成为上海市属重点建设的应用研究型大学，是国内较早开展创新创业教育的高校之一。学校将“引领产业技术进步的创新性大学”作为发展愿景，并确立了“工程型、创新性、国际化”人才培养定位。作为地方理工科大学，学校继续保持行业特色，围绕创新创业型人才培养目标，坚持创新教育的实践取向和创业教育的创新取向，将推进创新创业教育作为教育教学改革的突破口和重中之重。十余年来，学校面向全体学生，强化创新创业教育的顶层设计，以提高人才培养质量为核心，以创新人才培养机制为重点，将创新创业教育贯穿于人才培养的全过程，确立了先进的创新创业教育理念，制定了细化的创新创业教育改革实施方案、路线图、时间表，提出了明确的创新创业人才培养目标、政策和措施，着力增强学生的创新创业能力，提高学校的人才培养质量。

## 二、学校创新创业教育实施特色

学校创新创业教育紧紧围绕学校办学定位和人才培养目标，历经十余年的探索与实践，形成了“三结合、三递进、三协同”的创新创业教育体系，呈现出鲜明的工科特色。

学校坚持将创新创业教育融入人才培养全过程的理念，优化培养方案，完善课程体系，面向全体学生，在通识教育平台开设“大学生领导力”等课程，实施“2+1+1”创新创业大作业；在专业教育中融入创业元素，在创业教育中突出专业特色；将优势科研资源的势能转化为创新创业教育的动能，以高水平科学研究支撑高质量的创新创业人才培养。形成了创新创业教育的“三结合”模式（与素质教育结合、与专业教育结合、与科学研究结合）。

学校根据重点突破、分层递进的改革思路，面向100%的学生，在所有专业设立创新创业必修学分，面向10%的学生，开设“创业管理”第二专业，面向1%的学生，自2009年起在国内率先开设创业班（第一专业），形成了“100%—10%—1%”的创新创业知识传授模式；通过四级大学生创新创业训练计划项目，完善了从理论到实践的创新创业能力培养模式；通过“校内孵化—园区孵化—企业孵化”，构建了创业成果的孵化链条。形成了创新创业教育的“三递进”路径（知识传授逐层递进、创新创业能力培养逐级递进、创新创业成果孵化逐步递进）。

学校为落实对接行业、协同育人的培养举措，与上海杨浦区（国家创新型试点城区、上海科技创新中心重要承载区）合力打造“环上海理工大学创新创业街区”；与长三角地方高校合力组建工程教育联盟，与区域高校共同组建创新创业教育联盟；与原机械工业部在沪8家院所共建机械工业共性技术上海研究院，与国内知名企业共同组建创业学院。形成了创新创业教育的“三协同”平台（与区域高校协同、与企业院所协同、与城市社区协同）。

学校先后获得教育部“深化创新创业教育改革示范高校”等多项荣誉，2016年在教育部召开的深化高校创新创业教育改革经验交流会上做典型发言；50余家媒体对我校创新创业教育进行了300多次报道，60余所兄弟院校来校考察并借鉴应用我校创新创业教育工作经验；学生的创新创业能力得到显著提升，在“挑战杯”“互联网+”等各类创新创业大赛中取得优异成绩，近五年累计获奖2200余项，覆盖学生6000余人。

## 三、学校创新创业教育主要解决的问题

1. 创新创业教育有效融入人才培养体系的问题

学校历来重视创新创业教育，但近些年高校在开展创新创业教育的过程中出现了创新创业教育游离于专业教育之外，没有与素质教育、专业教育、科学研究很好地结合的问题。学校通过“三结合”，转变教育理念、优化课程体系、搭建科研平台，解决了创新创业教育未能有机融入整个人才培养体系，与专业教育“两张皮”的问题。

2. 创新创业教育个性化培养模式的问题

目前大部分高校的创新创业教育大多局限于知识传授层面，未根据不同学生的不同需求和能力进行系统的设计，上海理工大学通过“三递进”，在知识传授、能力培养和创业孵化等方面均根据学生的需求和能力设置不同层级的培养办法，解决了创新创业教育与学生需求不匹配的问题，形成了个性化的创新创业教育路径。

3. 创新创业成果转化缺乏有效社会资源支撑的问题

针对高校开展创新创业教育缺乏与行业企业、科研院所以及区域高校的深度合作，导

致学校优质创新创业教学资源较为缺乏，同时学生创新创业成果也缺少有效转化平台的问题，上海理工大学通过“三协同”，扩展创新创业教育的平台和载体，汇聚创新创业人才培养合力，为创新创业教育和创新创业成果转化创造了良好的生态环境。

## 四、学校创新创业教育典型措施

1.“三结合”创建系统化双创教育模式

与素质教育结合。2012 年起，以培养“工程型领导力”为目标，在人文素养课中增设“大学生领导力”系列课程；开设了“工程导论”等 30 余门课程，加强学生的工程伦理教育。

与专业教育结合。围绕专业核心课，开设“机电综合设计”等专业必修课，培养工科学生掌握创新创业必备思维方式；在专业教学内容及实践教学中融入创新创业教育，增强学生的产品研发、技术转化等能力。

与科学研究结合。通过学士导师制，学生参与教师科研项目完成毕业设计，教师指导本科生发表高水平科研论文；全校大部分高水平科研团队导师的科研项目都有本科生参与，或成为本科生的毕业设计选题；光电学院设立“太赫兹技术研究院”等科技转化平台，每年有 120 余名学生参与项目研发。

2.“三递进”拓展多层次双创培养路径

知识传授由面到点逐层递进。自 2010 年起，分层构建创新创业教育培养模式：面向 100% 的学生，开设“大学生创业基础”等通识教育课程；面向 10% 的学生，开设“创业管理”第二专业；面向 1% 的学生，通过转专业方式组建创业实验班（第一专业），培养学生的创新创业意识和创新创业能力，并帮助孵化一部分学生的创业成果。

创新创业能力培养由理论到实践逐级递进。通过跨专业、联合申报等方式构建了“学院—学校—上海市—国家”四级大学生创新创业训练项目，覆盖全校 60% 以上的本科生，学生通过项目完成创新理论学习、创新训练、创业训练、创业实践，实现创新创业能力的不断提升。

创新创业成果孵化由校内向社会逐步递进。以校内 20000 多平方米的“尚理四和苑”等校内孵化基地（每年有 50 多个团队入驻）为载体，进一步依托国家大学科技园，为学生提供创业孵化咨询与服务，最后从中遴选优秀项目对接天使基金和相关企业，每年成功孵化 10 余个团队。

3.“三协同”构建多维度双创平台

与区域高校协同。与厦门大学等 20 所高校共同成立全国大学生创新创业实践联盟，与复旦大学等共同成立上海高校创新创业教育联盟，实现创新创业优质课程资源、教师资源的共享与互补。

与企业院所协同。联合上海工业自动化仪表研究院等8家科研院所共建“一校八院所”，每年联合培养200余名学生；与中科创大等企业共同组建创业学院，每年吸纳300余名学生参与创业训练，促进学生创新创业成果的转化。

与城市社区协同。与杨浦区合力打造环上海理工大学创新创业街区，与长白新村、五角场等街道建设6个大学生创业家园，每年有30多个创业团队入驻孵化，成为学生创业产品进入社会的重要载体和平台。

## 五、学校创新创业教育体制机制创新

1. 创立了一套与行业紧密集合、创新创业有机融入专业教育的人才培养体系

学校创新创业教育基于产业转型升级对创新创业人才的需求分析，依托学校行业特色，根据钱学森先生对学校系统工程和人才培养7次有意义的指导工作，探索形成了以系统科学的方法指导创新创业教育持续发展的理念。

在培养计划制定中，结合行业高校的人才培养特点和专业特色，确立了“对接行业、改造专业、引导就业、鼓励创业”的办学思路，在所有专业培养方案中设置创新创业学分，在工科专业中设置“2+1+1”创新创业大作业，着力培养学生解决复杂工程问题的能力。

通过培养层次从100%到10%到1%的递进，构建了匹配不同学生特点、能力和需求的个性化人才培养模式；通过课程体系的优化，实现了专业教育中有创新创业元素，创新创业教育中有专业特色，两者有机融合的体系。

2. 构建了有效支撑创新创业教学资源保障的机制体制

学校通过面向全国开放的国家级精品在线开放课程“大学生创业基础”和与区域高校共建的创新创业教育联盟，成功解决了创新创业教育线上课程资源不足的问题，形成了线上课程资源的共享机制。

学校联合校内外创业导师及产业界精英共同组建了160余人的创业导师团队，以“创客带创客”模式建立了相对稳定的校外创客联盟导师队伍，实现了创新创业导师队伍结构由校内为主向校内外有机结合的转换。

学校创新创业教育充分利用学校地处国家创新型试点城区——上海市杨浦区的天然优势，即创新氛围浓厚、高校密集、企业众多，与其合力打造环上海理工大学创新创业街区，与原机械工业部在沪8家院所共建机械工业共性技术上海研究院以及与区域内相关社区共建大学生创业家园的做法，成功解决了如何将大学生的创新创业成果与社会有效对接的问题。

学校创新创业教育通过“‘三破三立’打造创新创业教育升级版”等一系列重点教学改革项目，研究了制约创新创业教育的一些关键机制体制和瓶颈问题，并形成了有效的解决方案。

## 六、学校创新创业教育取得的成效

1. 增强了学生的创新创业能力

（1）学生创新创业能力显著提升：近五年，学生在“互联网 +”“挑战杯”等市级以上大学生创新创业竞赛中获奖 2000 余项，其中获中国“互联网 +”大学生创新创业大赛总决赛金奖 1 项、银奖 3 项，“挑战杯”一等奖 1 项、金奖 2 项、二等奖 10 余项。

（2）学生创业成功率不断提高：近五年，共有 270 多个学生团队成功创业，其中创业班学生的创业成功率达 80% 以上；涌现出了一批优秀创业者，如穆振兴入选 2017 年福布斯“中国 30 位 30 岁以下精英榜”，张元刚入选 2012 年福布斯“中国 30 位 30 岁以下创业者”榜单，魏杰荣获 2016 全球创业周中国站十年天使基金优秀项目“雄鹰奖”。

（3）学生学术能力持续提升。近五年，本科生发表学术研究论文 800 多篇，申请专利 667 项。近三年，有 37 项科技发明创新实现成果转化，其中材料学院本科生团队的新型碳纤维复合材料刹车片成功与奥迪 Q5 车型生产企业对接，实现专利成果产业化。

（4）以创业带动就业。我校学生魏杰、陈默、蒋公宝等在自身创业成功的基础上，还成功解决了千余人的就业问题。

2. 在全国高校形成了示范辐射效应

（1）学生受益面广：开设的“大学生创业基础”国家级精品在线课程面向全国高校开放，每年有近 100 所高校 18 万余名学生选课。

（2）经验交流：2016 年 10 月，在教育部召开的深化高校创新创业教育改革经验交流会上，作为 4 所高校代表之一，做专题发言交流。

（3）兄弟院校学习交流：来自上海、江苏、天津、河南、浙江等地 60 多所高校到我校考察学习创新创业教育经验。

（4）教育部网站报道：2015 年以来，教育部门户网站（一线风采）4 次报道我校创新创业教育教学改革举措与成效。

3. 产生了积极的社会影响

（1）荣誉称号：学校先后获批国家级“创新人才培养示范基地”、“深化创新创业教育改革示范高校”、“全国创新创业典型经验高校”、上海市首批“高校创业指导站”建设单位、“上海大学生创新创业训练计划示范校”；2016 年“打造上海理工大学创新创业教育升级版”入选上海市教育综合改革典型案例。

（2）媒体报道：《中国教育报》、央广《中国之声》等 50 余家新闻媒体对我校创新创业教育成果和经验进行 300 多次报道。

（3）社会评价良好：2019 年 2 月，中国高等教育学会发布“中国高校创新人才培养暨学科竞赛评估结果”，我校在“2018 年全国普通高校学科竞赛评估结果（本科）TOP100”中名列全国第 66 位，在上海高校中名列第 5 位；同时公布的“2014—2018 年全国普通高校学科竞赛评估结果（本科）TOP300”中，我校名列全国高校第78位，在上海高校中名列第5位。

（4）专家认可：在2017年10月份结束的教育部本科教学工作审核评估中，评估专家组对我校创新创业教育工作给予了充分肯定，一致认为“这一特色实至名归，值得充分肯定。建议加以推广，使之发挥更大效益”。

（上海理工大学推荐，执笔人：宇振盛、李臣学）

# 多措并举　提振双创教育浓郁活力

## ——河南理工大学创新创业教育实践案例

## 一、背景

在“大众创业、万众创新”新形势下，河南理工大学转变发展理念，主动适应我国“实施创新驱动战略、建设创新型国家”的发展战略，全力做好创新创业教育改革与实践，强化创新创业教育内涵建设，以“顶层设计、创新理念、多措并举、整合资源”为基本思路，以深化学校创新创业教育、激发大学生创新创业精神、提高大学生创新创业实战能力为基本目标，充分发挥、高效利用校内外创新创业资源提升人才培养质量，建立健全创新创业教育体制与服务机制，搭建创新创业“工场—苗圃—孵化器—加速器—产业园”链条式梯次孵化平台，构建“课程教学改革—创新创业氛围营造—政策激励与经费支持—创新创业能力提升”的全程化服务体系，构筑课堂教学、实践教学、自主学习、指导帮扶、文化引领等多位一体、以第一课堂为主、以第二课堂为辅的创新创业教育体系，形成“宏观决策、上下联动、分工协作、融合运转”的工作格局，着力培养大学生创新意识和创业精神，培育创新（创造）和创业优秀人才，努力营造创新创业工作新局面，有效提振校园创新创业浓郁活力。

## 二、主要做法

河南理工大学注重创新创业教育内涵建设，以“顶层设计、创新理念、多措并举、整合资源”为基本思路，以“深化学校创新创业教育、激发大学生创新创业精神、提高大学生创新创业实战能力”为基本目标，健全创新创业教育工作体制与服务孵化机制，增强大学生创新意识与创业能力，努力营造校园创新创业文化氛围，为国家和地方经济发展输送具有创新创业实践能力的优秀人才。

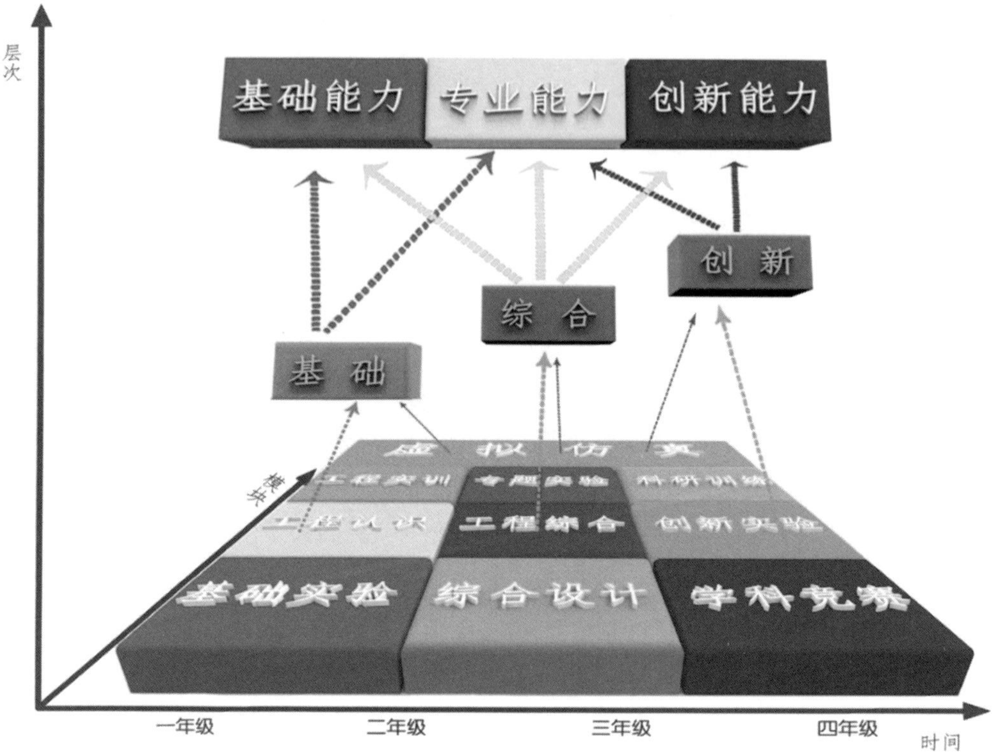


图 1　创新实践教学内容体系

（一）创新理念，凝聚合力

学校坚持落实“一把手”工程，完善领导机制，健全工作机制，着力做到“三个到位”：一是认识到位。大学生创新创业能力培养是我国高等院校人才培养的主要内容之一，是落实学校“高素质、强能力、应用型人才”培养目标的重要举措，是建设优良校风、学风、教风的必然要求。因此，学校把创新创业教育融入专业和学科教育过程，2016 年新修订的本科专业教学计划开设“创新学”“创新设计方法”“创造学”等创新创业教育课程 40 余门，创新创业实践环节达 10 余个学分。二是组织到位。学校健全组织机构，完善创新创业教育机制，联动共管。在校长领导下，创新创业教育工作领导小组具体负责全校创新创业教育工作的统筹规划、政策制定、经费保障、管理和决策。三是机构到位。为确保创新创业教育工作扎实推进，成立由校党委副书记任院长的创新创业学院，全面部署和开展学校的创新创业教育与实践活动。

目前，学校构建了主要校领导牵头、办公室协调指导、部门各负其责、广大师生员工积极参与的创新创业教育工作领导体制和工作机制，形成了“宏观决策、上下联动、分工协作、融合运转”的工作格局。

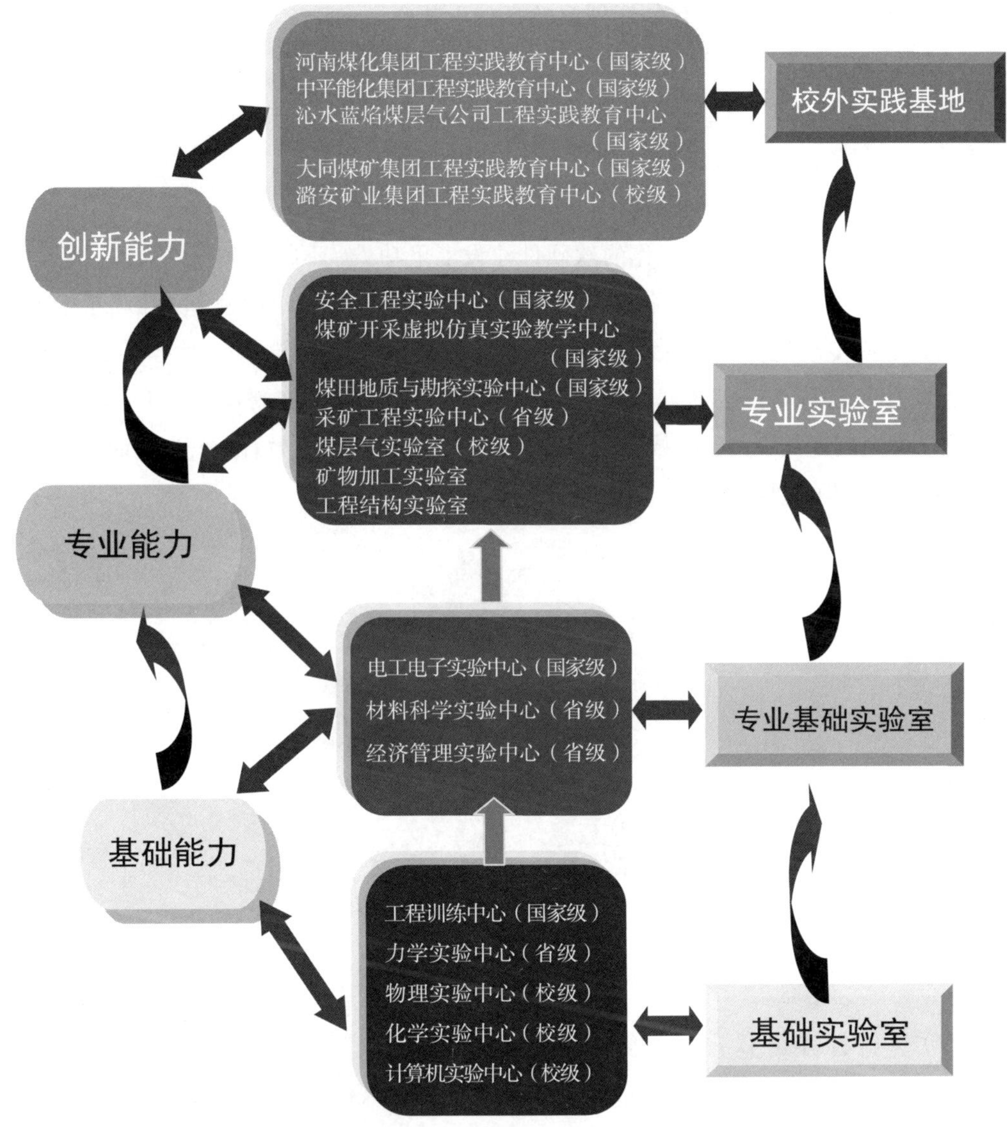

图 2　实践教学平台体系

（二）强化基础保障，实施专业服务

学校坚持紧紧围绕为学生提供优质的创新创业指导与服务这一中心，着力加强创新创业教育师资队伍建设，加强经费投入力度，强化软硬件等基础条件建设，为创新创业教育工作的扎实开展提供了必要的基本条件。

1. 配强指导队伍，保障人才支撑

建设一支高素质的创新创业教育师资队伍，是做好此项工作的基础。一是加强创新创业教育教学团队建设。学校有计划地选派教师参加职业规划师、就业指导师、KAB 等培训，通过系统化、专业化的培训，帮助教师们全面掌握先进的教学方法，学习前沿的教学理念，熟知系统的教学内容，培育创新创业教育骨干师资力量。二是选配创新创业教育骨干教师112人，校内外教师、成功企业家81人组成专业化大学生创新创业导师团队，对学生人生规划和创新创业实践提供精细化指导。三是鼓励支持教师参与社会行业的创新创业实践活动，10余名教师到地方、企（事）业单位挂职锻炼。

2.加大财物投入，提供物质保障

学校注重在创新创业教育工作的软硬件建设上下功夫，不断加大投入力度，保证了工作的有效开展。在经费投入上：将创新创业教育经费纳入学校年度预算，并逐年增加；设立创新创业学院专项经费，支持大学生创新创业教育与实践工作；设立大学生创新创业基金（资金），用于扶持重点创新创业项目，支持学生创业实践。在硬件建设上：学校以创新创业中心、学生创业园、大学科技园为载体，建立了集创新创业教育、职业咨询、个性指导和服务孵化于一体的创新创业工作阵地。

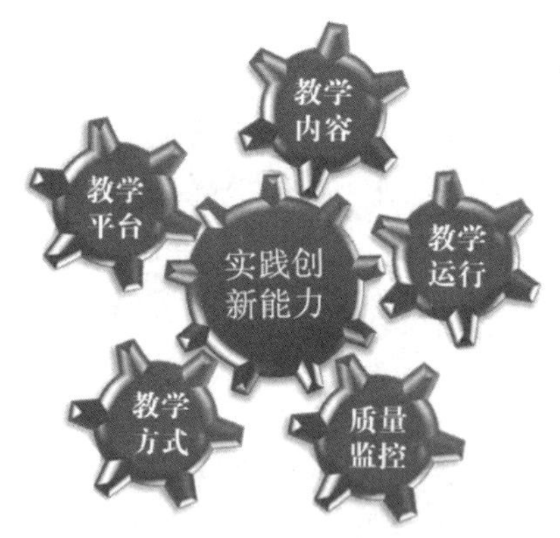


图3　实践教学运行机制

## （三）双创教育全程化，精准服务添活力

学校积极开展创新创业教育，培养大学生的创新意识和创业精神，鼓励大学生积极投身于创新创业实践，强化提升大学生的创新能力和创业实战技能。

1.深化教育教学改革，培养大学生创新创业能力

学校在学科与专业建设、教学内容与课程体系设置、创新创业能力训练等方面进行了一系列研究与实践。

（1）系统开设“创新方法论”“创业企业战略与机会选择”“单片机基础知识与科技创新”等公共选（必、限）修课，培养学生的创新意识和创业精神，提升学生的综合素质和社会竞争力。

（2）设置“1+2+X”的特色课程群，将其纳入学分管理。“1”是一门主干必修课，即“创业基础与就业指导”，共32学时（必修课，2学分），“2”是两门辅助选修课，即“大学生职业发展教育”和“大学生创业教育”，各24学时（1.5学分），“X”是各学院结合专业

特点开设的“创新学”“创造学”“创新设计方法”“创业企业战略与机会选择”“教育与人的成功”“KAB创业教育”“职业软技能实训课”等30多门创新创业教育选修课。

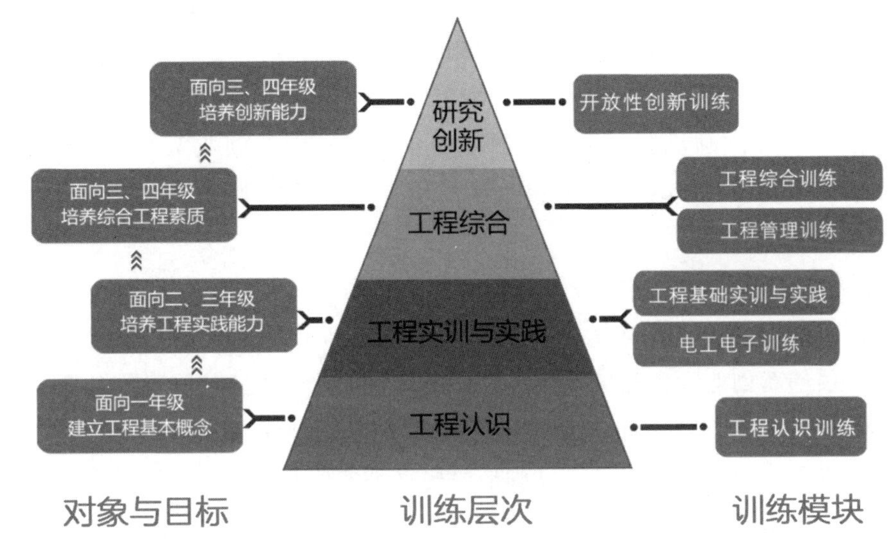


图4　工程技能训练教学体系

2. 开展职业生涯规划，激活学生创新创业内因

为鼓励大学生积极做好个人职业规划，学校借助已购置的“吉讯职业测评系统”，督促大学生尽早开展职业规划定位、综合素质和创新创业潜质的网络测评。按照不同专业、年级学生的心理特点和具体实际，分层次开展大学生职业规划教育。大学一年级强调职业和创新创业的筹划启蒙，激发学生对职业的探索与布局，帮助学生尽早确立大学生涯目标设计；二年级强调自我认知、职前规划与创新创业内因激发；三年级强调确立职业方向，做好求职与创业技巧准备。

学校高度重视师资队伍建设，按照培训规划每年选派创新创业骨干教师参加省（部）级师资培训。近年来，学校先后派出196人次参加省（部）级交流研讨会、培训班等，注重鼓励开展创新创业教育教学研究工作，不断提升创新创业教师业务素质和教学能力。

3. 营造创新创业氛围，激发学生创新创业热情

（1）举办创新创业品牌活动，提供创新创业服务。学校建有创新创业导师团队，在固定咨询日开展咨询活动；协同焦作市地税局、国税局在校内挂牌设立“大学生自主创业税收服务社”，与焦作市工商业联合会签订“服务大学生创业实践基地合作书”，为大学生提供咨询服务和创业实践的机会；每年组织开展创客大赛、机器人大赛、“挑战杯”和“互联网+”创业大赛及创新创意设计大赛等精品赛事；邀请国内知名创新创业专家来校讲学，邀请自主创业先进典型回校为毕业生做事迹报告；面向有意愿的学生免费举办创新创业实验班，鼓励引导有意愿、创新能力强的学生参与专业教师科研项目；免费举办大学生

SYB或GYB创业集中培训班（连续9年），帮助他们了解创业的相关知识并掌握创业技能，激发大学生的创新创业激情。

（2）宣传创新创业典型，放大示范效应。广泛宣传大学生创新创业典型，用新近毕业或在校创业成功者的事迹感召莘莘学子。校友李卫东为在校大学生设立了傲立创业基金100万元，校友郑炳旭（广州宏大爆破公司，上市公司）为50名优秀学生设立了奖学金。

（3）建立考核激励机制。学校将创新创业教育和创新创业工作纳入学院年度工作考核内容，对取得突出成绩的学生和指导教师进行表彰奖励，并对学生给予适当的学分认定。

4. 构筑链条式梯次孵化体系，支持创新创业实践

2012年6月，河南省首家大学科技园——河南理工大学科技园开始奠基建设；2019年5月，学校创新创业大楼建成使用；2015年6月，河南理工大学学生创业园建成运营，并先后成为“河南省众创空间”“河南省大学生创新创业实践示范基地”，成为集项目聚集、信息交流、人才吸引、投融资、品牌形象树立等多功能于一体的集合发展空间。目前，学生创业园、大学科技园已有焦作创赢网络科技公司、焦作兔比科技公司、“陈式太极拳四大金刚仿真机器人”创新团队等112个大学生创新创业项目（企业）签约入驻，且运营状况良好。

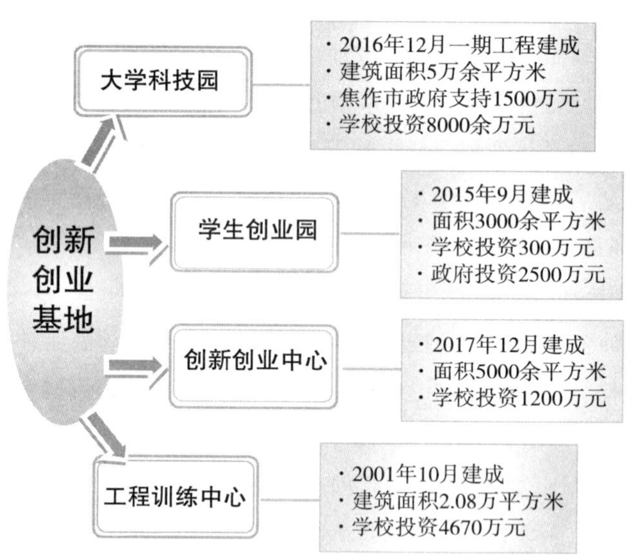

图5　实践育人创新创业孵化体系

## 三、实践成效

案例实施对象为河南理工大学创新创业教育工作，案例的实施在河南理工大学取得了诸多方面的良好效果。

1. 就业创业教育效果好

由于我校创新创业（就业）教育工作开展得扎实有效，2017 年我校被评为“全国高校实践育人创新创业基地”，2016 年获得“河南省毕业生就业创业工作先进集体”称号，2016 年被评为“河南省就业创业课程建设优秀高校”。

2. 创新创业实践成果显著

学校已搭建起“工场—苗圃—孵化器—加速器—产业园”创新创业全链条梯次孵化平台。学生创业园在孵创业团队 63 个，21 个创业团队已办理工商注册，经济效益可观。2015 年 12 月，学生创业园被省科技厅认定为河南首批“省众创空间”，2016 年 4 月，学生创业园被省教育厅认定为“河南省大学生创新创业实践示范基地”。

3. 创新创业师资队伍素质高

学校创新创业教师中，36 人取得全球职业规划师（GCDF）资格证书，58 人获 KAB 创业教育培训师资格证书，36 人获就业（创业）指导中级及以上资格证书，178 人获就业（创业）培训结业证书，65 人获国家教育行政学院创新创业培训证书。近年来，在创新创业教育研究方面，有关教师发表相关论文 100 余篇，完成相关课题 62 项，编写教材 10 余部。

4. 大学生创新创业能力强

近年来，学校毕业生就业率稳定在 95% 以上，参与创新创业学生人数逐年增加。据不完全统计，2015 年 7 月以来，我校大学生共拥有创新发明专利 174 项，获批国家级大学生创新创业训练计划项目 387 项，12 名大学生获得省（市）级“自主创业之星”称号，在各级各类创新创业竞赛、数学建模竞赛、智能车竞赛等活动中获得国家级以上奖励 184 项、省（部）级以上奖励 2030 项。如表 1 所示：

**表 1 2015 年以来学校大学生取得省（部）级以上奖励情况表**

| 年份 | 国际奖 | | | 国家奖 | | | | | 省（部）级奖 | | | | | 合计 |
|---|---|---|---|---|---|---|---|---|---|---|---|---|---|---|
| | 一等奖 | 二等奖 | 三等奖 | 特等奖 | 一等奖 | 二等奖 | 三等奖 | 优秀奖 | 特等奖 | 一等奖 | 二等奖 | 三等奖 | 优秀奖 | |
| 2015 | 4 | 22 | | | 4 | 12 | 7 | | 3 | 98 | 139 | 220 | | 509 |
| 2016 | 8 | 21 | | | 2 | 17 | 9 | | 11 | 107 | 177 | 232 | | 584 |
| 2017 | 6 | 23 | 18 | 1 | 5 | 12 | 7 | 6 | 4 | 171 | 285 | 391 | 202 | 1131 |

## 四、总结评价

多年的创新创业教育与实践凝炼形成河南理工大学的特色做法。该校按照“顶层设计、创新理念、多措并举、整合资源”的基本思路，坚持“面向全体、分类施教、结合专业、强化实践”的基本原则，不断加强机构、制度建设。通过完善培养方案、构建课程体系、改进教学方法、强化教学管理、注重师资建设、积极搭建平台、开展实践活动等，深化创新创业教育改革，打造集创新创业全要素、资源共享、开放便利、成果转化为一体的实践育人平台，为大学生参与创新创业实践提供全过程、多方位、立体化服务，使学生创新意识、创业精神和创新创业能力得到全面提升。学校计划在未来五年内，继续加强创新创业内涵与平台建设，加强创新创业师资队伍和导师团队建设，扩大在孵团队（项目）规模，强化创新创业教育教学研究，不断增强大学生的创新创业素质与实战能力。

该案例来源于河南理工大学创新创业教育工作，便于操作，借鉴意义明显，且案例在河南许多高校和省外兄弟院校开展过多次交流与使用借鉴，皆反映出良好效果。案例的应用，对于高校在新发展理念下办好新时代中国特色大学，为创新型国家建设培育输送急需人才具有较强的现实意义。

（河南理工大学推荐，执笔人：付生德、桑振平）

# “自主、自助式”创新创业教育模式的实践与探索

## 一、背景

合肥工业大学是一所教育部直属的全国重点大学、国家“211 工程”重点建设高校和“985 工程”优势学科创新平台建设高校，是首批申请“卓越工程师教育培养计划”并获准实施的院校之一。合肥工业大学始终致力于加强一流学科建设、推进高质量内涵发展和推进学校“十三五”规划。在大力加强创新创业教育的努力下，学校入选全国首批“深化创新创业教育改革示范高校”和 2018 年度“全国创新创业典型经验高校”50 强。合肥工业大学坚信，对创新创业实践新模式的探索是推动学校世界一流学科建设、推进学校高质量内涵式发展的重要力量。

近十年来，合肥工业大学在创新实践教育方面已开展了多项工作，取得了一定的成绩。在这期间的调研和实践中，我们发现目前的大学生创新实践模式普遍存在一些问题：（1）没有稳定的创新指导教师队伍、指导不够规范，存在有时间就指导、没时间就甩手的现象，学生无法得到长期的指导；（2）创新实践内容不合适，由于缺乏对创新项目的严格考证和对学生能力的清晰把握，创新活动的内容存在难度过大、脱离实际的问题，一些创新创业项目甚至沦为指导教师项目的再包装，无法培养学生的创新思维和能力；（3）创新活动的受益面狭窄，持续时间短，有时和学生的学业、深造和就业等发生冲突，造成项目中断；（4）创新活动的过程没有完善的监督、考核和奖励机制，挫伤了学生和老师的积极性；（5）学生参与活动的热情往往会因为具体问题得不到解决而削减，如实验平台不理想、活动的经费申请过于烦琐等。因此，随着教育改革的进一步深化，目前的创新创业教育环境亟待完善，亟须推广一些切实有效的实践模式来推动创新创业教育的进一步发展。

## 二、主要做法

促进创新创业教育改革，培养创新思维，提高创业能力，通过多种途径培育能够将所学理论应用于实践过程的新型人才，是当前推进人才资源供给侧结构性改革的迫切要求，对新形势下全面提高教育质量、扩大就业创业具有重大战略意义。

合肥工业大学在创新创业教育实践方面进行了深入细致的探索，涌现出了许多有代表性的新模式和新思路，本文接下来重点介绍电气与自动化工程学院先进控制研究所在

“自主、自助式”创新创业教育模式方面的实践与探索。该模式以大学生创新创业实践基地为主要阵地，利用先进控制研究所的硬、软件平台，依托多元化、专业性的指导团队，在开辟新时代下大学生创新创业教育的科学可行、可持续发展道路方面进行了积极的探索。依托这种新模式，大学生能够从兴趣出发，自主选择、自主完成创新创业实践活动，并在后续创新创业过程中持续获得专业团队指导。

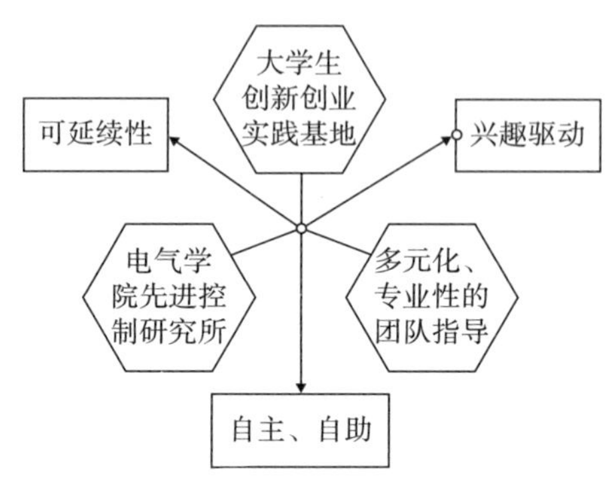


图 1 “自主、自助式”创新创业教育模式的总体方案

为了促进创新创业教育的可持续发展，电气与自动化工程学院先进控制研究所深入开展了以下工作：

（1）以创新实践基地为基础，创立大学生创客实验室

2005 年 11 月，在校、院领导的大力支持下，经过团队成员的努力，合肥工业大学电气与自动化工程学院大学生创新实践基地得以创立。2007 年 6 月，学校授予该基地“合肥工业大学校内大学生创新实践基地”称号，给学生提供了一个良好的创新实践平台。在此基础上，团队进一步申请建设“自动化工程创客实验室”，让大学生通过良好的校内实践基础训练，培养良好的实践习惯和学以致用的理念，在后续的多个校企合作项目中充分发挥训练效果。

（2）以先进控制研究所为依托的专业指导团队

研究所成员均为合肥工业大学电气与自动化工程学院教师，从事一线教学和科研工作，一直致力于大学生创新实践教育的研究，既有扎实的理论素养，又具备丰富的实践经验。高素质的团队，可以为大学生创新创业实践活动提供多元化的、专业的指导。

（3）采用“自主、自助式”创新创业教育方法

“自主、自助式”是指自己选择学习方向，依靠自己的力量，自己学习帮助自己，独立完成任务。顾名思义，“自主、自助式”创新创业教育的主体是学生，由学生自主组队、自主选择参加比赛、自主选择题目、自主选择指导老师、自行掌控项目进度、动手实施并完成项目、联系老师对项目进行评价并完成项目总结。在这个过程中，老师不再是单纯的指导者，而更像是一个“同行者”——在指导学生的同时，陪伴学生完成项目，在某种程度上，

两者关系是对等的。对于具体选题，老师和学生一起讨论、补充完善，在整个项目实施过程中，老师也是成员，起建议性的参考作用。同时，老师还起到定时器的作用，阶段性提醒学生对项目作品等的外型、功能、整体性能做出评价，督促学生最终完成项目。

（4）以兴趣为导向的学习方针

在新的创新创业教育模式下，学生进行什么方向的创新创业实践活动，完全取决于自己的兴趣，这是一种自发的、以兴趣为导向的学习方针。兴趣不仅是最好的老师，也是学习过程中最大的驱动力，在这种模式下，学生能够充分发掘自己的创新能力、产生学习热情，自觉、主动地完成创新创业实践任务。

在落实创新创业教育改革的具体措施上，电气与自动化工程学院也做了大量的工作：

（1）开设全校公共选修课“自动化工程实践”等

通过全校性的公共课开设，引导最广大范围的学生参与到创新创业的实践中来，告诉学生们要善于学习、勤于思考、勇于创新，不断发挥专业才能，为国家建设和社会发展做出应有的贡献。

（2）积极组织学生参加科技创新竞赛

电气与自动化工程学院积极组织学生参加多项省级、国家级、国际级科技大赛，包括大学生 iCAN 物联网创新创业大赛、“台达杯”高校自动化设计大赛等 10 余项比赛，为创新创业教育实践与推广做出重大贡献。学院教师指导学生团队获得 2012 年中国大学生 iCAN 物联网创新创业大赛全国特等奖、国际大学 iCAN 物联网创新创业大赛（西班牙）第二名、2017 年第四届“台达杯”高校自动化设计大赛特等奖等多项奖项。通过参加比赛，提高学生创新创业、灵活应用专业知识及工程实践的能力。

（3）提供创业需求方面的信息

在校企融合发展的进程中，学校更注重企业的人才需求，也更加了解市场的创新创业需求。基于此开展针对性强、实用性高的创新创业活动和指导，帮助学生更加方便高效地选择创新创业方向。另外，在实验课程体系中开设伺服控制系统设计、Microchip 嵌入式系统实验等多项综合性的、实际需求量大的实验课程，以最直接的方式为学生量身打造科学合理、高效实用的基础和创新课程，为学生后续的创新创业活动打下坚实的理论和实践基础。

## 三、实践成效

合肥工业大学电气与自动化工程学院多年来始终把创新创业教育作为教育教学改革的重要内容，积极探索与国家创新体系、学校中长期发展目标和学科建设发展相适应的创新创业教育模式。通过“自主、自助式”创新创业教育模式的应用实践，团队取得了丰硕的成果。

（1）教学成果

在实践教学方面，针对不同专业采用不同的人才培养方式，在人才培养体系建设期间，配合各个版本的教学计划，及时和企业进行沟通，修订了2012版自动化专业教学计划（实践教学）和2015版自动化专业教学计划（实践教学）。研究所李鑫老师《伺服系统与机器人应用》教材的编写出版获得了2017年教育部产学合作协同育人项目的资助（编号：201702027005）。

在实践活动方面，指导大学生创新性实验计划项目，在实践训练平台及实践基地上建立了自动化、伺服系统、通信网络等多个校企联合实验室。积极组织学生参加iCAN物联网创新创业大赛、中国“互联网+”大学生创新创业大赛、全国大学生电子设计竞赛、全国机器人锦标赛、中国大学生方程式汽车大赛、“高教杯”全国大学生先进成图技术与产品信息建模创新大赛、“台达杯”高校自动化设计大赛等。

在团队建设方面，团队主持并承担了“工科高校创新人才培养体系研究与实践”（重大教学改革研究项目）、“机器人技术课程建设”、“控制理论课程创新能力培养研究与实践”、“大学生课外创新创业活动的研究与实践”等多项教研项目及质量工程建设项目。

在课程结构设计上，在传统框架下的知识学习的基础上，加大实习实践类课程的比重。积极参与构建学校“三层次”（基础、提高、创新）和“三环节”（实验、实习、实训）的实践教学体系，充分发挥第二课堂形式灵活的特点，深入实施“大学生创新创业训练计划”。

在竞赛获奖方面，团队成员将课内教学与企业课外实践密切结合，每年参与承办国家级、省级和校级赛事近40项，为创新创业教育实践与推广做出重大贡献；指导学生参加了一系列创新创业比赛活动，取得了优异成绩。

（2）创新实践课程建设

对教学计划进行了认真的修改，修订后增加了实践课程，包括“专业社会实践”“自动化技术及工程实践”“创意设计实践”“控制系统课外研修”等，实践教学的学时也增加到41.5周；同时在教学内容上更加符合企业需求，贴近社会。在课题组成员的管理和指导下，目前已举办了5期大学生创新实践活动，参加学生达400人，并有近200名学生获得合肥工业大学创新实践学分，真正从实践的角度培养了学生的创新创业意识及动手能力。教学计划及实践教学课程安排如表1～表3所示。

表 1　2012 版自动化专业教学计划（实践教学）

**合肥工业大学　自动化　专业指导性教学计划**

**企业培养环节**

| 课程编号 | 实践环节名称 | 是否为专业主干课程 | 考试形式 | 周数 | 实验时数 | 上机时数 | 学分 | 各学期学分分配 1 | 2 | 小 | 3 | 4 | 小 | 5 | 6 | 小 | 7 | 8 | 建议起止周次 |
|---|---|---|---|---|---|---|---|---|---|---|---|---|---|---|---|---|---|---|---|
| | **认识学习　共计 3 周 3 学分** | | | | | | | | | | | | | | | | | | |
| 5300033B | 工程训练 C | | ○ | 1 | | | 1 | | | 1 | | | | | | | | | |
| 5300053B | 工程实习 | | ○ | 1 | | | 1 | | | 1 | | | | | | | | | |
| 0410143B | 专业社会实践 | | ○ | 1 | | | 1 | | | 1 | | | | | | | | | |
| | | | | | | | | | | | | | | | | | | | |
| | **综合实验与课程设计　共计 14 周 14 学分** | | | | | | | | | | | | | | | | | | |
| 0420023B | 电机学 I 综合实验 | | ○ | 1 | | | 1 | | | | | | 1 | | | | | | |
| 0400023B | EDA 与数字系统课程设计 | | ○ | 1 | | | 1 | | | | | | 1 | | | | | | |
| | 电子设计工程训练（Protel、AutoCAD） | | ○ | 2 | | | 2 | | | | | | 2 | | | | | | |
| 0420033X | 电力工程综合实验 | | ○ | 1 | | | 1 | | | | | | | 1 | | | | | |
| 0410043B | 微机原理应用综合实验 | | ○ | 1 | | | 1 | | | | | | | 1 | | | | | 分散 |
| 0410023X | 检测技术综合实验 | | ○ | 1 | | | 1 | | | | | | | | 1 | | | | |
| 0410033B | 控制技术综合实验 | | ○ | 1 | | | 1 | | | | | | | | 1 | | | | |
| 0410053X | 控制系统仿真 | | ○ | 1 | | | 1 | | | | | | | | 1 | | | | |
| 0410063X | 运动控制系统综合实验 | | ○ | 2 | | | 2 | | | | | | | | | 2 | | | |
| 0410073B | 控制理论综合实验 | | ○ | 1 | | | 1 | | | | | | | | | 1 | | | |
| 0410093B | 微机控制技术综合实验 | | ○ | 1 | | | 1 | | | | | | | | | 1 | | | |
| 0410123X | 过程控制系统综合实验 | | ○ | 1 | | | 1 | | | | | | | | | | 1 | | |
| | | | | | | | | | | | | | | | | | | | |
| | **企业实习　共计 8 周 8 学分** | | | | | | | | | | | | | | | | | | |
| | 自动化仪表企业实习 | | ○ | 1 | | | 1 | | | | | | | | | | 1 | | |
| | 大型装备制造企业实习 | | ○ | 1 | | | 1 | | | | | | | | | | 1 | | |
| | 新能源企业实习 | | ○ | 1 | | | 1 | | | | | | | | | | 1 | | |
| | 汽车制造企业实习 | | ○ | 1 | | | 1 | | | | | | | | | | 1 | | |
| | 化工企业实习 | | ○ | 1 | | | 1 | | | | | | | | | | 1 | | |
| | 钢铁企业实习 | | ○ | 1 | | | 1 | | | | | | | | | | 1 | | |
| | 自动化设备制造企业实习 | | ○ | 1 | | | 1 | | | | | | | | | | | 1 | |
| | 先进控制技术应用企业实习 | | ○ | 1 | | | 1 | | | | | | | | | | | 1 | |
| | | | | | | | | | | | | | | | | | | | |
| | **毕业设计与答辩　共计 15 周 14 学分** | | | | | | | | | | | | | | | | | | |
| | 毕业设计 | | ○ | 14 | | | 14 | | | | | | | | | | | 14 | |
| | 总结与答辩 | | | 1 | | | 0 | | | | | | | | | | | 0 | |
| | | | | | | | | | | | | | | | | | | | |
| 合　　计 | | | | 40 | | | 39 | 0 | 0 | 3 | 0 | 0 | 4 | 2 | 3 | 4 | 7 | 16 | |

表 2　2015 版自动化专业教学计划（实践教学）

**合肥工业大学　自动化　专业指导性教学计划**

**各教学环节学时、学分分配表**

| 课程类别 | | 课程性质 | 学时 | 学分 | 学期学分分配表 1 | 2 | 小 | 3 | 4 | 小 | 5 | 6 | 小 | 7 | 8 | 学分比例 |
|---|---|---|---|---|---|---|---|---|---|---|---|---|---|---|---|---|
| 理论教学 | 通识教育课程 | 必修 | 1108 | 68.5 | 18.75 | 15.25 | 0 | 13.75 | 4.25 | 0 | 0.25 | 0.25 | 0 | 1.75 | 0.25 | 36% |
| | | 选修 | 144 | 9 | | 1 | | | 2 | | 2 | | | 2 | 2 | 5% |
| | 学科基础与专业课程 | 必修 | 728 | 46.5 | 0.5 | 3.5 | 0 | 7.5 | 9.5 | 0 | 15 | 8 | 0 | 2.5 | 0 | 24% |
| | | 选修（最低） | 264 | 16.5 | 0 | 0 | 0 | 0 | 2 | 0 | 0 | 8.5 | 0 | 6 | 0 | 9% |
| | 辅修课程 | 选修 | 96 | 6 | | | | | 2 | | 1 | 1 | | 2 | | 3% |
| 实践教学 | 集中安排的实践环节（含创新创业教育 4 学分） | 必修 | 41.5 周 | 43.5 | 2 | 1 | 4 | 0 | 1 | 4 | 2 | 2.5 | 4 | 6 | 17 | 23% |
| 合计 | | | 2340 | 190 | 21.25 | 20.75 | 4 | 21.25 | 20.75 | 4 | 20.25 | 20.25 | 4 | 20.25 | 19.25 | 100% |
| 最低毕业学分 | | | 190 | | | | | | | | | | | | | |

表 3　实践教学课程基本情况

| 课程代码 | 教学班代码 | 课程名称 | 学期 | 学生人数 | 授课老师 |
|---|---|---|---|---|---|
| 0410123B | 0410123B.0001 | 专业社会实践 | 2013—2014 学年第二学期 | 142 | 李鑫（主讲） |
| 0410123B | 0410123B.0001 | 专业社会实践 | 2014—2015 学年第二学期 | 177 | 李鑫（主讲） |
| 0410173B | 0410173B.0001 | 自动化工程基础训练 | 2015—2016 学年第一学期 | 137 | 李鑫（主讲）、陈梅（主讲）、储昭碧（主讲） |
| 0410320X | 0410320X.0001 | 控制系统课外研修 | 2015—2016 学年第一学期 | 137 | 李鑫（主讲）、黄云志（主讲） |
| 0410012B | 0410012B.0001 | 自动化专业导论 | 2015—2016 学年第一学期 | 176 | 李鑫（主讲）、孔慧芳（主讲）、储昭碧（主讲） |
| 0400035X | 0400035X.0001 | 自动化技术及工程实践 | 2015—2016 学年第二学期 | 49 | 李鑫（主讲） |
| 0410323X | 0410323X.0001 | 创意设计实践 | 2015—2016 学年第二学期 | 179 | 孙伟（主讲）、李鑫（主讲） |
| 0410173B | 0410173B.0001 | 自动化工程基础训练 | 2016—2017 学年第一学期 | 146 | 李鑫（主讲）、朱敏（主讲）、葛锁良（主讲） |
| 0410320X | 0410320X.0001 | 控制系统课外研修 | 2016—2017 学年第一学期 | 146 | 李鑫（主讲） |
| 0400035X | 0400035X.0001 | 自动化技术及工程实践 | 2016—2017 学年第二学期 | 22 | 李鑫（主讲） |
| 0400085X | 0400085X.0001 | 创新工程实践 B | 2016—2017 学年第二学期 | 98 | 李鑫（主讲）、陈波（主讲）、刘良成（主讲） |

（3）参赛及获奖情况

先进控制研究所团队指导大学生创新性实验计划项目情况以及教学获奖情况如表 4～表 5 所示。

表 4　大学生创新性实验计划项目

| 指导教师 | 项目名称 | 时间 | 项目来源 |
|---|---|---|---|
| 陈薇，李鑫 | 保安小机器人的研究与开发 | 2008 年 | 国家级 |
| 陈薇 | 能力风暴灭火机器人传感器系统的改进 | 2008 年 | 校级 |
| 李鑫 | 足球机器人传感器与无线通信系统的改进 | 2008 年 | 校级 |
| 陈薇 | 改进 PID 算法在智能车循迹控制中的应用 | 2009 年 | 校级 |
| 陈薇 | 基于 Mapinfo 的路径规划 | 2010 年 | 校级 |
| 陈薇 | Mapinfo 与大型电力设备管理系统的集成应用 | 2010 年 | 校级 |

表 5　教学获奖

| 获奖项目名称 | 获奖等级 | 获奖时间 | 获奖人 |
|---|---|---|---|
| 大学生创新实践基地的建设与实践 | 校级教学成果三等奖 | 2010 年 11 月 | 陈薇（4），李鑫（5） |

自 2007 年以来 iCAN 国际创新创业大赛已经举办了 13 届，电气与自动化工程学院获奖多次，具体情况如表 6 所示。同时，电气与自动化工程学院在第四届“台达杯”高校自动化设计大赛中获得特等奖，在第二届、第三届“台达杯”高校自动化设计大赛中获得一等奖；参加第四届、第六届、第七届全国大学生智能汽车竞赛，获得两次三等奖和一次二等奖；等等。

**表 6　iCAN 获奖情况**

| 年份 | 比赛 | 获奖情况 |
| --- | --- | --- |
| 2012 | 第六届中国大学生 iCAN 物联网创新创业大赛总决赛 | 特等奖 1 |
| | 第六届中国大学生 iCAN 物联网创新创业大赛安徽赛区 | 一等奖 2　二等奖 1　三等奖 1 |
| 2013 | 第七届中国大学生 iCAN 物联网创新创业大赛总决赛 | 一等奖 1　优胜奖 1 |
| | 第七届中国大学生 iCAN 物联网创新创业大赛华东 2 赛区 | 一等奖 3　二等奖 1 |
| 2014 | 第八届中国大学生 iCAN 物联网创新创业大赛总决赛 | 二等奖 2　三等奖 1 |
| | 第八届中国大学生 iCAN 物联网创新创业大赛华东 2 赛区 | 一等奖 3 |
| 2015 | 第九届中国大学生 iCAN 物联网创新创业大赛总决赛 | 三等奖 3 |
| 2016 | 第十届中国大学生 iCAN 物联网创新创业大赛总决赛 | 二等奖 1 |
| | 第十届中国大学生 iCAN 物联网创新创业大赛华东 2 赛区 | 一等奖 3　二等奖 2　三等奖 1 |
| 2017 | 第十一届中国大学生 iCAN 物联网创新创业大赛总决赛 | 三等奖 3　优胜奖 1 |
| 2018 | 第十二届中国大学生 iCAN 物联网创新创业大赛总决赛 | 一等奖 1　二等奖 1 |

## 四、总结评价

高校是人才培养的供给侧及重要阵地，积极协同各方力量，促进创新创业教育改革，培养创新思维，提高创业能力，通过多种途径培育能够将所学理论应用于实践过程的新型人才，是新时代高等教育改革的重要任务。

本文总结了合肥工业大学电气与自动化工程学院先进控制研究所在构建“自主、自助式”创新创业教育模式方面的探索和经验。针对当前创新创业教育的一些弊病，该模式建立了以“研究所 + 实践基地 + 多元化指导团队”为核心的创新创业教育结构，为大学生开展“自主、自助式”创新创业活动提供了坚实的基础。

“自主、自助式”教育模式以研究所团队为基础，建设大学生创新实践基地和工程技术创客实验室，实现了以兴趣驱动的创新与以专业能力驱动的创业的无缝对接和可持续培养。在机制上明确鼓励学生掌握实践活动方向的自主性和组织实施的自助性，切实培养学生双创活动的独立性和原始创新能力；教学上促进赛教结合，以赛活教，以赛促教。“自主、自助式”教育模式的设计真正体现了以学生为中心的自主选择、自主学习、自主管理的特点，它的重要意义在于为创新创业教育提供了一套框架，为实施个性化的教学提供了一种可行性方案。该学习环境的创设，不仅有助于大学生进行开放化、多元化的学习，而且有助于大学生创新意识的培养以及教与学模式的变革。该方法形式新颖，应用成效显著，为推动创新创业人才的培养提供了成功经验，具有较强的示范作用和重大的推广价值。这种新型的教育模式将是时代发展的必然要求。

（合肥工业大学推荐，执笔人：李鑫、陈薇、姜苍华、蒋琳）

# 本科创新创业教育的“西政模式”

## 一、背景

无论是在学科、专业、师资，还是实验实训条件、技术发明与创新能力等方面，相对于理工科为主型或综合型高校而言，社科为主型高校（或通常所说的文科高校）具有内生劣势与不足，实施本科创新创业教育面临着特殊的难题。

西南政法大学是新中国最早建立的高等政法学府，也是改革开放后国家首批重点大学、国家首批卓越法律人才教育培养基地、教育部与重庆市人民政府共建高校、中国政府奖学金生委托培养院校、中西部高校基础能力提升计划二期入选高校。当前，学校正在加快“双一流”建设步伐，着力推进内涵特色发展，努力建设成为全国一流、国际知名、特色鲜明、优势突出的研究型高水平大学。

在西南政法大学现有民商法学院（知识产权学院）、经济法学院（生态法学院）、法学院、行政法学院（监察法学院）、国际法学院、刑事侦查学院（国家安全学院）、商学院（监察审计学院）、经济学院、外语学院、新闻传播学院、政治与公共管理学院、马克思主义学院、人工智能法学院（应用法学院、中国仲裁学院）等13个本科教学单位中，仅刑事侦查学院（国家安全学院）拥有工科专业布点，且法科学生达到“半壁江山”。换言之，西南政法大学的本科创新创业教育既面临着社科为主型高校的特殊难题，也面临着政法为主型高校的典型困境。

近年来，西南政法大学根据《国务院办公厅关于深化高等学校创新创业教育改革的实施意见》《重庆市人民政府办公厅关于深化高等学校创新创业教育改革的通知》等文件精神，积极破解在本科创新创业教育上社科为主型高校的特殊难题和政法为主型高校的典型困境，并把创新创业教育作为建设一流本科教育的重要抓手与突破口，已取得阶段性显著成效。

## 二、主要做法

### （一）设置本科创新创业教育资源的统筹管理机构与“办学特区”

西南政法大学的本科创新创业教育资源曾长期分散于科研处、教务处、学生处和校团委，不能高效集中有限的创新创业教育资源去着力破解本科创新创业教育的重大难题，亦未能打造出能强力支撑学校办学特色的创新创业教育模式。

2016 年 11 月，西南政法大学秉承一篮规划不如一个举措的务实理念，正式组建创新创业学院，由其对全校的本科创新创业教育资源与活动进行统筹管理，并赋予创新创业学院大胆探索本科创新创业教育新模式、新路径、新方法、新动力机制的“办学特区”意义与权责。

（二）探索、建构本科创新创业教育新模式

西南政法大学创新创业学院成立以来，针对学校身为社科为主型高校的办学实际及其在本科创新创业教育上面临的种种特殊难题展开了重大课题攻关。以创新创业学院执行院长赵亚翔教授为首席专家的课题组在传统课堂分类的基础上，对课堂类型进行了重构，探索出“四个课堂”与“四个层次”并联谐振的本科创新创业教育新模式，为本科创新创业教育的路径优化与机制创新提供了更为精准的管理和实践框架。

“四个课堂”：第一课堂是指以固定教室、固定时间、固定教师的理论知识讲授为基本特征的教学时空结构。第二课堂是指第一课堂外但在校园内由各单位、团体负责组织的各种专业性实训、实验、实践、研讨、文艺体活动以及自主参加慕课学习的教学时空结构。第三课堂是指校园外且依托社会组织来展开的专业实训、实验、实践活动的教学时空结构。第四课堂是指学生在学校办学资源与环境的支撑下完全自主（不限空间、不限时间、不限内容）进行实体性创业活动的教学时空结构。

“四个层次”：第一层次为创新创业理论教学层次，即面向全校所有本科生开设创新创业基础理论课，为培养学生的创新精神、创业意识和创新创业能力打下理论基础。第二层次为创新创业“训赛”层次，即通过打造千姿百态的创新创业教育“训赛”项目或“训赛”营，培养学生交叉跨界的创新创业实务技能，进而基于以赛促学的原则，竞技性地培育学生的创新精神、创业意识和创新创业能力。第三层次为自主项目研究与创新层次，即通过各类大学生创新创业训练计划项目的实施，项目制地培育学生的创新精神、创业意识和创新创业能力。第四个层次为创新创业实业层次，即鼓励那些条件成熟的大学生利用各种孵化器企业化地展开创新创业实践活动。

（三）加强制度与机制建设

为破解社科为主型高校创新创业教育难题，西南政法大学聚焦立标准、建制度、泵动力、亮特色的原则，修订并出台了《西南政法大学本科创新创业教育项目管理办法（试行）》和《西南政法大学创新创业与素质教育绩效管理办法（试行）》，在创新创业教育领域对学生的学业绩效、教师的教学绩效和教学单位的工作绩效评价与动力机制大刀阔斧地进行变革，挤掉水项目、水指导和水学分，从管理机制上遏制干多干少、干好干坏都一样的不良现象。以大学生创新创业训练计划项目为例，针对学生的学业激励和针对指导教师的工作激励的改革举措如表 1、表 2 所示：

表 1　大学生创新创业训练计划项目学业激励机制的变革

| 变革内容 | 变革前 | 变革后 |
| --- | --- | --- |
| 中期考核 | 委托各二级教学单位进行，绝大部分学院都给出了100%的合格率而不论项目前期是否切实有效实施，放水现象极为严重。 | 由创新创业学院统一组织进行，近两年合格率在70%左右。中期考核不合格的项目延期半年参加结项验收。 |
| 结项验收 | 结项验收等级分为优秀、合格和不合格三个等级。不进行复制比检测。接近100%的通过率。 | 结项验收等级分为优秀、良好、中等、及格和不合格五个等级。所有过程性、成果性资料全部进行复制比检测。近两年全体立项项目的结项验收通过率在60%左右。 |
| 学业绩效 | （一）验收等级为不合格的项目：全体成员均不能获得创新创业学分。<br>（二）验收等级为合格的项目：全体成员的创新创业学分均为良好。<br>（三）验收等级为优秀的项目：全体成员的创新创业学分均为优秀。 | （一）验收等级为不及格的项目：全体成员均不能获得创新创业学分。<br>（二）验收等级为及格的项目：项目负责人78分，其余成员成绩认定分三步进行。首先，计算其余成员可以获得的成绩总分数限额，计算方式为74分×项目负责人之外的成员数量。其次，由项目负责人与指导老师商议后（无指导老师的，由项目负责人自行决定，全文同）给其余成员一一评定成绩，但单个成员的最高分数不得超过79分且成员获得的总分数不得超过限额。最后，其余成员若获得60分以上的分数，则获得相应额度的创新创业学分。<br>（三）验收等级为中等的项目：项目负责人86分，其余成员成绩认定分三步进行。首先，计算其余成员可以获得的成绩总分数限额，计算方式为82分×项目负责人之外的成员数量。其次，由项目负责人与指导老师商议后给其余成员一一评定成绩，但单个成员的最高分数不得超过87分且成员获得的总分数不得超过限额。最后，其余成员若获得60分以上的分数，则获得相应额度的创新创业学分。<br>（四）验收等级为良好的项目：项目负责人94分，其余成员成绩认定分三步进行。首先，计算其余成员可以获得的成绩总分数限额，计算方式为88分×项目负责人之外的成员数量。其次，由项目负责人与指导老师商议后给其余成员一一评定成绩，但单个成员的最高分数不得超过95分且成员获得的总分数不得超过限额。最后，其余成员若获得60分以上的分数，则获得相应额度的创新创业学分。<br>（五）验收等级为优秀的项目：项目负责人100分，其余成员成绩认定分三步进行。首先，计算其余成员可以获得的成绩总分数限额，计算方式为94分×项目负责人之外的成员数量。其次，由项目负责人与指导老师商议后给其余成员一一评定成绩，但成员获得的总分数不得超过限额。最后，其余成员若获得60分以上的分数，则获得相应额度的创新创业学分。 |

表 2　大学生创新创业训练计划项目工作激励机制的变革

| 变革内容 | 变革前 | 变革后 |
| --- | --- | --- |
| 绩效课时 | 无论所指导的项目结项验收结果如何，按校级8课时/项、省级20课时/项、国家级40课时/项的标准计量。 | 组建评审委员会并通过材料评阅和答辩等方式对指导老师在时间、精力方面的付出和教育教学成效（不单纯看重项目级别和指导的项目数量）进行综合比较和评价，进而基于宁缺勿滥的原则确定是否给予综合绩效及其等级：特等，100～200课时/人；一等，50～99课时/人；二等，30～49课时/人；三等，15～29课时/人；四等，6～14课时/人；五等，1～5课时/人；其他，0课时。 |
| 公示公告 | 对考核、验收不合格项目的指导老师不予公示公告。 | 无论考核、验收的结果如何，对所有项目的指导老师一律予以公告公示。 |

（四）推进众创空间建设

西南政法大学作为一所社科为主型高校，没有高科技园区与高科技大楼，但该校以筚路蓝缕、以启山林的开拓精神，在充分利用学生活动中心和活动板房的基础上，建起了上千平方米的“众创空间1.0版”，每年孵化20余个模拟律所、创业企业和大学生创新创业训练计划项目，创业带动就业效应日渐明显，并先后获得“重庆市高校众创空间”（重庆市教委授牌）和“重庆市众创空间”（重庆市科委授牌）称号。目前，西南政法大学正在以国家“新时代高教40条”为指引，规划西南政法大学法治科技园区，打造“众创空间2.0版”，力争建成全国一流的法律服务、法治人工智能与法治大数据领域的产学研协同高地与教育教学综改试验区。

## 三、实践成效与总结评价

2017年以来，西南政法大学先后推出了18个创新创业教育“训赛”营（包括一流新社科法治人才证据技术实务“训赛”营、一流“调解”法治人才“训赛”营、企业法律风险防范实务“训赛”营、市场竞争与经营决策仿真“训赛”营等），跨年级、跨专业、跨学院参训、参赛的学生达到5000余人次，切实建成了一条跨界思维培养、专业技能实训和以赛促学三位一体的创新创业教育高速路，并实现了三大历史性突破：

一是获得第三届中国“互联网+”大学生创新创业大赛重庆赛区金奖1项，取得了该赛事省级金奖的历史性零突破。

二是在“高教社杯”（2017）全国大学生数学建模竞赛中获得全国一等奖1项，取得了该赛事全国一等奖的历史性零突破。

三是一篇大学生创新创业训练计划项目成果性论文在教育部主办的第十届全国大学生创新创业年会上获得“优秀论文”奖，取得了全国大学生创新创业年会“优秀论文”奖的历史性零突破。

全国大学生创新创业联盟和中国科学院大数据挖掘与知识管理重点实验室于2018年4月联合发布的创业教育评价结果显示，我校进入百强榜单并位列第65名［在西南五省（市、自治区）高校中位列第5名，在重庆市高校中位列第2名］。

作为一所社科为主型的政法类高校，西南政法大学近年来在创新创业教育领域能取得这些实践成效，可谓麦穗两岐。

## 四、未来展望

全国教育大会、新时代全国高等学校本科教育工作会议和《教育部关于加快建设高水平本科教育全面提高人才培养能力的意见》（教高〔2018〕2号）皆对高等教育的人才培养质量提出了更高要求。包括笔者在内的全国高校教师与教育教学管理者，必当以更大的勇气、更大的魄力和更大的智慧写好中国特色、世界水平的一流创新创业教育“奋进之笔”！

（西南政法大学推荐，执笔人：赵亚翔、孙庆雯、蒋汶珂）

# 社会创新设计实践教学　践行社会服务使命

## ——湖南师范大学社会创新设计创新创业教育改革实践与探索

## 一、背景

习近平总书记在党十九大报告中谈及“新时代中国特色社会主义思想和基本方略”时明确指出：“新时代我国社会主要矛盾是人民日益增长的美好生活需要和不平衡不充分的发展之间的矛盾。”创造美好生活，已成为伟大新时代的共同追求。在中国快速发展的背景下，城市更新剧烈，在高楼林立的大厦群中仍然有一些人口密度大、空间功能条件差、处于社会底层的原始社区存在。它们就像中国城市的向阴面，自发生长，极少受到大众的关注。旧社区改造在中国是一个普遍面临的重要问题，几乎每座城市都有相似的情况。2015年起，湖南师范大学美术学院易奕老师发起并成立社会创新设计工作坊，以中美合作课程、本科生项目制课程为依托，以长沙城市旧社区作为对象，展开设计服务志愿者行动。社会创新设计实践教学通过设计的思维和方法解决社会实际问题，以项目驱动培养学生在规划、设计、建造和管理等方面的创新和实践能力，以关注社区服务和城市有机更新问题促进年轻人对现实社会的思考，培养学生的社会责任心和专业担当精神，以设计的艺术力量为普通大众服务，改善他们的生存品质，营造更美好的社区生活，践行青年人服务社会的使命！

图1　长沙盐道坪社区吉祥巷立面

## 二、主要做法

1. 社会创新设计创新创业教育改革主体理念

教育正如德国哲学家卡尔·雅斯贝尔斯（Karl Jaspers）所说，不是堆积理性知识，而是教育人的灵魂。真正的教育是负载人类终极关怀和有信仰的，它的使命是给予并塑造学生的终极价值，使他们成为有灵魂、有信仰的人，而不只是热爱学习和具有特长的准职业者。

社会创新设计是利用现有资源进行创造性的再设计，它是一种对于社会产品、服务、模式的新想法，它是通过自下而上的方式来解决公民的社会生活问题，提倡去中心化、去阶层化，公平分享。它期望通过一种创新的方式来弱化社会矛盾，营造美好生活环境。

社会创新设计工作坊将长沙城市旧社区引入课程教学对象和研究计划之中，以创新实践为驱动，让不同专业背景、立场的人参与思考、探讨，分享思想，解决问题，达到了设计教育与社会资源整合的目的。在整个课程中，学生要深入社区，借助调研、访谈或担任志愿者等一切可能的方式与居民建立联系，贴近居民的真实生活，了解他们的需求与愿望，关注他们关心的问题。这种全程参与、亲历实践的过程，不仅提升了学生的专业知识，也锻炼了学生的社交能力、团队经验和职业经验。最为重要的是，在这个不断深入、挖掘真相的过程中，学生把“人”作为行为主体，找到人与身边世界建立紧密联系的点，成为“利他”的创变者，推动良善生活直抵人心。通过这样的教学，教育才能在辅助每个人实现自我意义的同时，构建一个更加美好的社会文明共同体。

2. 社会创新设计创新创业教育组织构架

（1）以社会创新设计工作坊为主体

目前由 3 名美术学院不同专业的老师带队，学生组成由本科生到研究生各年级一共 12 名固定成员，每学年招募一次。在完成本身专业学习的同时，利用课余时间全情投入工作坊的设计中。

（2）以两个课程为子系统

一个是本科生项目制课程“社区普及性创新设计”。这个课程是湖南师范大学进行课程改革与探索的重要内容，教师可跨学科交叉组建课程教学团队，根据项目导向和任务驱动原则进行课程设计，确定课程名称、方向和培养形式，面向全校学生组建团队，实现跨学科交叉团队组建，促进学生沟通、协作与创新能力的提升。“社区普及性创新设计”课程每学年开设一次，以长沙旧社区作为教学案例，以城市旧社区人民生活和环境作为研究对象，不限制专业、不限制手段，协同合作解决目前已经存在的社区问题。教师团队指定一个社区，同学们在运用自身专业知识的基础上，打破专业壁垒，以多元化的思考方式针对社区问题提出解决方案。或针对某项公共设施进行合理化设计，帮助社区创造和谐有序的环境；或营造一种模式，为社区公共行为提供导引；或提出一条思路，为基层老百姓实际生活提供便利。在整个教学过程中，教师作为课程学习的高级伙伴或合作者，帮助学生建构视野和理解事物，同时聘请不同行业从业人员将自己掌握的前沿信息和实战经验带入课程的教学中。

另一个是美术学院中外合作课程“社会创新设计”。此课程是美术学院与美国纽约视觉艺术学院社会创新设计系合作开设的。由美方学院派遣相关设计专业的教师与我院教师组成教学团队，针对社会创新设计的不同研究方向，开设主题性的设计工作坊（design workshop）。课程就社会创新设计研究的难点或新出现的问题，有针对性地组织相关教学团队，辅助学生想法的实施。设计工作坊既是探索国际化体验式教学模式的场所，也是社会创新设计成果实施的技术保障。这种创新型开放式实践教学模式是社会创新设计整个教学系统可持续发展的重要保障。

图 2　课程过程图

3. 社会创新设计创新创业教育实施过程

2015 年起，美术学院和美国纽约视觉艺术学院合作课程“社会创新设计”，开始对位于市区中心的盐道坪社区进行全面研究。作为一个有故事的老街区，它记载着老长沙的点点滴滴，古旧的建筑，热闹的小巷，社会底层的居民，形成具有长沙韵味的民生小街。社区曾是长沙最大的老棚户区，现已完成部分改造。改造过后，林立的现代高楼与低矮阴暗的老社区仅一街之隔，呈现出一新一旧的独特景观。学生通过深入调研，从社区的推广到公共设施的建立，提出了 30 多个目前存在的问题。教师团队根据实际情况选择项目及控制规模，安排教学进度，最终确定 8 个主要问题，学生根据问题方向自愿组成团队。不同专业的同学以不同的视角和解决方案协同合作，从采访、政策咨询、材料研究、大数据计算、医疗服务、包装设计、空间设计等各方面展开调研。整个教学过程既高效又愉悦，产生了很好的成果。例如“砼人旅馆”项目。同学们多次实地探访，发现社区租户比重大，其中大部分是外来务工人员，他们滞留在此都是为了寻找工作。他们短期寄居，一旦有工作就会离开。社区里大大小小有 10 多家旅馆，其中非法经营的有一半以上，收费十分低廉，5 元一晚。很多同学都惊讶于在如此现代的社会里，在城市中心地带，有这样简陋，甚至是没有尊严的生活场所存在。为这些外来谋生者设计一个城市中得体的“家”，成为砼人旅馆团队的实施主题。教师团队则针对材料的性能特点、搭建结构、加工方式、旅店运营的模式等提供指导。同学们多次把方案、图纸和模型拿回社区，与务工人员和店老板讨论，最终确定以“立体社区”的模式定位设计旅馆。在充分完善居住条件的前提下，尽可能缩小住房面积，扩大公共交流空间。缩小住房面积是为了保证旅馆老板的收入。扩大公共交流空间是留出更多的公共空间用以共享与交流，例如开辟了共享厨房、洗澡间、厕所和晾晒区等，还有招工信息交流区、娱乐交流区。既尊重每位打工者的私人空间，给予他们应有的生活尊严，又有利于他们交往、互动、分享，减少在城市中的孤独感和陌生感。课程强调学生运用社会创新思维，并在实施过程中鼓励公众的积极参与，教师将社区使用者的反馈意见纳入课程考评项目中，其目的是透过反馈来检验团队方案的可行性，并依据反馈结果对方案进行修正与调整。更为重要的是，本阶段教学让学生可以透过真实的现状逐渐认识到社会真实性和结构性的问题，真正体会到设计是为人服务。砼人旅馆方案最终获得2016年亚洲设计学年奖更新、改造与转型类金奖。

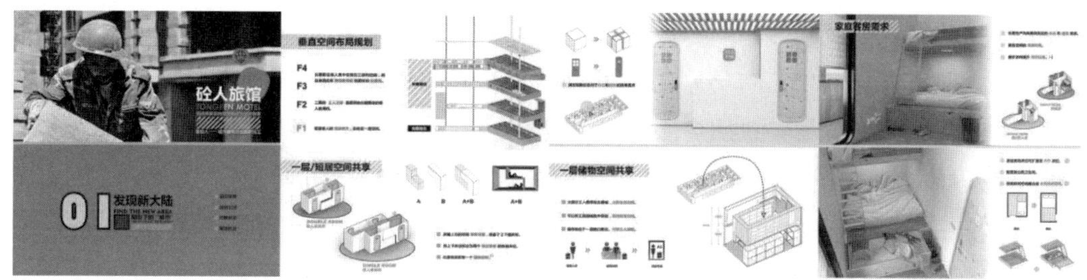


图3　砼人旅馆设计方案

在三年多的时间里，通过来自13个不同专业的学生（约120名）、3位本校教师和4位美国教师的不懈努力，社会创新设计实践教学一共对长沙3个社区（盐道坪、丰泉古井、富雅坪社区）提出了12项改造和提升的实施方案，内容涉及公共厕所改造、居民议事共享空间、为外来务工人员的小孩提供的“小候鸟”书房、对社区的整体推荐方案、民情快速传达方案和捕鼠大队等等。这一系列的实践教学取得了显著成果。学生的方案不仅得到了设计类和实践创新类的国家级、省级奖励，而且社会反响强烈，长沙市规划局、社区居委会都纷纷听取同学们的成果汇报，其中一些方案准备在全市其它社区进行试点和推广。

## 三、实践成效

历经三年多的时间，社会创新设计教学硕果累累，一系列的设计成果得到社区居民、社区工作人员、广大人民群众的高度赞赏。2018年5月社会创新设计工作坊被教育部授予全国第五届大学生艺术展演活动大学生艺术实践工作坊一等奖。2016年12月为盐道坪社区设计的“砼人旅馆”获得亚洲设计学年奖更新、改造与转型最佳设计类金奖。2018年10月为富雅坪社区老年人设计的“老年人辅助药理水杯”获得首届中国养老产品暨康复辅具设计大赛金奖。人民网、新华网、《法制日报》、《湖南日报》、湖南卫视、湖南教育电视台、《今日女报》、新湖南等20余家主流媒体对此进行了全面报道。

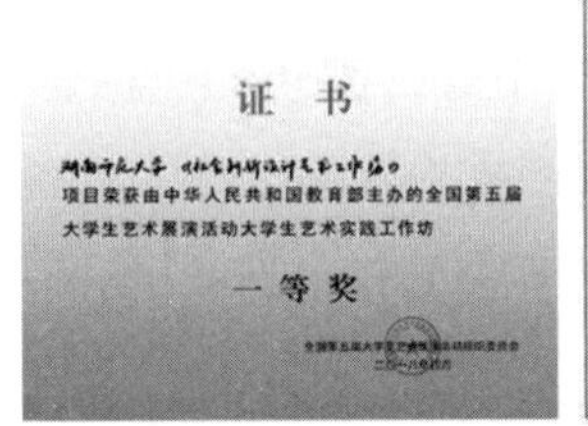

图 4　社会创新课程成果获奖证书

（1）建构了一个以人为本、培养学生社会服务意识的教育模式

通过社会创新设计教学，同学们贴近旧社区底层群众，解决他人所想，为他人创立良好的公共环境，这种以人为本的社会服务模式达到了立德树人的教育根本任务，以培养社会精神为育人导向，将社会创新思维和社会服务意识作为学生培养的核心。学生中国家奖学金获得者 8 人，40 人利用暑期时间参加对偏远贫困地区的支教活动，约 100 人加入各种社团为社区小孩、老人组织活动。

（2）完成了一个以项目制为主体、多学科协同合作的培养体系

帮助学生构建了问题意识，培养了学生的创造能力，以项目制作为牵引，结合社会实际，跨学科、跨专业组成团队，运用不同手段共同解决问题。团队有设计学、社会学、教育学、心理学、医学、行政管理学、计算机科学与技术、软件工程、地理信息科学、土地资源管理、城乡规划、信息与计算机科学、统计学等 13 个不同的专业背景。同时建立了多样化的师资队伍，其中除教师以外，还包括设计机构、独立设计师、文史专家、社会学家、当地居民、城市管理者等。教师的角色是具有经验的高级合作伙伴而不是传统知识的宣教者。团队运用“社会创新设计”的手段，在社会不同人群的不同价值体系中探讨设计与社会、设计与经济、设计与空间的关系。整个教学活动形成了以学生为主体、教师指导、专家引领、学校推进的多方联动工作机制。

## 四、总结评价

社会创新设计实践教学通过有目的的团队学习，为学生建立起专业工作的基本方法，在课程学习中，学生可以体会到如何在不同的专业人群和社会人群中协同工作。群体协

作让学生拥有多个不同视角，在国际化、开放性的实践教学环境中激发创新。它的意义就是在讨论和交流的互动过程中，最大程度地发挥每个人的创造力，凝结每位参与者的智慧。由于课程选题具有很强的社会意义，它也同时培养了学生的社会服务意识，鼓励学生以自己所学的专业知识为社会服务，为人民服务。这些实践经验对深化创新创业实践教育改革具有很大的借鉴意义。

调研显示，参加过实践教学的同学毕业以后普遍被用人单位看好，得到的评价比一般的毕业生更高，更懂得团队协作，更能设身处地为他人着想，能更好地从事创造性的工作。

21 世纪，社会创新与设计活动相互交织，社会创新既是设计活动的推动力，又是设计活动的目标。教学与社会联结，才能从身边出发，培养学生发现问题、解决问题的能力，用贴近社会真实的态度为基层人民服务。这也正是教育的本质，通过教育令人“回归人的价值”。只有把立德树人融入实践教育各环节，才能以服务社会为己任，在践行高校责任担当的道路上走得踏实，走得长远。

（湖南师范大学推荐，执笔人：易奕）

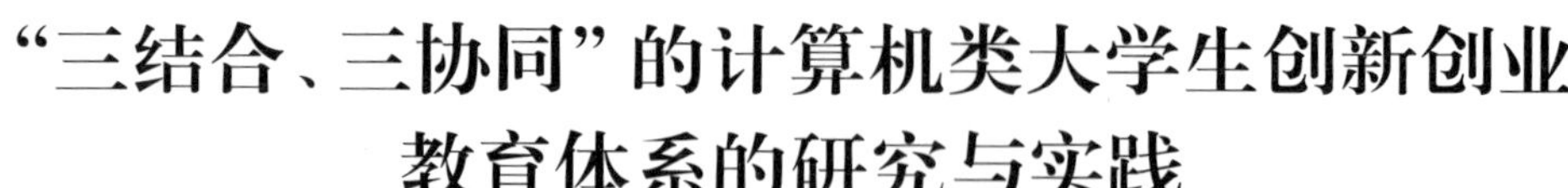

# “三结合、三协同”的计算机类大学生创新创业教育体系的研究与实践

## 一、背景

进入21世纪，随着信息技术的快速发展，网络逐渐成为大学生用来交流、获取信息的重要工具，但同时网络犯罪也随之而来，电信诈骗、电脑病毒、网络黑客等层出不穷。网络技术是一把“双刃剑”，既给高等学校的教学工作与学生工作带来了便捷，也为大学生的日常教育管理带来了挑战。特别是计算机类专业的大学生，一方面，他们在不断学习网络信息技术，丰富专业网络知识，另一方面，网络上的不良和违法信息也会对大学生产生负面的影响。在网络技术日益普及的时代，应该强化对计算机类大学生创新创业教育的特殊性和复杂性的认识。在新形势下不断探索计算机类专业大学生创新创业教育的新方法、新途径、新思路，培养满足社会需求的复合型人才，丰富和完善计算机类专业大学生创新创业教育体系，是摆在高校教师和学生工作者面前的重要课题。

## 二、主要做法

### （一）推行“三结合”创新创业育人方法，提高人才培养质量

1. 第一课堂与第二课堂相结合

将第一课堂专业教育与第二课堂素质能力提升有机衔接起来，努力提高计算机类专业大学生的专业水平。将课堂讲授和专业实践教育教学作为大学生学习专业知识的主阵地，使任课教师在系统传授专业知识的同时，更加关注课堂的教学过程。同时将课下素质活动的开展作为第一课堂教育教学的有效补充。专业课教师应主动担任学业导师，加强与学生的交流沟通，通过网络和日常交流关注学生的思想动态，适当增加实践性教学，鼓励大学生将理论知识与实践活动结合起来，培养大学生的创新创业能力。

2. 辅导员与学业导师相结合

学院建立专兼职辅导员与学业导师联动机制。大学生教育管理采用“纵、横”矩阵式结构。横向为每个年级配备一名辅导员进行学生的思想政治教育、安全法纪教育和日常管理工作。纵向设立系部学业导师负责人进行学业指导工作。采用“纵、横”互补的团队管理模式全面指导学生的成长、成人与成才。不断完善“学业导师—辅导员”学生管理工作协调机制，制定和完善计算机科学与通信工程学院（以下简称计算机学院）学业导师与

辅导员定期交流制度，定期召开辅导员与学业导师联席会，加强学生信息共享，共同了解及商讨学生取得的成绩、存在的问题及解决问题的方法。

3. 成人教育与成才教育相结合

计算机类专业人才培养始终围绕“以人为本，立德树人”的根本任务，坚持德才兼备、以德为先的教育理念。对大学生的教育，首先是成人教育。以习近平新时代中国特色社会主义思想为指导，引导大学生践行社会主义核心价值观，引导学生正确认识世界和中国发展大势、正确认识中国特色和国际比较、正确认识时代责任和历史使命、正确认识远大抱负和脚踏实地，成为又红又专、德才兼备、全面发展的中国特色社会主义合格建设者和可靠接班人。

### （二）推进“三协同”创新创业育人途径，提升创新创业能力

1. 团队协同创新

学院根据学生兴趣配备学业导师，组建兴趣小组或创业团队，充分发挥学业导师的指导作用，为学生提供国家级、省级、校级科技竞赛“菜单”，鼓励学生积极参加学科竞赛并给予充分指导，引领学生开展研究，支持学生参加专业相关证书认证考试，并不断扩大竞赛的覆盖面。让志同道合的大学生找到自己的“同心圆”，助力学生青春圆梦。在学院建立创新创业工作室，积极发掘有创意想法的同学，为他们提供舞台，尽情施展他们的创业才能，实现他们的创业梦想。持续加强对创新创业团队的指导和帮扶，从而提高协同创新的效率。

2. 团队导师协同管理

为保证大学生创新创业工作团队作品的政治导向和道德导向，学院在计算机类大学生协同创新创业工作室建立导师指导团队，制定了计算机学院创新创业工作室导师聘任和管理办法。学院同时加强对大学生创新创业能力的培养，导师积极指导学生参加国际数学建模大赛、ACM 国际大学生程序设计竞赛、全国大学生信息安全竞赛、中国“互联网+”大学生创新创业大赛、“挑战杯”系列竞赛、“创青春”全国大学生创业大赛等创新创业类竞赛活动，以及指导大学生参与大学生创新训练计划、大学生科研立项等科研活动。

3. 团队支部协同教育

学院在创新创业工作室成立党支部（小组）和团支部。党支部（小组）坚持业务研讨与政治理论学习相结合，创新创业成果与社会服务相结合，个人成长与学院（专业）发展相结合，大力倡导工作室充分利用网络技术，在党支部（小组）的领导组织下，树立“一名党员就是一面旗帜”的思想，积极开展多种形式的最佳党日活动。同时积极了解和反映创新创业团队成员的意见和要求，关心成员生活；发现和培养入党积极分子，协助支部做好组织发展工作。党支部与团支部的成立，为计算机类大学生创新创业工作室在组织上、制度上保驾护航，实现了团队支部的协同教育。

（三）搭建两个创新创业育人平台，精心营造创新创业氛围

1. 校内创新创业工作室

根据学院兴趣小组和创业团队的数量及小组或团队的人数，在学院专业实验室和计算中心实验室统筹规划场所和实验设备，建立大学生创新创业工作室。学院加强与校内外实践基地的合作，鼓励企业投资或捐赠设备，组织指导教师团队和创新创业团队协同开展企业需求课题的研发工作，促使创新创业的成果应用到实践中去。

2. 校外企业工作站

本着产教融合的原则，在合作企业建立校外企业工作站，为大学生实习实践提供校外平台。为校外企业工作站配备校内指导教师，负责组建学生创新工作团队。根据合作企业技术需求和本专业学生特点，开展双向选择，鼓励学生利用周末或寒暑假时间参与企业实习实践。使得大学生在实习实践中不仅可以提高技术水平和实践能力，也可以提高自身就业的核心竞争力，最终达到促进产教融合的目的。在为企业创造经济效益的同时，大学生的创新创业能力也得到了有效的提升。

## 三、实践成效

提出了以提升人才培养质量为目的的“三结合”创新创业育人方法和以培养学生创新创业综合素质和能力为方向的“三协同”创新创业育人途径，搭建了两个创新创业育人平台，从而形成了一套行之有效的“三结合、三协同”计算机类大学生创新创业教育体系。

在计算机学院以及学校机电类相关专业的学生创新创业教育中，实践了“三结合、三协同”计算机类大学生创新创业“三育人”教育体系方案。取得了一批大学生创新创业教育研究成果，发表学术论文7篇，其中CSSCI检索论文1篇，核心期刊论文3篇，CPCI-SSH检索论文2篇。1个学生创业团队获校“十佳创业团队”称号，多个学生创办的公司进入镇江市和江苏大学孵化基地。32名学生获国家级、省级竞赛奖，4名同学和1个团队毕业论文获评省优秀毕业设计（论文），其中3名同学毕业论文获省优秀毕业设计（论文）二等奖。研究成果已在本院及我校相关专业学生创新创业教育中进行了实践并取得显著效果，对计算机类大学生的创新创业教育具有可借鉴的实际推广应用价值。

## 四、总结评价

“三结合”创新创业育人方法有效帮助计算机类专业大学生完成了思想道德层面的重要转变，切实提高了大学生的法治意识和道德意识，学生由此意识到要将所学专业知识运用于社会，为社会做贡献，传递正能量。“三协同”创新创业育人途径依托校内创新创业工作室与校外企业工作站等载体，协同指导计算机类专业大学生参与创新创业研究、学科竞赛、创业活动，使大学生在创新创业中取得了新的丰硕成果，最终提高了学生的创业素质

和科技创新能力。

进一步要实施的方案如下：

（一）结合本科生创新创业学分评定制度，将这一研究的体系和成果全面推广到全体大学生的创新创业教育中。

（二）结合学校学业导师制的实施，将我院的所有学业导师都纳入大学生的创新创业教育与指导中，实现学业导师全体参与和全程参与大学生创新创业教育。

（三）进一步完善移动协同学习平台，全面实现无处不在的协同创新创业的信息交互。

（江苏大学推荐，执笔人：王训兵）

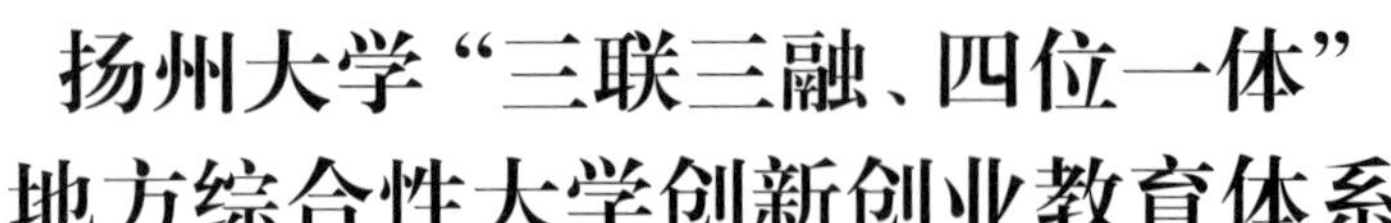

# 扬州大学“三联三融、四位一体”地方综合性大学创新创业教育体系

## 一、背景

扬州大学是一所省属重点地方综合性大学，被誉为“高校改革的一面旗帜”。近年来，扬州大学积极落实党和国家“大众创业、万众创新”战略，坚持立德树人根本任务，以推进素质教育为主题，以培养创新创业人才为目标，以提高人才培养质量为核心，坚持聚焦创新引领创业、聚力创业带动就业，积极构建了“校内资源有序联合、校地校企深度联结、第一第二课堂有效联动”，“创新创业双创融汇、专业创业相互融合、学科交叉渗透融通”，集思维、品格、知识、实践于一体的“三联三融、四位一体”地方综合性大学创新创业教育体系。

## 二、主要做法

### （一）强化工作保障，健全创新创业体制机制

构建“三进三出三建”工作保障机制：进发展规划、进培养方案、进学分体系；出实施方案、出导师管理办法、出学分认定办法；建工作机制、建制度体系、建孵化平台。这一机制的构建有赖于两个方面的护航：一是组织领导有力。成立由党委书记、校长任组长，分管校领导任副组长，有关部门负责人参加的创新创业教育工作领导小组，组织架构合理有序，全面统筹推进学校创新创业工作。二是工作机制健全。学校于 2016 年 3 月成立创新创业学院，设立创新创业学院办公室，目前有专职人员 3 名。学院负责统筹校内资源，落实《扬州大学深化创新创业教育改革实施方案》中的各项任务。在不断的工作实践中，学校逐步形成了由教务处负责创新创业理论教育、团委负责创新创业校园活动、学生处着力创新创业项目孵化的工作协同机制，有效推动了校创新创业教育工作的顺利开展。

### （二）优化双创课程，构建科学的创新创业教育 + 专业的人才培养体系

确定“课比天大”的理念，围绕提升大学生创新创业能力这一目标，纵向建构不同年级、不同阶段的创新创业能力培养差异化层级推进路线。

1. 重视夯实基础课程。面向全体学生开设创新创业基础课程，其中 2 个学分的“大学生创业就业指导”被作为必修课程写入本科生人才培养方案，此外还有其他创新创业教育选修课程 27 门。2017 年春，校创业就业教研室牵头对“大学生就业创业指导”课程进行了改革。学校每年举办“大学生创业就业指导”课程实训教学技能比赛，激发教师的教学

热情。

2. 着力推进专创融合。为切实将创新创业教育和思政教育融入人才培养全过程，学校开展了2017版本科专业培养方案的修订工作，更加突出创新创业教育要求，在学科专业导论课中把创新创业教育作为不可或缺的一部分内容，各专业必须开设与专业教育相关的创新创业类课程供学生修读，在新修订的教学大纲中要求各门课程都要有与双创相关的教学目标并匹配相关的教学活动。打通专业类或相近学科专业的基础课程，开设跨学科专业的交叉课程，以提升创新创业能力为导向，推进创新创业教育。

3. 立项资助建设校本课程群。整合校内外创新创业教育课程资源，挖掘和充实各类专业课程的创新创业教育资源。2016年开始，学校通过立项资助的方式，面向全校进行创新创业教育改革项目的申报工作。三年共计立项建设30个项目，从中诞生5门双创通识共享课程、11个双创基础示范课程项目、4本双创重点教材、10支优秀双创教学团队。

4. 完善相关认证制度。推行学分制教学改革，建立创新创业学分积累与转换制度。实施“第二课堂”，鼓励大学生积极参加学术科技与创新创业活动，对学生在各级创新创业作品大赛、自主创业、创业项目评选等方面取得的成绩进行积分认定，并通过积分换学分的方式，对学生进行学分的认定。2017年，学校修订了本科生学籍管理办法，实行弹性学制，放宽学生修业年限，在原有学制基础上可以延长四年；如果学生休学创业可根据实际情况加延1年。

（三）强化教师双创教学能力建设，打造高能的双创师资队伍

1. 加强双创教师队伍专业化建设，提升教师双创指导与服务能力。学校将双创师资队伍建设纳入校师资建设的总体规划，构建了专兼结合的双创教师队伍，确保双创师资队伍的稳定性。通过实施《扬州大学“教师教学能力提升计划”》和“新教师培训计划”“教学研修计划”“教学竞赛计划”“‘互联网＋教学’融合计划”“教师教学能力拓展计划”“教学能力评估计划”等六大计划，全面提升教师教育教学能力。

2. 面向专业教师开展双创教育的相关培训和讲座，打造专业化的创新创业教育师资队伍。2018年上半年组织学校教师积极参加扬州大学与教育部网培中心合作建立的“扬州大学教师在线学习中心”培训，面向教师开展各类创新创业师资培训，共享全国创新创业教育优质资源，近200名教师参加培训。2017年至今，参与学校创新创业课程的专职教师达87人，年内参与各类培训讲座的教师达350多人次，其中参加职业指导师培训、创业咨询师培训等省级以上培训30余人。截至目前，学校共主办7期创新创业专题培训活动，承办2期创新创业专题培训活动，覆盖本校创新创业教育专兼职教师及相关专业导师，并吸引268名其他高校教师前来参与。

3. 开展创业“百千万工程”。为更好地推动学校创新创业工作开展，学校实施大学生创业“百千万工程”，筹建了“大学生创业苗圃融创汇”。积极争取校友、企业家、投资人的支持，在创业苗圃举办创客沙龙、创业有约、头脑风暴等活动，全程指导创业项目。截至目

前，共聘请各级各类创新创业导师600余人。

4.强化政策支持，建立激励机制。为推动和促进学校创新创业工作的开展，学校修订并出台《扬州大学毕业生就业创业工作先进集体和先进个人评选办法（暂行）》。印发《大学生创业导师管理办法（试行）》，进一步明确创业导师选聘流程、服务方式、激励措施等细则。为进一步调动广大教师参与指导大学生创新创业活动的积极性，学校实施《扬州大学“互联网+”“挑战杯”“创青春”竞赛奖励办法（修订）》，大幅提高大赛指导奖励额度，提高教师积极性。

（四）注重创新创业实践，孵育创新创业精英人才

1.重视实践平台建设。一是打造创客实践平台。为大学生创客搭建占地9100余平方米的扬州大学大学生创业苗圃，依托扬州大学省级大学科技园，为学生创业实战提供平台，受到了学生广泛好评。目前学校创新创业实训平台面积达33235平方米，入驻师生创客企业125家，吸纳就业人数1542人，创造产值1.43亿元。二是着力开放全天候实践教学场所。面向全体学生开放校内测试中心、虚拟仿真实验室、创新创业实践教育中心及与地方政府和企事业单位合作共建的创新创业实践基地等，共计402个。建立《扬州大学学生实验守则》《扬州大学实验室安全管理办法（试行）》等规章制度，学校还开发了扬州大学实验教学智能管理系统，做好各类实践场所的登记和使用统计，确保各类平台的使用效果。

2.开展多元实践实训。完善实践实训教学体系，构建科学的双创实训教学模式，继续推进教育部卓越工程师教育培养计划试点建设，实践课时高于教育部规定基本学分。重视大学生创新创业训练计划项目工作，构建了完善的国家、省、校、院四级大学生创新创业项目实施管理体系。2017—2018年，学校共立项国家级创新创业训练计划项目101项，省级创新创业训练计划项目168项，校级科创项目2149项，“扬州大学挑战传奇——人兽共患病与食品安全科技创新团队”被团中央授予全国首批“小平科技创新团队”称号。

3.加强各类创新创业团体建设。成立“创新创业俱乐部”等学生创新创业类社团68个，鼓励学生参与各类创新创业实践活动。2017年，举办“飞扬创业大讲堂”“创客嘉年华”“创客沙龙”等讲座论坛活动75场次，参与创新创业活动学生达28820人次。积极组织学生参加“互联网+”“创青春”“挑战杯”等各类双创赛事，在校园内部形成了浓郁的双创文化氛围。

5.创新人才培养模式，培养创新创业卓越人才

2015年，学校组建“扬州大学创新创业实验班”并招生。通过实施精细化教育、差异化培养、实践能力和人生意志培训、科研创新导向、跨文化（专业）强化、多元化考核方式，积极探索创新创业教育新模式。2018年推行“创新人才培养2.0版”，成立了“外语+”“人工智能+”“生命科学+”“师范+”“医学+”等各类创新创业班6个，力促学科交叉融合，培养创新创业人才。目前已成功招收4届12个班级共430人，其中创新1501班团支部被评为全国高校“活力团支部”。

## 三、实践成效

### （一）就业创业数量和质量稳步提升

学校近三年就业创业数量稳中有进，就业创业质量稳步提升，学生参与创新创业的热情逐年升温。三年来，累计有32名毕业生毕业伊始便踏上创业之路，从各类创新创业平台走出的师生创客已有200余人，创立的创新型、科技型企业占比保持在80%以上，累计提供1500多个就业岗位，较好地契合和诠释了“创业带动就业”的政策理念。

### （二）创新创业成果获得较高社会评价

学生在创新创业大赛和各类评比中星光熠熠。自第十一届“挑战杯”全国大学生课外学术科技作品竞赛以来，学校连续5次捧得“优胜杯”，第十四届“挑战杯”竞赛成绩位列全国第三。2018年，学校荣获第四届中国“互联网+”大学生创新创业大赛银奖1项、铜奖2项，省级一等奖3项、三等奖3项。在第一届、第二届“创青春”全国大学生创业大赛中荣获金奖1项、银奖2项。在2018年“创青春”浙大双创杯全国大学生创业大赛中荣获金奖1项、铜奖2项。

### （三）创新创业典型辈出

依托大学生创业苗圃，学校涌现了一批成功创业的典型。21个创业项目获评“江苏省大学生优秀创业项目”，并获政策资金210万元；3名大学生创客获评江苏省“创新创业典型人物”，4支创业团队获评“江苏省创业团队典型”。学生积极参与创新创业学术活动，并取得了较好的学术成果，近三年共发表各类学术文章600余篇。

### （四）创智型创客团队涌现

近三年来，在大学生创业苗圃的精心孵化下，学校涌现出一批与专业结合紧密和基于创新的创智型创业团队，成为打造创新型、科技型创业企业的典范。学生积极参与以大学生创新创业训练计划项目等为主体的科技创新活动，获得了较好成绩，2015年以来共获得学科竞赛国家级奖项918项、省级奖项1165项，在各类相关评优评先项目中受到表彰的优秀创新创业学生达到2300多人次。

### （五）多项业绩获得各级政府认可

2017年，学校被教育部认定为全国首批“深化创新创业教育改革示范高校”“全国高校实践育人创新创业基地”，被省人社厅和省教育厅联合授予“江苏省大学生就业创业指导站”称号，大学科技园被科技部评定为“国家级科技企业孵化器”和“国家备案众创空间”，大学生创业苗圃被省教育厅评定为2017—2020年度“江苏省大学生创新创业示范基地”。2018年，学校成功获评“江苏省大众创业万众创新示范基地”，并被教育部认定为“全国创新创业典型经验高校”。

（扬州大学推荐，执笔人：吴锋）

# 专创融合创新创业数字化学习资源、“校创星”高校创新创业管理与服务云平台

## 一、信息化时代创新创业教育教学改革的必要性和紧迫性

《国家中长期教育改革和发展规划纲要（2010—2020 年）》明确指出：“信息技术对教育发展具有革命性影响，必须予以高度重视。把教育信息化纳入国家信息化发展整体战略，超前部署教育信息网络。到 2020 年，基本建成覆盖城乡各级各类学校的教育信息化体系，促进教育内容、教学手段和方法现代化。充分利用优质资源和先进技术，创新运行机制和管理模式，整合现有资源，构建先进、高效、实用的数字化教育基础设施。”

自 2012 年 3 月，《教育信息化十年发展规划（2011—2020 年）》发布以来，信息技术已经深度融入教育行业，正在引发教育系统的深刻变化。信息技术在教育领域的逐步渗透，正在引发教育理念、模式、环境、内容、评价等各方面的深刻变化。信息技术与教育教学不断融合发展，目前已进入全面变革教学形态的高级阶段：信息技术深刻改变了人们的生产方式，引发了人才培养需求的重大变革；新时期学生发展核心素养的提出，为学校教育变革人才培养模式提供了方向；推进信息技术支持下以学习者为中心的教学模式变革刻不容缓。

## 二、信息技术推动华中师范大学创新创业教育教学改革的实践探索

1. 大力开展创新创业教育信息化学习资源建设，为学校开展创新创业教育打下坚实基础

创新创业教育教学资源建设是高校开展创新创业教育的“基础设施建设”，在高校创新创业人才培养体系中具有举足轻重的地位。华中师范大学在总结学校原有创新创业类课程建设及运行经验基础上，自 2017 年开始，组织开展了“华中师范大学创新创业校本课程”专项建设工作，在工作方案设计之初，学校就要求将这批课程的数字化资源建设工作放在优先发展的位置，要求实现创新创业课大规模在线开放课程资源建设与实体课堂教学资源建设并重。

经自主申报、学院初选，全校 18 个学院共 55 个课程团队提交了创新创业校本课程立项申报书。遵循公平、公开、公正原则，经过校内初审、校外专家独立评审，共遴选出 30 门创新创业校本课程，按每门课程 10 万元标准进行培育建设。这批课程中既有“创新创

业基础”“创业的经济学基础”“创业法律基础”“创业企业市场营销”等创新创业类基础课程，又有“体育技能培训与创业指导”“功能合成材料与创新创业”“地理信息科学创新与技术创业导引”“女性创业理论与实务”“大数据时代的创业思维、技术和机遇”等学科专业特色鲜明的课程，有效地支撑了学校创新创业教育。2017 年秋季学期，全校共计开设 25 个实体课堂，全校 1243 人次参加课程学习；相应的大规模在线开放课程也于 2017 年 12 月完成建设工作，陆续上线学校“云课堂”、中国大学 MOOC、中潮“融 E 学”等平台，通过以大规模在线开放课程为主的教育信息化手段，实现创新创业教育资源的开放共享。

此外，与上述课程配套的教材建设工作也在同步推进，学校与科学出版社合作打造的“创新创业系列丛书”也即将面世。

2. 以创新创业教育管理与服务信息化平台建设和应用为抓手，助推创新创业教育提质增效

创新创业教育和实践的管理与服务工作，关乎高校创新创业人才培养体系的顶层设计、体制机制、运行保障。以信息化手段优化再造传统创新创业教育管理与服务流程，是大数据时代信息环境下提高创新创业教育管理与服务水平、提升高校创新创业人才培养质量的重要途径。

华中师范大学创新创业教育工作领导小组办公室，作为学校统筹推进大学生创新创业教育的管理机构，在全面整合校内外大学生创新创业教育实践核心资源、优化调整大学生创新创业教育管理与服务流程的基础上，主导开发了“校创星”高校创新创业教育管理服务云端平台（http://cxsj.ccnu.edu.cn），为提高学校大学生创新创业教育管理服务水平做出了巨大贡献。

平台主要涵盖了大学生创新创业训练计划项目管理、创新创业类赛事管理、创新创业学生及导师人才库管理、创新创业学分认定与转换管理、高校众创空间孵化器管理和高校创新创业教育大数据分析等功能模块。在实现了信息门户资讯展示功能的基础上，着重推进项目及赛事在线报名、过程记录与管理、评委在线评审、导师在线指导、流程监控与大数据分析、创新创业项目库及导师人才库建设与管理、大学生创新创业学分认定与转换、大学生创新创业档案建设与管理、高校创新创业基地管理等工作，为高校创新创业教育与实践管理服务工作提供了优秀的信息化解决方案。

2018 年，学校将系统正式投入使用。全校 2018 年“大学生创新创业训练计划”项目 382 个项目从学生组队、自主立项申报到学院初审、学校公示立项等前期流程全部通过平台完成，项目团队基本信息填报、项目建设过程性数据记录、指导教师对项目指导全部在线完成；2018 年华中师范大学“桂子山创业梦想秀”大赛、中国“互联网 +”大学生创新创业大赛华中师范大学校赛的学生组队、指导教师邀请、参赛材料提交、评委网评等均通过平台在线完成。

目前，华中师范大学创新创业学生人才库、导师人才库已通过该平台建设完成，涵盖

学校24个人才培养单位3412名创新创业学生及1450名校内外各类创新创业导师。通过平台可以查询浏览创新创业学生参与大学生创新创业训练计划、各类创新创业赛事、创新创业实践活动情况和创新创业导师指导项目情况。

## 三、初步成效

学校在创新创业系列校本课程和系列教材丛书建设的基础上，与行业优质企业联合开展各类主题鲜明、实操性强的创新创业分享会、训练营，为在校大学生、创业校友、兄弟高校创新创业学子提供了丰富的创新创业学习资源，为学校开展大学生创新创业教育打下了坚实基础。接下来，学校拟在全面总结第一批创新创业校本课程建设与运行经验的基础上，进一步发挥兄弟高校以及校企合作协同育人优势，将兄弟高校优质师资、行业企业顶级教育资源导入课程建设体系，打造一批特色鲜明、内涵丰富、指导性强的创新创业课程，构建数量质量并重、门类齐全的创新创业教育教学资源体系。

信息化平台的建设与应用，全面优化了学校在创新创业教育管理与服务领域的业务流程，提升了工作效率，大学生参与创新创业教育活动的过程性材料与数据得以妥善保存，为学校深入开展大学生创新创业教育政策制定、学术研究打下了坚实基础。

## 四、总结与展望

高等学校创新创业教育与实践，是全球化分工与资源配置的大背景下，基于信息化时代特征提升人才培养质量的重要途径，是深入推进产教融合、校政企合作育人的有效手段。华中师范大学将在前期对高校创新创业教育的初步探索的基础上，继续秉承“激发学生潜能，促进资源贯通，推进专业教育、教育信息化、思想政治教育与大学生创新创业教育深度融合”的创新创业教育基本理念，进一步加强创新创业教育教学资源建设、抓好创新创业教育“第一课堂”和“第二课堂”管理，以立德树人为根本任务，以推进素质教育为主题，以提高人才培养质量为核心，以创新人才培养机制为重点，以完善条件和政策保障为支撑，切实推进学校大学生创新创业教育综合改革。全面培养大学生创新精神、创新意识，提升学生创新创业能力，助力提升学校人才培养质量，服务国家人才发展战略和区域经济发展，实现学生、学校、行政主管部门及行业企业多方共赢。

（华中师范大学推荐，执笔人：程凯）

# 新工科下创新型软件人才探索

## 一、背景

新疆大学软件学院作为自治区唯一一所示范性软件学院和自治区唯一一个软件工程硕士学位点，承担着服务新疆软件产业和为新疆培养中高级软件人才的重任。软件学院以国家和自治区发展计划和"一带一路"倡议为导向，主动融入新疆软件和信息产业发展战略，针对新疆软件产业创新能力不强、软件人才的数量和质量远远满足不了软件产业的发展要求等问题，面向我区软件产业明确了学科定位和发展目标：围绕大型软件开发过程中的工程方法、关键技术和相关工具，面向中西亚多语种应用软件开发和服务，培养能够从事软件开发、测试、维护和软件项目管理的高水平、国际化、创新型软件人才，引领新疆软件业和多语种软件外包服务领域的科技创新和产业发展；充分发挥高校的人才、教育和科研优势，为我区搭建科技创新和成果转化平台，以技术创新推进区域软件产业发展，积极主动为新疆软件产业和信息服务提供智力支持。

依托区内近2000家规模以上企业，背靠周边中亚国家庞大的市场，新疆软件产业面临难得的发展机遇。软件学院主动服务地方经济发展，始终坚持"以服务求支持，以贡献求发展"的思路，充分利用自治区与教育部共建高校、"211工程"建设高校、"双一流"建设高校、中西部高校综合能力提升计划、自治区产学研联合培养研究生示范基地、清华大学对口支援等契机和学院自身优势，积极主动地为新疆软件和信息产业服务，为地方社会经济可持续发展、构建和谐社会发挥积极作用。目前，软件学院已成为新疆地区软件和信息产业发展急需的软件开发高端人才培养基地，对新疆地区的经济建设和社会发展起到了积极的推动作用。

作为一个纯工科类的学院，学院一直推崇"一样的学历，不一样的能力"的学生培养理念，注重学生实践能力的培养，以培养出高层次、高素质复合型人才为己任。在学院的发展历程中，不断结合信息技术发展情况和市场人才需求，调整专业课程安排，拟设立大数据、云计算等方向。此外，学院采取"3+1"的本科生培养模式，使得学生所学知识可以最大化满足市场要求，这也为软件学院学生有更好就业机会提供了强有力的保障。

软件工程人才培养目标是面向自治区国民经济信息化建设和发展、企事业单位对软件工程技术人才的需求，培养中高层次、高素质、高竞争力的复合型软件实用人才以及国际化软件工程技术和软件工程管理人才。学院培养出的人才掌握本学科坚实的理论基础和系统的专业知识，具有严谨求实的科学作风、创新精神和良好的职业道德，具备从事科学研究和独立担负专门技术任务的能力以及掌握并熟练运用先进的软件工程方法、技术和工具从事软件分析、设计、开发、维护等工作的能力。

## 二、主要做法

采取"一核心、两贯穿、三融合、四平台"的本科生培养体系。

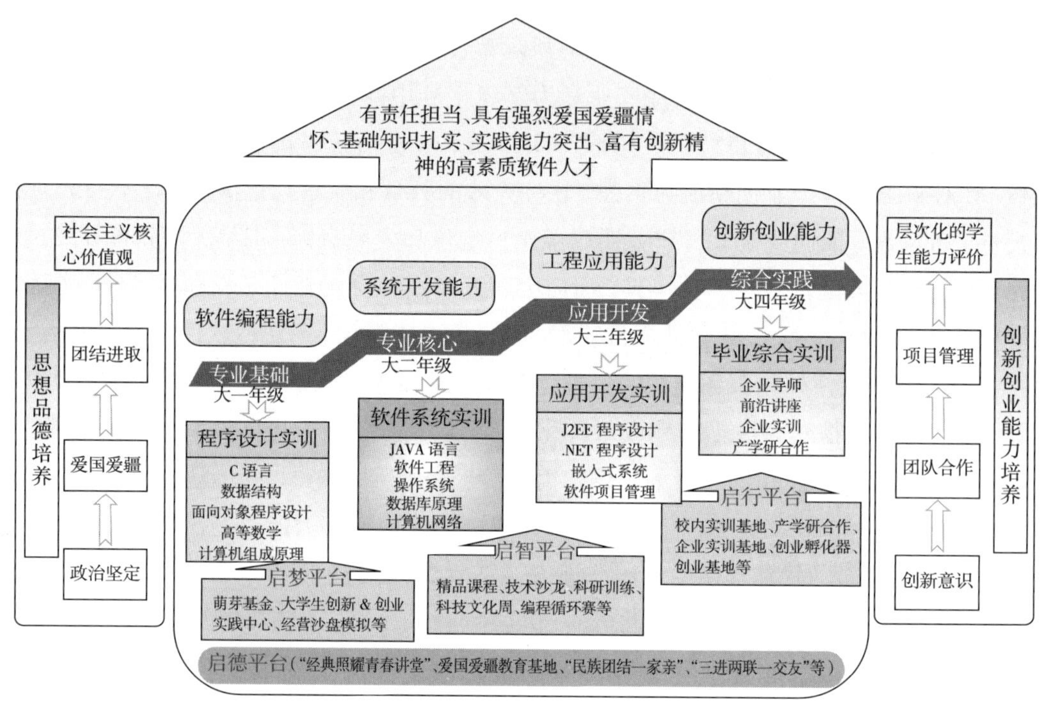


图1　本科生培养体系

在本科生培养体系中，打造四个平台，分别是"启德平台、启梦平台、启智平台、启行平台"；三个融合，即将"专业能力培养、思想品德培养、创新创业能力培养"融合在一起；两个贯穿，即将"理论教学与实践教学贯穿于整个本科生培养环节"；一个核心，即以"培养有责任担当、具有强烈爱国爱疆情怀、基础知识扎实、实践能力突出、富有创新精神的高素质软件人才"为核心。

学院采取"3+1"的培养模式，即三年校内学习、一年企业实习的本科生培养办法，最后一年的实习使得学生更好地与社会需求接轨，为学生更好地就业提供了保障，也使得软件学院的学生变得炙手可热，受到用人单位的一致好评。此外，每学期末都会有为期两周的"小学期项目实训"，要求学生将本学期学习的内容结合社会需求或项目案例，开发出一款基本满足功能要求、可以使用的系统。

### （一）科研教师积极投身教学改革

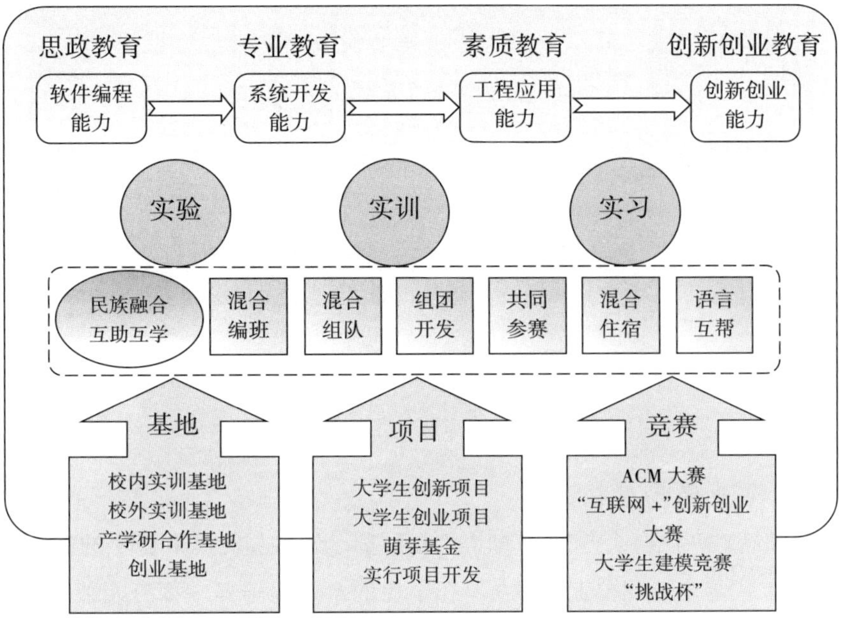

图 2 三大环节、四阶教育、六步举措

学院教师在完成本科生教学工作与科研工作的同时，积极投身到本科生教学改革中。作为软件学院最大的特色，创新创业也是教师们投入精力最多的方面，大家以“新工科下软件工程本科生创新创业能力培养”为方向开展了众多研究与构想，也对实际培养过程提出了很多行之有效的措施。此外，学院还设立专人负责本科生创新创业及科技竞赛工作，要求每个团队必须有指导教师，并且指导教师平时需要与团队保持沟通，赛事期间需要给与指导、共同参赛，赛事结束后学院会对获奖团队及指导教师予以表彰。

### （二）搭建“大学生创新 & 创业实践中心”平台

2011 年成立大学生创新 & 创业实践中心，该中心可容纳 20 支大学生创新团队约 80 人，截至目前已孵化大学生创新团队 120 支左右，其中 8 支大学生团队转化为大学生新创企业，每年创造利润 1000 万元以上，并且连年攀升。

该中心实行学生社团管理学生的理念，成立大学生科技创新创业协会，从考勤、纪律、卫生三个方面管理实践中心。成立专家小组，由学院实践开发能力强、项目经验丰富的教师担任组长，定期对团队进行项目进度考核。该中心实行“滚动制”，采取优胜劣汰的方法使资源得到最大化利用。

图 3 大学生创新 & 创业实践中心

（三）利用专业优势对接资源

学院成立独特的"校企合作协同育人"办公室，设专人负责本科生的实习与就业，以"横向课题"等方式与企业建立紧密联系，在学生的全过程培养中都有企业的参与，学院与疆内信息龙头企业签订产学研战略合作协议，与知名企业签订实习培养基地框架。

（四）以项目为驱动，促进学生创新创业

每学期为期两周的小学期项目、学生的自主创新项目、大学生创新创业训练项目等都很好地带动了学生创建项目的积极性，很多学生都是从这些项目中不断进步成长起来的。

此外，学院还定期举办优秀经验分享讲座、优秀创新团队的分享讲座、学生成立企业后的优秀毕业生返校演讲、指导教师的经验分享讲座。这些使得刚成立团队的学生在最短的时间里获得了宝贵的经验，少走很多弯路。同时，学院也会邀请企业的工程师进校园做经验分享。

（五）打造"明星团队、企业"

1. 推送梯度赛事

向不同年级、不同水平的创新团队推荐不同规格的比赛，通过参赛提升团队的整体水平，进一步提高大学生的参赛积极性和做项目的自信心。

2. 阶梯培养，防止断层

不断发掘培养新的团队，吸纳新的血液，根据各类考核情况，优胜劣汰动态浮动，实现标准化管理。

3. 成果选拔

从参与"挑战杯""互联网 +"等相关创新创业比赛取得的成绩，获得软件著作权情况，团队人员成绩、技术水平等方面综合考量。

4. 项目选拔

根据项目答辩情况了解项目的情况，查看项目进度和项目的创新性、可实施性等。

5. 宣传扶持

学院制作宣传专栏介绍优秀企业、团队详情，并给予相关帮助，以便团队转化为企业，帮助企业度过发展前期。

## 三、实践成效

### （一）获得“自治区高等教育教学成果奖”一等奖，在理论上创新培养模式和管理办法

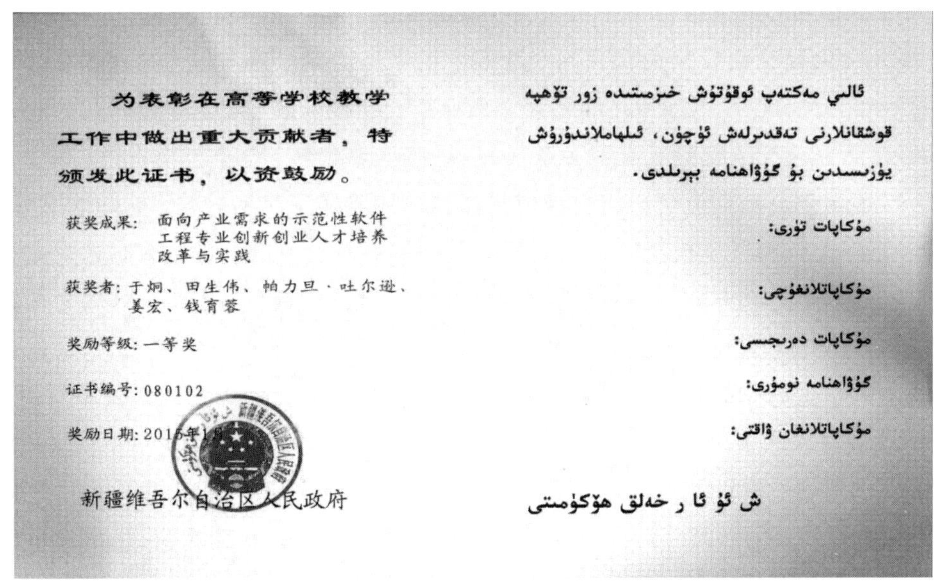

为表彰在高等学校教学工作中做出重大贡献者，特颁发此证书，以资鼓励。

获奖成果：面向产业需求的示范性软件工程专业创新创业人才培养改革与实践

获奖者：于炯、田生伟、帕力旦·吐尔逊、姜宏、钱育蓉

奖励等级：一等奖

证书编号：080102

奖励日期：2015年1

新疆维吾尔自治区人民政府

ئالىي مەكتەپ ئوقۇتۇش خىزمىتىدە زور تۆھپە قوشقانلارنى تەقدىرلەش ئۈچۈن، ئىلھاملاندۇرۇش يۈزىسىدىن بۇ گۇۋاھنامە بېرىلدى.

مۇكاپات تۈرى:

مۇكاپاتلانغۇچى:

مۇكاپات دەرىجىسى:

گۇۋاھنامە نومۇرى:

مۇكاپاتلانغان ۋاقتى:

ش ئۇ ئا ر خەلق ھۆكۈمىتى

图 4　自治区高等教育教学成果奖

### （二）教师获得教改项目立项，践行创新成果

| 序号 | 项目编号 | 项目名称 | 主持人 | 项目类型 | 起止时间 |
|---|---|---|---|---|---|
| 1 | 201702001023 | 新工科下面向大数据、云开发的软件工程创新与发展 | 汪烈军 | 教育部协同育人项目 | 2017.7-2020.12 |
| 2 | XJU2015JGZ11 | 协同育人背景下电子信息类创新人才培养模式探索与实践 | 汪烈军 | 校级重点项目 | 2015.12-2018.12 |
| 3 | 201702001028 | 新工科背景下云计算课程改革与教学创新 | 钱育蓉 | 教育部协同育人项目 | 2017.7-2020.12 |
| 4 | XJU2015JGZ10 | “一带一路”战略下应用型多语种软件工程人才培养模式改革 | 钱育蓉 | 校级重点项目 | 2015.12-2018.12 |

图 5　学院教师教改项目

（三）大学生创新＆创业实践中心硕果累累

自实践中心成立以来，在优秀团队成功转化为企业的影响和学院大力扶持下，更多的学生投身创新创业，中心的双创氛围日益浓厚，已累计取得国家级大学生创新创业训练计划项目立项30余项，自治区级、校级立项近40项，获得省部级以上奖项200余项，成功转化企业8家，其中2家已获得双软认证、国家高新技术企业认证，8家企业每年营业收入超过1000万元，并且成连年攀升态势。

（四）学生就业率及薪资水平再上新高

学院本科生连续6年就业率100%，学生大四实习人均工资上升为3000元/月。

## 四、总结评价

高校大学生是社会发展的储备军、是人才的中坚力量。在推进“大众创业、万众创新”的过程中，人们往往更多关注的是大学毕业生。所以，对大学生进行创新创业教育对社会、高校、大学生个人都是具有重大意义的，具体体现在以下几个方面：

第一，大学生创新创业可以将科技成果快速应用到实际生活中去，更好地服务社会，促进当地经济发展。当今社会的在校大学生是一群有头脑有想法的人，加之接受了高校较前沿、较高水平的教育，能力便更为突出。对大学生的创新创业教育，可以为社会培养创新型人才，并有效地实现“产学结合”。大学生是创新创业的主体人群，是社会蓬勃发展的生力军，大学生创业不但能使创业成功率得到提升，更能带动更多的人群参与创业，为社会经济发展注入更多活力。

第二，创新创业教育的实施可以给创客们提供更好的学习平台，帮助他们了解自己项目的优劣、当地政策的导向、社会环境的趋势，以便项目更好地落地实施，提高项目成功率的同时，也为社会提供更多的就业岗位，缓解我国目前社会的就业压力。21世纪以来，我国各个高校都在不断扩大招生规模，应届、往届毕业生逐渐增多，源源不断地涌入人才市场，在这样严峻的就业形势下，大学生毕业面临越来越困难的择业环境，这将给社会带来很多的不安定因素。因此，创新创业教育的实施，能使更多的大学生加入我们的创业创新队伍中来，为当代大学生走出校园后接受挑战提供重要解决办法，同时也能大大缓解社会的就业压力。

第三，创建创新创业教育的加入对高校人才培养方式的改革具有推动作用。目前我国各大高校教育教学模式较为单一，多数还停留在纯粹的知识传授阶段，重点在于学生对知识的积累和记忆，这显然不利于人才的全方位培养。这一现状的改变需要转变教育模式，将部分重心转移到全面培养大学生创新意识及创业能力上，令创新创业教育在教育改革中起到举足轻重的作用。

第四，开展创新创业教育对于提高大学生的核心竞争力和综合素质有着巨大的作用，有利于大学生在创新创业过程中实现自我能力的培养和锻炼。开展创新创业教育已经是一种大学教育的需要，而不是个别人制胜的法宝。社会越来越需要具有突破性的创新意识、创业想法及创新能力的人，而这些通过创业培训可以快速获取。同时大学毕业生通过自主创业，可以把自己的爱好与工作紧密结合，去做自己最喜欢的事，去做一些大胆的尝试，以此实现自我价值。

## 五、反思及建议

面对以上大学生创新创业教育喜忧参半的复杂现状与形势，要想更进一步地深入推广大学生创新创业教育，需要高校、大学生自身、政府及社会各界多元主体共同协调，把握机遇，充分利用和创造资源，营造创新创业的良好氛围，并在实践中结合不同创新创业类型及主体需要，因地制宜、因材施教地打造出个性化的培养方案，增加“个人—学校—企业—产业—社会”的联系密度和合作力度。具体可以从以下几点展开：

### （一）鼓励大家接受且融入创新创业的校园文化，提高大学生的创新创业意识

一个优秀的创新创业文化氛围是提升大学生创新意识和创业能力、产生创新创业成果的外部推动力，可以为创新创业教育的持续发展提供基本保障。具体措施有以下几点：（1）学校可以通过网络和社团等平台宣传政府促进创业的政策与措施，宣传大学生创新创业的优秀案例；（2）开展各种学术沙龙、经验交流活动、主题教育活动，鼓励学生积极参加各类学术讲座和学术报告会，组织学生前往创业基地学习等，调动学生的积极性，拓展学生的视野；（3）设立一套完善的创新创业工作管理制度，比如学分认定、荣誉奖励等；（4）在学生的教育环节上做适当调整，让学生可以在不影响自身学习的情况下，前往企业进行学习。

### （二）完善创新创业教育课程体系建设

（1）借用已有的创新创业教育成功案例，出版适合创新创业工作者的书籍；（2）设立精品双创教育课程。把创新创业相关教育加入我们的教学环节，建立理论与实践相结合、适用性广的创新创业教育课程体系。设计合理的基础理论、案例分析、团队练习等相关课程，使学生提前具备企业管理、团队运营的能力。在课程的建立上要有自己的特色，创新创业类课程要有效加入专业课程，创新创业活动要接入专业实践教育环节。同时，在开设课程的过程中，要充分利用原有的资源，结合本校的实际环境，进行有效的学科工作安排，形成有特色的创新创业课程体系。

### （三）建设创新创业师资队伍

高质量的教师队伍对于创新创业教育的实施有着极大的帮助，一项好的创新创业项目离不开指导老师的帮助和培养，很多学生的想法不符合当下实际，这时需要导师出来帮他们指正，告诉他们怎么样做更容易实现，这时对教师的要求就会非常高，需要成立一支

专门负责学生创新创业的指导教师队伍，并且需要对这批老师进行培训，只有具备了扎实的理论基础，才能更好地指导学生。除此之外，学校可以考虑引入各行各业对创新创业有深入了解的专家、企业家、政府负责人等，打造出一条成熟的、完整的培训流程，更好地服务大学生创新创业。

（四）结合本地特色开展创新创业

创新创业需要土壤，不切实际的想法和难以落地的项目，无论在信心上还是主动性上，对缺乏经验的大学生来说都是致命的打击。因此在引导学生创新创业时，学院应当结合本专业的特点，以服务本地为宗旨，结合本地优质企业资源，将更多可能落地的项目推荐给学生，学生根据推荐方向制订项目计划，一步步落实项目，在实践中反复测试、调整、修改项目方向，使得项目的可行性不断增强。

（新疆大学推荐，执笔人：葛仕杰）

# 坚持“五化”协同，推进“双创”教育

我校围绕创新创业人才培养，与企业、政府形成合力，构建协同育人平台，将创新创业教育纳入人才培养方案，把创新创业教育与专业教育相融合，建成“五化协同”创新创业人才培养教育体系，即双创教育层次化、师资队伍多元化、教学形式灵活化、双创训练多样化、双创竞赛常态化，着力加强大学生创新创业能力培养，取得了较好成效。

## 一、优化人才培养方案，建成“五化协同”的创新创业教育体系

1. 加强课程建设，实现双创教育层次化

把创新创业教育融入人才培养全过程。以知识、能力、素质协调发展为导向，构建了包括通识教育课程、学科教育课程、专业教育课程、实践教育课程等四大课程在内的创新创业教育课程体系。在人才培养方案中设置创新创业教育模块，开设创新创业基础、创新创业实务和专业结合的创新创业选修课，构建贯穿通识课程、学科课程和专业课程相融合、理论与实践相结合、课内与课外相配合的创新创业课程体系，将创新创业教育融入人才培养全过程。一年级开设职业生涯与新生研讨课，侧重双创认知教育；二年级开设创新创业基础课，加强创新创业精神培养；三年级开设创新创业实务课，侧重双创能力培养，引导学生利用所学专业创新创业；四年级以双创实践为主，侧重双创项目训练，选拔优秀项目孵化。同时，学校积极引进慕课等网络课程，优化双创课程体系。为了开展个性化培养，学校针对创新创业知识学习意愿浓厚的学生，重点打造两个实践班级，一是创新创业先锋班，所得学分可置换培养方案中的创新创业课程和实践学分，二是创业实验班，学制2年，授予管理学第二学位。

制定和实施了创新创业培养计划。不断完善创新创业课程学分转换机制，培养学生的创新精神、创新意识，训练学生的创新思维，提升学生的创新创业能力。要求每个专业开设2～3门与专业相结合的创新创业课程和2～3门面向全校学生开放的通选课。

设置创新实践类必修学分，包括科研实践、文体竞赛、创新创业教育、创业实务等环节，共7个学分。通过课内知识和课外活动的有机结合，提高学生的综合实践能力，增强学生的社会责任感。学生参加社会实践调查、社会公益活动、集体活动可认定实践学分。2018年度学校共计开设创新创业类课程29门，共计1988学时，选课学生达19179人次。

2. 壮大教师队伍，实现师资队伍多元化

学校重视师资队伍建设，着力打造一支专兼职结合的创新创业教师队伍。制定了《内蒙古民族大学创新创业导师管理办法》，努力实现双创教师多元化。学校双创教师队伍中除校内教师外，还拥有中关村软件园、中软国际等知名企业的优秀企业家，相关政府部门的政策专家，双创指导培训机构的辅导专家，成功创业的优秀创业者，优秀校友等。在校从事创新创业教育的校内外专兼职导师达 160 名。

加强校内创新创业师资培训，提高教师开展双创教育的能力。2018 年，先后组织教师到北京、浙江、厦门、武汉等地高校进行为期一周的集中培训，共举办 8 期，培训 218 人次。将创新创业教育列入学校师资培训的重要内容，学校每年开展教师培训都安排创新创业教育内容。2018 年 5 月，开展为期两天的创业沙盘教学培训，引入创新创业教育"智慧树"网络课程，并开展网络课程使用师资培训，60 名教师参加培训；2018 年 8 月，组织 29 名创新创业骨干教师到中关村软件园进行双创教学能力提升培训，通过 7 天的培训，教师的教学能力和水平得到了明显提高；承办了自治区高校慕课建设与智慧教学研讨会和 2017、2018 两期全国高校双创实践教学研修班；2018 年校内教师参加省级以上双创培训 42 人次。学校鼓励教学单位和专业课教师开展创新创业，制定了创新创业奖励办法，量化评审体系，将创新创业工作业绩作为教师职称评聘、年度绩效考核的内容，对表现突出的单位和个人予以奖励。每两年召开一次实践教学与创新创业教育表彰大会，表彰在创新创业教育方面表现优秀的教师。2018 年 5 月学校召开表彰会，表彰 2016—2017 年度毕业生就业创业工作先进集体 6 个和先进个人 12 名。

注重发挥校外双创导师的作用，形成双创教育合力。从新生入学就邀请中关村软件园、中软国际等知名企业的双创导师，优秀企业家，校友等给新生上研讨课，为学生规划大学生活，巩固专业思想，进行创新创业教育；邀请校外双创导师讲授创新创业课程，指导学生创新创业项目，为学生创新创业提供咨询，担任创新创业大赛评委，举办创新创业讲座、报告、沙龙；聘请优秀企业家和校友导师参与、组织创新创业训练营、特训营等创新创业实践活动，丰富活动内容，提升活动质量，较好地发挥了校外双创导师的作用。

3. 强化教学管理，做到教学形式灵活化

深化创新创业教育课堂改革。建立"二三四五"课程教学改革模式，即抓住两条主线、实现三个转变、突出四个关键、做到五个坚持。做好课堂教学改革设计，抓住横向主线（教务处、教师发展中心、团委、学生处、网络中心、后勤处六处联动）和纵向主线（学校—学院—教研室），实现三个转变（由以教师为中心到以学生为中心，由演员到导演，由单纯灌输式教学到参与式、互动式教学），抓住四个关键（教学理念培训、教学设计培训、平台使用培训和教学经验交流），做到五个坚持（坚持立德树人，坚持循序渐进、持续创新、逐步深化，坚持以学生为中心、以学生为主导，坚持信息技术应用基础上的混合式教学，坚持将教学改革纳入学校综合改革统筹设计）。

学校重视网络课程建设，制定《内蒙古民族大学网络课程建设标准》，促进了现代信息技术与传统课堂的结合。引进国家级精品在线课程，开展“翻转课堂”教学，实现数字化教学资源与传统课堂、线上与线下的有机整合。适当提升创新创业课程难度，拓展课程深度，淘汰“水课”，打造有高阶性、创新性和挑战度的“金课”。

4. 鼓励学生创新创业，实现双创训练多样化

一是为了鼓励学生创新，学校增设了夏季小学期。实行春、夏、秋三学期制。春季学期为 19 周，夏季学期为 2 周，秋季学期为 19 周，夏季学期与秋季学期相连。其中，夏季学期不安排理论课，主要开展第二课堂、创新创业训练、学术活动、专业及社会实践等专项活动。

二是建立创新创业训练机制。建成大学生科技创新中心、创业孵化苗圃、电商创业基地、机械工程师训练中心、美术学院创新基地等双创平台，由专人负责指导，学生创新创业团队可随时入驻。各大双创平台每周开展创业沙龙之入驻团队项目分享会、创业知识分享会、大学生创新创业训练计划项目分享会、创业导师见面会，每学期组织创新创业种子训练营、特训营。2018 年结合我校 60 周年校庆，开展“双创活动周”系列活动，组织双创讲堂、双创校友对话会、双创大咖讲堂、双创导师论坛、双创学生分享会等活动共 40 余场。

三是开展创新创业培训。学校与通辽市就业创业培训中心共享资源，共同进行 SYB 创业培训，与通辽市就业局联合开展“东云启创”创业培训，在通辽市创新创业中心和通辽市海源世纪职业培训学校挂牌成立“内蒙古民族大学创业培训基地”，免费为毕业生提供创业实训。先后组织学生到北京中关村软件园开展创新创业培训，与北京高校学生开展创新创业交流，体验北京高校学生创新创业氛围。组织学生到浙江省宁海电商园参加 6 个月的电子商务实践实训，培训电子商务创业基本技能，为学校建设电子商务基地打好基础。组织学生到浙江省湖州市开展双创游学活动，学习借鉴发达地区好的创业项目和创业经验。

四是认真组织本科生开展创新创业训练计划项目，引导学生积极参与创新实践。学校实施本科生创新创业训练计划项目“四级立项制”，即国家级、自治区级、校级和院级四级立项。把立项工作作为学院一项重要工作，专人负责，鼓励教师积极参与指导。加强项目管理，保障项目经费，确保取得实效。

5. 营造创新创业文化，做到双创竞赛常态化

积极引导，营造良好的创新创业文化氛围。制定了《内蒙古民族大学学科竞赛管理与奖励办法（修订）》等文件，明确创新创业先进集体、创新创业优秀指导教师评选条件和奖励办法，对参与学生创新创业实践项目指导与创新成果多的集体和个人进行表彰。每年投入 60 万元作为创新创业项目奖励基金，鼓励学生参加各级各类学科竞赛和创新创业大赛，同时对积极参加创新创业活动并取得优异成绩的学生在综合测评和奖学金评定上予以加分。

为做到学以致用，将学生课程学习、实训实践与双创比赛相对接。每年举办“互联网 +”“创青春”“创业之星”“互联网 + 创业沙盘”等比赛。与中关村软件园、中软国际等 7 个专业共建的企业开展“智慧旅游”大赛、“智酷杯”信息技术新工科创新大赛、“青软杯”“互联网 +”创客大赛等比赛，打造“一企一赛”的创新创业拓展实践品牌。

将学生创新创业活动与第二课堂有机结合，鼓励和支持师生积极参加各类学科竞赛和双创竞赛，实现“以赛促创”，打造良好双创竞赛生态。近三年，学生在省级以上创新创业大赛中获二等奖及以上奖励 414 项。

## 二、创新创业教育实效

1. 教学研究取得突破

学校创新创业教育取得了较好的成效，2018 年我校教师获得 5 项自治区级教学成果一等奖，其中我校任军副校长主持完成的“实施‘二三四五’课改工程，构建师生学习共同体，全面提高教学质量”获自治区唯一国家级高等教育教学成果二等奖。2017 年，我校被评为教育部第一批“教育信息化试点优秀单位”。承担自治区创新创业教育研究课题，其中“民族高校校企协同培养学生创新创业能力研究与实践”和“高等学校数字化课程建设研究——以内蒙古民族大学‘大学生就业与创业指导’数字化课程研究为例”荣获优秀课题。积极开展校际交流，任军副校长应邀在第三十四届清华教育信息化论坛、第四届中国教育信息化（教育技术）行业新年论坛、2018 全国高校双创实践教学研修班（第五期）等全国性会议上交流我校创新创业教育经验做法。

2. 学生创新创业实践成效明显

三年来，共有 116 个团队入驻创新创业平台，已成功孵化学生创业团队 18 家。学校现有国家级大学生创新创业训练计划项目 5 项，自治区级大学生创新创业训练计划项目 39 项，校级大学生创新创业训练计划项目 146 项。

3. 学生创新创业竞赛成果喜人

近三年，我校学生在省级以上创新创业大赛中获二等奖及以上奖励 414 项。其中获国际级三等奖 1 项，国家级特等奖 1 项、一等奖 5 项、二等奖 15 项、三等奖 39 项，省级特等奖 10 项、一等奖 91 项、二等奖 252 项。2018 年我校共有 872 个项加各级“互联网 +”大学生创新创业大赛，其中“抗动物大肠杆菌高免卵黄抗体”项目荣获全国比赛铜奖、自治区比赛金奖。

4. 双创教育与实践得到社会认可

学校获评内蒙古自治区首批“大众创业万众创新示范基地”、“自治区‘四众’创业支撑平台”、“内蒙古青年创业孵化器”、内蒙古自治区“众创空间”、全国大学生创新创业实践联盟“创新创业实践教育基地”。连续三年获得自治区创新创业“以奖代补”资金共 900

万元。《中国教育报》、《中国青年报》、《内蒙古日报》、光明网、中教全媒体等新闻媒体对我校创新创业教育成果进行报道。

［本案例为2018年内蒙古自治区高校创新创业教育科学研究课题“‘五位一体’的双创教育体系研究”（项目编号：NMSC18002）、“沙盘在创新创业教学中的应用研究”（项目编号：NMSC18018）和2018年内蒙古民族大学教育教学研究课题“‘创新创业基础’课程教学改革研究”（项目编号：YB2018032）的研究成果。］

（内蒙古民族大学推荐，执笔人：赵金文）

# 中石大－山东京博校企联合毕业设计案例

## 一、背景

中国大学由精英教育转向大众教育，人才市场需求从注重学历文凭转向注重素质能力。在本科培养方案的实践环节中，毕业设计作为最后环节，教学时数最长，是对学生大学四年所学知识的实战训练和综合检验。“卓越工程师教育培养计划”借鉴了世界先进国家高等工程教育的成功经验，通过教育和行业、高校和企业的密切合作，以实际工程为背景，以工程技术能力培养为主线，着力提高学生的工程意识、工程素质和工程实践能力，旨在为国家培养造就一大批创新能力强、适应企业发展需要、具有国际竞争力的优秀工程人才。中国石油大学（华东）化学工程与工艺专业在卓越计划实施过程中，对毕业设计进行了改革探索，与山东京博控股集团有限公司（简称京博控股）共同构建了“以企业需求为导向的实兵演练”模式，实施企为主、校为辅的全过程管理。学生的实践能力、创新能力、创业能力得到很好的锻炼。该模式包括校企合作的管理流程和运行流程。

## 二、主要做法

1.管理流程

（1）组建校企毕业设计管理小组

成立校企毕业设计管理小组是规范校企合作毕业过程、保证毕业设计质量的基础。毕业设计管理小组成员是从学校和企业分别挑选的高素质、技术过硬、职称结构合理的人员。毕业设计管理小组由化学工程系主任、副主任，京博控股人力资源经理、对应车间主任、车间技术员组成，负责毕业设计管理机制、运行机制的制定以及课题审核和答辩。

（2）明确企为主、校为辅的责任分配

明确校企合作毕业设计中学校导师和企业导师的责任分配至关重要。如果责任不明就会产生放任学生不管、过程松懈紊乱、责任相互推诿的情况。毕业过程全程在京博控股完成，采用了企为主、校为辅的责任分配。学校导师负责监控学生的进展，及时组织学生参加学校前中期检查、答辩等工作，指导学生撰写毕业设计。企业导师负责从技术层面全程指导学生完成课题的工作计划制订与研究开发过程，及时了解学生技术上的缺陷，指导和引导学生保质保量完成课题任务。企业导师和学校导师之间保持沟通，及时交流学生的状况，共同寻找解决方案。

（3）建立管理过程和控制文档制度

建立校企合作毕业设计的双导师全过程管理机制，学校导师和企业导师必须在毕业设计启动阶段就进入毕业设计环节。企业导师负责学生日常设计工作的管理，学校导师负责学生每周项目绩效的管理和答疑，毕业设计管理小组负责进口和出口的管控。

学校通过相关的控制文档实现毕业设计全过程管理的规范性、可定义性、复用性。控制文档不仅可以记录跟踪学生的工作进展，为导师的分析评估提供依据，同时也是约束校企导师和学生的有效工具。校企合作毕业设计课题的“学生每周项目进展汇报”“学校导师网上指导工作日志”“校企导师、学生三方交流记录”等控制文档对毕业设计进行全方位的记录、跟踪和管理。

京博控股通过确立激励机制，确保了课题快速、高效完成。为肯定学生们的优异表现，经过集中答辩、结题考核等环节，京博控股设立：一等奖 1 名，奖金 3000 元；二等奖 2 名，奖金 2000 元；三等奖 3 名，奖金 1000 元；优秀奖若干名，给予生活补贴或奖品。

2. 运行流程

以项目管理的方式来管理校企合作毕业设计，将整个毕业设计阶段划分为启动、计划、执行和验收 4 个阶段，对每个阶段的工作流程、内容和标准进行明确的定义。

（1）启动阶段

启动阶段的主要目的是完成学生、企业导师和学校导师三方的双向选择，该过程的重点是保证企业导师的课题质量和三方双向选择的主动性、合理性。包含如下工作：

①企业在前一学期提供充足的毕业设计课题及相应课题的企业指导教师，并附课题介绍，说明课题类型、内容和具体要求。

②毕业设计管理小组组织审题，修改或取消不符合要求的课题。

③通过审核的课题向学生公布，供学生选题。

④学生在校内导师的指导下完成题目初选，与企业导师沟通交流后，完成双向选题过程。

⑤选题汇总上报毕业设计管理小组。

2016 年度，京博控股提供 40 余项课题（见表 1），经过审核，合格课题 25 项，共有 19 名同学选定 19 项课题，均为独立完成。

**表 1　毕业设计课题**

| 序号 | 题　目 | 校内指导教师 | 企业指导教师 |
|---|---|---|---|
| 1 | 京博石化第一气分装置热源优化 | 丁传芹 | 周明占 |
| 2 | FCC 汽油中高沸点馏分抽提脱硫工艺能耗分析及优化 | 宁汇 | 陈立江 |
| 3 | FCC 汽油中高沸点馏分萃取脱硫工艺的模拟计算 | 宁汇 | 陈立江 |

续表

| 序号 | 题 目 | 校内指导教师 | 企业指导教师 |
|---|---|---|---|
| 4 | 京博石化 MTBE 工段工艺优化研究 | 李军 | 陈光 |
| 5 | 京博石化第二气分装置改造设计 | 赫佩军 | 王凯 |
| 6 | 吸收稳定系统的模拟及运行分析 | 张海鹏 | 张成富 |
| 7 | 吸收稳定系统的操作状态分析及优化 | 张海鹏 | 张成富 |
| 8 | 京博石化催化装置吸收稳定系统技术优化 | 丁传芹 | 马庆鲁 |
| 9 | 160 万吨/年催化分馏系统的模拟及优化 | 郭晓艳 | 马庆鲁 |
| 10 | 4 万吨/年干气制乙苯装置的模拟优化和能耗分析 | 郭晓艳 | 时圣明 |
| 11 | 催化裂化提升管反应器中油气分离构件优化(旋风分离器) | 王振波 | 刘柏胜 |
| 12 | 重点耗能设备的运行效率提高方案 | 王振波 | 马增光 |
| 13 | 加热炉热损失统计及分析 | 王建军 | 周英正 |
| 14 | 蒸汽系统节能优化措施 | 赵延灵 | 晋振东 |
| 15 | 调节阀发生气蚀的原因及预防对策 | 郝木明 | 郑文华 |
| 16 | 装置短节检测检查及改进方案 | 徐书根 | 赵津 |
| 17 | 混合烷烃脱氢装置脱氢产物压缩机 K301 超电流分析及对策 | 王君 | 刘恒彬 |
| 18 | 反应器入口法兰泄漏问题的解决 | 刘国荣 | 欧阳光举 |
| 19 | 机电仪设备故障分类统计及分析 | 赵东亚 | 李朋 |

(2)计划阶段

计划阶段的主要目的是学校导师制订过程监管计划，企业导师制订项目指导计划，学生完成课题的工作计划。指导教师与学生的计划经过三方认可后成为整个执行阶段的基准，是毕业设计管理过程的主要依据。

(3)执行阶段

执行阶段是实现管理计划和项目计划的过程，是学生完成课题方案、课题研究或设计并撰写论文的过程。整个过程中企业导师要给学生有效指导，培养学生的工程意识、协作精神以及综合应用所学知识解决实际问题的能力。每周校内导师与学生进行多种方式的交流，按照全过程管理的要求完成开题、中期检查与论文撰写，填写相应文档和过程控制文档。

(4)验收阶段

验收阶段包括两部分工作：答辩和总结。

校企毕业设计管理小组负责毕业设计答辩的组织和管理工作，包括论文答辩资格审查、答辩小组安排、指定评阅教师及成绩评定。

总结由校内导师和学生共同完成。不仅要归纳总结成功的经验、做法和成果，更要重视分析不足和缺陷。

## 三、实践成效

“以企业需求为导向的实兵演练”模式的校企合作毕业设计，取得了 3 个方面经验，具体如下：

（1）在学校导师和企业导师的共同指导下，学生的解决问题能力和沟通能力得到了很大的提高，独立工作的能力得到了锻炼。经历了校企毕业设计的过程，学生对择业和就业有了新的认识和定位，对未来充满了信心。

参与本次毕设的两名学生顺利签约京博控股，成为正式员工。获得企业二等奖的沈博同学顺利签约青岛炼化，他认为在企业完成毕设让他比同期毕业生更快地适应现场环境、了解生产流程、熟悉设备管线、找准学习方向、融入班组生活，2019 年他在全厂大检修中身兼设备鉴定组、定扭矩组、宣传组三个小组的检修职务，全程参与了塔、罐、反应器、再生器等设备的内部检修及维护工作，推进了“四合一炉烟气余热回收项目”等多处技改技措施工工作，获得了检修“三等功”和“优秀青年突击手”称号。获得一等奖的祝伟康同学当年保送天津大学攻读硕士研究生，之后因表现优秀取得硕博连读资格，2019 年 5 月获得“天津大学博士生海外访学计划”资助，赴滑铁卢大学交流，他说：“在京博进行毕设，将课堂所学知识转化为实际应用，这种技能的获得，对于研究生阶段快速熟悉仪器设备、开展实验工作具有较大帮助；如何与人交流，如何独立发现问题、面对问题、解决问题，如何自主地联系和配置各种资源，在企业面临的这些问题为在实验室中独立自主地开展科研任务打下了心理基础。”

（2）校内教师通过与企业导师的合作，对行业和产业的实际需求有了进一步的了解，对理论技术与产品生产的转化有了进一步的认识；近 14 位教师接受聘书（表 2），成为京博过程工程技术应用中心特聘专家，6 位企业技术人员受聘为学校兼职教师（表 3）；校企导师间的合作也并带动了其他教师与企业的科研合作，2017 年校企合作开发项目金额超过 700 万元（表 4）。

**表 2　企业特聘专家名单**

| 姓名 | 性别 | 一级学科 | 二级学科 | 最高学位 | 专业技术职务 |
|---|---|---|---|---|---|
| 柴永明 | 男 | 化学工程与技术 | 工业催化 | 博士 | 副教授 |
| 陈金庆 | 男 | 化学工程与技术 | 化学工程 | 博士 | 副教授 |
| 王振波 | 男 | 动力工程与工程热物理 | 化工装备 | 博士 | 教授 |
| 侯影飞 | 男 | 化学工程与技术 | 化学工程 | 博士 | 教授 |

续表

| 姓名 | 性别 | 一级学科 | 二级学科 | 最高学位 | 专业技术职务 |
|---|---|---|---|---|---|
| 李传 | 男 | 化学工程与技术 | 应用化学 | 博士 | 副教授 |
| 刘晨光 | 男 | 化学工程与技术 | 工业催化 | 博士 | 教授 |
| 刘熠斌 | 男 | 化学工程与技术 | 化学工艺 | 博士 | 副教授 |
| 孙兰义 | 男 | 化学工程与技术 | 化学工程 | 博士 | 教授 |
| 杨朝合 | 男 | 化学工程与技术 | 化学工艺 | 博士 | 教授 |
| 陈小博 | 男 | 化学工程与技术 | 化学工艺 | 博士 | 副教授 |
| 牛青山 | 男 | 化学工程与技术 | 化学工程 | 博士 | 教授级高工 |
| 于英民 | 男 | 化学工程与技术 | 化学工艺 | 博士 | 副教授 |
| 李军 | 男 | 化学工程与技术 | 化学工程 | 博士 | 副教授 |
| 张海鹏 | 男 | 化学工程与技术 | 工业催化 | 博士 | 副教授 |

**表 3　校聘兼职教师名单**

| 姓名 | 性别 | 一级学科 | 二级学科 | 最高学位 | 专业技术职务 |
|---|---|---|---|---|---|
| 张建林 | 男 | 化学工程与技术 | 化学工程 | 硕士 | 高工 |
| 牟庆平 | 男 | 化学工程与技术 | 工业催化 | 硕士 | 高工 |
| 吴志红 | 女 | 化学工程与技术 | 化学工艺 | 硕士 | 高工 |
| 吴文雷 | 男 | 化学工程与技术 | 化学工程 | 硕士 | 高工 |
| 杨得霞 | 女 | 化学工程与技术 | 应用化学 | 学士 | 高工 |
| 史庆苓 | 男 | 化学工程与技术 | 化学工程 | 学士 | 教授级高工 |

**表 4　2017 年合作研发项目**

| 序号 | 项目名称 | 合同金额（万元） |
|---|---|---|
| 1 | 富芳馏分（LCO 和富芳直柴）定向转化生产芳烃和烯烃技术开发 | 200 |
| 2 | 催化裂化油浆理性高附加值资源化利用成套工艺技术开发 | 105 |
| 3 | 液化气零碱排放超深度转化脱硫成套工艺技术开发 | 150 |
| 4 | 低附加值轻烃资源的高效加氢转化成套工艺技术开发 | 123 |
| 5 | 钛硅分子筛催化剂的制备与烯烃环氧化工艺技术开发 | 102 |
| 6 | 重芳烃生产高附加值芳烃溶剂油及偏三甲苯工艺技术开发 | 60 |

（3）毕业设计的质量有了很大的提高。健全的管理和运行机制对信息收集、随机评估、信息反馈、及时调控准确定位。毕业设计的过程规范、学生的设计作品更符合生产需

求，毕业设计的质量和价值也有了实质性提高。

近 4 年化学工程与工艺专业加强毕业设计选题与企业工程实际的联系，选题情况见图 1，工程实践类选题在毕设课题中占比均在 90% 以上，2018 届达到 100%，充分体现了专业重视学生工程意识的培养，通过毕业设计提高学生解决工程实践问题的能力。

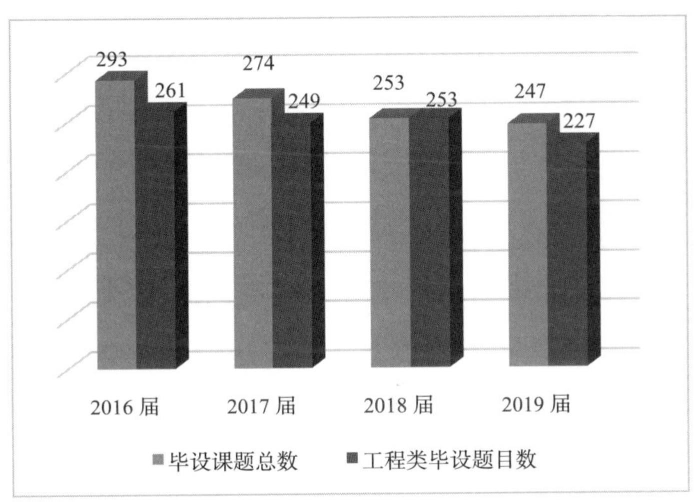


图 1　近 4 年工程类毕设题目与毕设课题总数情况

## 四、总结评价

对参与本模式的毕业生进行追踪调查，结果表明：继续攻读研究生的学生普遍工程意识较强，对科研课题理解较全面，受到研究生导师的好评；进入炼化企业工作的学生，入厂培训表现突出，进入车间一线上手快，有理论基础，可参与一定技术开发研究工作，发展势头优于同期毕业生。表明本模式对化工专业工程人才培养具有积极的推动作用。

“以企业需求为导向的实兵演练”模式的校企合作毕业设计，可实施性强，毕设课题与企业生产实际结合紧密，实现了理论与实践无缝衔接，对企业和学校都是非常好的合作形式，有利于学生专业素质的培养。

［中国石油大学（华东）推荐，执笔人：侯影飞、丁传芹、刘会娥］

# 第二部分

# 应用型高校

# 对接产业　集群专业　创建产教融合试验区　培养应用型创新人才

## 一、背景

应用型本科院校是我国高等教育体系的重要组成部分，其办学使命是培养高素质的应用型人才，服务经济社会发展。应用型人才的本质是“学以致用”，其培养的根本途径是“产学相融”。淮阴工学院作为地方应用型本科院校，办学60年来始终坚持服务区域发展不动摇，走政产学研合作之路，经历了校企联合办班（2004—2007）、校企合作办学（2007—2010）、多元协同共建（2010—）等阶段。校“十二五”规划明确提出构建产教融合试验区的改革举措，主动对接区域产业需求，进行专业集群再造，组建了中兴学院、台商学院、农垦学院、淮商学院等具有明确企业需求导向的专业集群学院，并以翔宇学院作为创新创业公共载体，着力培养高素质应用型创新人才。

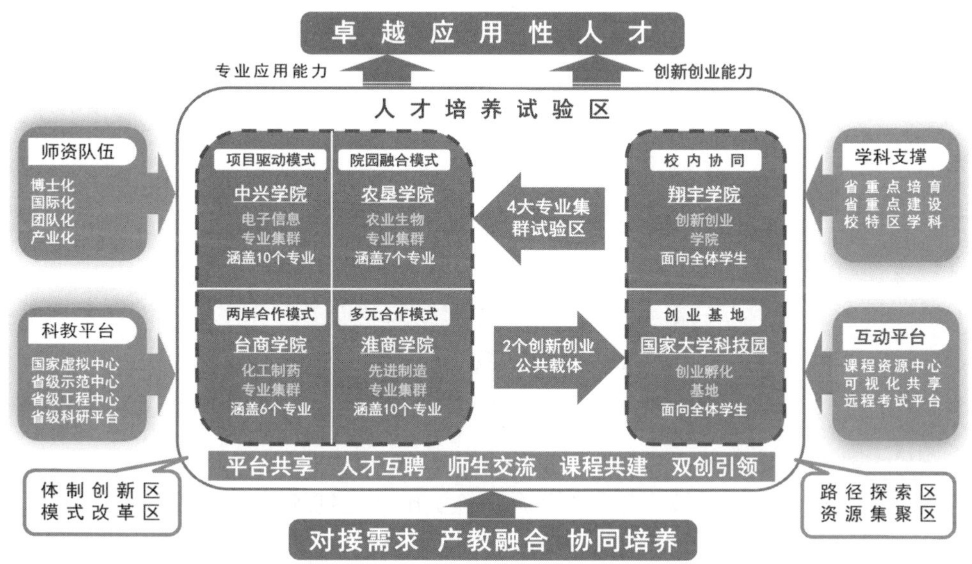


图1　产教融合人才培养试验区

## 二、主要做法

### （一）创新组织载体，建立五大学院

推进机制创新，完善政产学研合作模式，协同共建以五大学院为主体的产教融合试

验区。

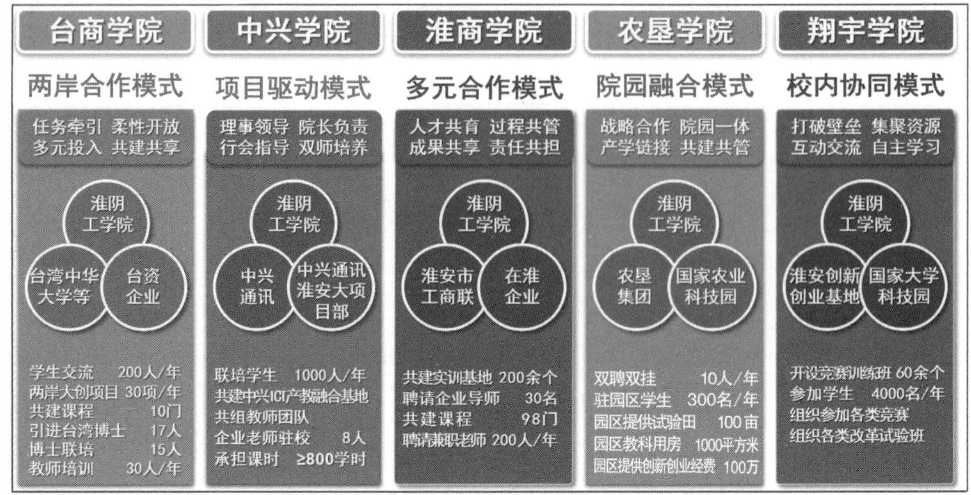


图 2　五大学院运行机制

台商学院采用两岸合作模式，与台湾中华大学等高校以及台企共建人才培训基地、两岸青年创业孵化基地，每年派出 200 名学生、30 名教师赴台湾高校学习交流和培训，为台资企业培训员工超过 2 万人次。台商学院获批国家级“海峡两岸青年就业创业示范点”。

中兴学院采用项目驱动模式，与中兴通讯共建 4G 智慧产业园和教育部 ICT 产教融合基地，实施校企一体化教学，企业派出 8 名技术骨干来校，每年授课 800 学时，联合培养学生 1000 名。中兴学院获批江苏省“高等教育综合改革试点项目”。

淮商学院采用多元合作模式，依托行会资源，聘请企业创业导师 30 名、兼职老师 200 名，共建实习实训基地 200 余个、校企课程 98 门，实现优质资源共享。以淮商学院为载体，学校虚拟仿真实验教学中心获批“国家级虚拟仿真实验教学中心”。

农垦学院采用院园融合模式，每年组织涉农专业 300 名学生进驻淮安国家农业科技园区，园区提供 100 亩试验田、1000 平方米教学科研用房、100 万创新创业经费，促进教学与生产相融合，增强学生农业实践能力。农垦学院支撑了淮安国家农业科技园成为国家一类园区（创新引领区）。

翔宇学院采用校内协同模式，整合资源统筹实施学生创新创业能力强化教育，每年开设竞赛训练班 60 余个，参加学生超过 4000 人，获省级以上竞赛奖人次大幅增加。

### （二）对接产业需求，建设专业集群

对接区域产业集聚需求，突破传统学科专业设置，构建四大特色专业集群，覆盖 33 个本科专业，将创新创业教育融入专业人才培养过程，实施产教融合一体化培养模式。

共同参与。成立了由政府官员、行会专家、企业高管、产业工程师及本校专家组成的人才培养指导委员会，共同确定每个专业集群的目标定位和培养方案。

逐步推进。根据产业需求逐步建立集群内各专业间的有效衔接和融合机制，保证知识、平台与资源共享，最大程度发挥专业集群优势。

动态调整。适应产业结构调整升级需要，不断优化专业群内部结构，建立专业评估及动态调整机制，不断推动专业集群的优化整合。

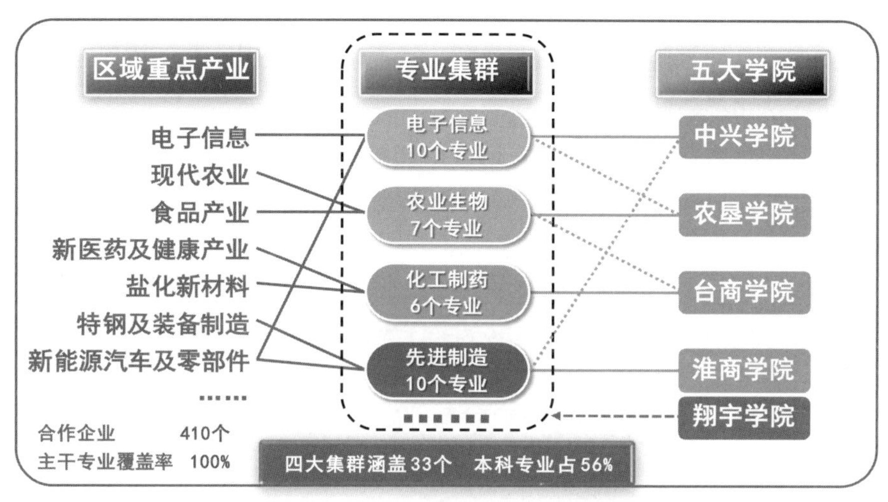


图3　对接产业需求的专业集群

## （三）突破专业壁垒，重构课程体系

突破专业之间的壁垒，强化课程群建设，打造对接产业的98门特色课程和10门境外课程。

专业核心课程群。以专业知识体系为指导，以工程教育理念为核心，以培养服务区域产业发展的人才为目标，构建与岗位能力匹配的核心课程群，其中校企共建专业核心课程21门。

专业模块课程群。根据区域支柱、特色产业岗位群对学生所需专业能力的分析，依托专业集群学院，面向企业招标，推进校企共建，组成若干专业模块，其中校企共建专业模块课程51门。

创新创业课程群。建立以技能训练、工程实践和综合应用为基础的创新创业能力培养课程群，将实践能力、创新能力贯穿于教学全过程，其中校企共建创新创业课程14门。

素质提高课程群。以综合素质拓展为主要内容，突出实效性、实用性，构建涵盖国际视野拓展、管理能力提升、绿色持续发展等内容的素质提高课程群，其中校企共建素质提高课程12门。

## （四）推进“四化工程”，建设双师队伍

坚持引育并举，推进师资队伍博士化、国际化、团队化、双能化，提升双师型教师能力水平。

博士化。拓宽高层次人才引进渠道，推行海外境外人才引进、定制式人才引进、项目合约人才引进等多元模式；加强与海外高校合作，联合培养博士研究生，提高双师型队伍学历层次。

国际化。加大教师出国（境）研修资助力度，推进学校公派和海外校际合作，建立海外境外教师培养基地，拓宽双师型队伍国际化视野。

团队化。引进企业教师和创新创业导师，校企共组教学团队和创新创业指导团队，提升双师型队伍团队化率。

双能化。在不断提高教师教学科研能力的同时，着力丰富教师的企业实践工作经验，健全产业教授评聘机制，鼓励青年教师到企事业单位挂职锻炼，校内认定双师型教师226人。

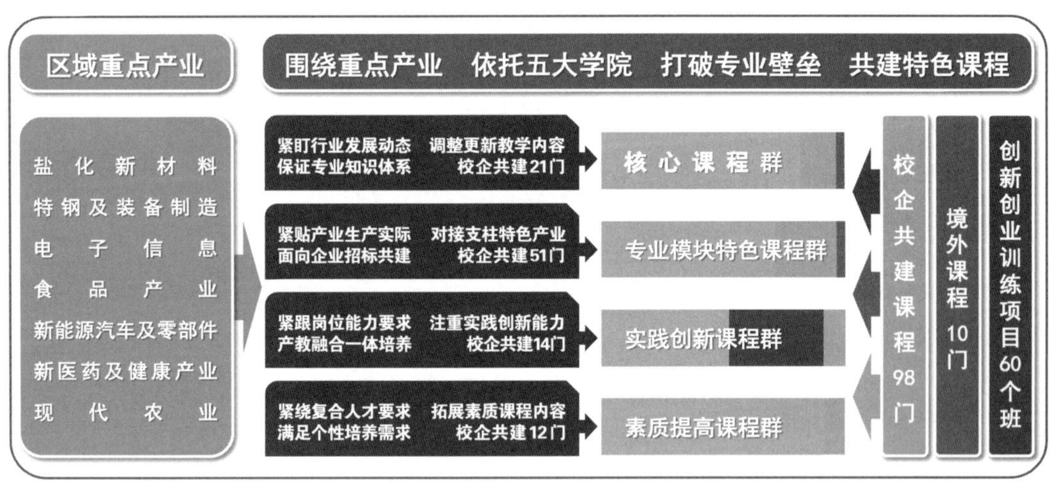


图4　特色课程群

## （五）集聚优质资源，打造共享平台

积极推进校政企所优势资源交叉融合，加强教学科研、创新创业和互动平台建设，实现资源共建共享。

实践平台。与台资企业、中兴通讯等单位合作，共建国家级虚拟仿真实验教学中心、教育部ICT产教融合基地等实践实训教学平台。

科研平台。拓展政产学研战略合作，与安邦集团、上海康德莱公司等企业共建凹土资源利用、介入医疗器械研究等省级重点实验室，主动服务区域产业发展。

双创平台。与地方政府共建淮安市国家级大学科技园，推进工业园、设计园、创业园“三园一体”，开展创业项目培育与孵化，推进创新创业教育。

互动平台。引进优质网络课程，建设在线开放课程，打造可视化互动学习平台，放大优质资源共享效应。

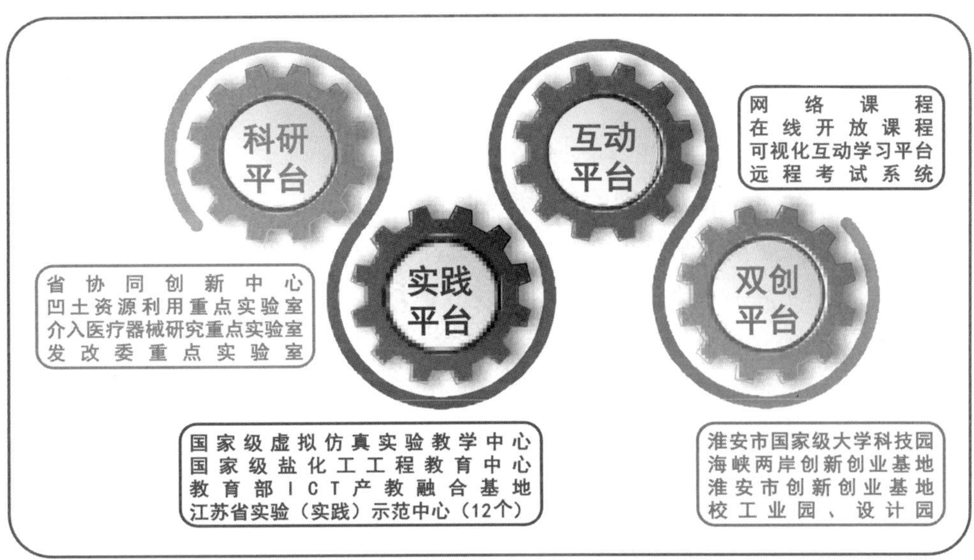


图5 共享平台

## 三、实践成效

### （一）人才培养质量不断提高

近两年，获省级以上创新创业奖励学生达 2300 余人次，获奖数量实现翻番式增长；获批国家级大创项目 50 余项、海峡两岸大创项目 38 项、省级大创项目 240 余项。毕业生就业率始终保持在 96% 以上；研究生考取率达到 20% 以上。我校毕业生成为区域产业企业的“金字招牌”，用人单位普遍反映我校毕业生“用得上、沉得下、留得住”，能独当一面。

### （二）专业内涵水平明显提升

获批国家专业综合改革试点专业 1 个、江苏省品牌专业 3 个；获批国家级“卓越计划”试点专业 8 个。建设校企合作课程 98 门，海外合作课程 10 余门；引进优质在线课程近百门。获批省级精品教材、重点教材 15 部。

### （三）教学平台建设实现突破

获批国家级虚拟仿真实验教学中心 1 个。新增省级实践教学平台 8 个，获批省级虚拟共享平台 1 个。建成可视化教学平台，建设标准化考场 300 余个。

### （四）师资队伍建设成效显著

近两年，引进博士学位教师 120 余人，其中在台湾招聘博士 29 人，博士化率实现翻番。引进外国文教专家 5 人；具有 1 年以上境外研修经历教师增长率为 163.3%。获批江苏特聘教授 1 人；获批省产业教授 4 人。双聘“千人计划”入选者、“长江学者”、“国家杰青”等高层次人才 62 人。

## 四、总结评价

### （一）创新之处

1. 创新基于“需求逻辑”的创新人才培养模式

当前应用型本科院校转型发展的核心问题在于如何突破以“学科逻辑”为主导的人才培养模式。我校以专业集群学院为主体的产教融合试验区，遵循的是“需求逻辑”，即根据产业聚集所产生的实际需求来设立。通过构建一种新型组织，推进学校与政府、高校、企业、科研院所等深度合作，把企业需求引进校园，实施校企一体化教学，形成区域产业发展与人才培养良性互动的利益共同体，从而有效提升人才培养与产业需求的契合度，实现产业链与专业链、课程链的对接。

2. 设置便于“三群对接”的模块化特色课程

以专业群对接产业群，以课程群对接专业群，突出与区域产业对接的工程实践能力与创新创业能力培养，搭建专业与产业对接、课程内容与岗位能力匹配、教学过程与生产过程融合的“平台 + 特色模块”课程体系。依托专业集群学院平台优势，选择“百门课程”面向企业招标，校企共组课程建设团队、共同确定教学内容、共同编写系列教材、共建精品上线课程，企业教师讲授学时不小于 30%。校企共同营造学生实践教学环境，让学生在真实的生产环境中学习，实施“教学做研”一体化教学，实现教学与生产、理论与实践紧密结合，做到知识学习、能力训练、素质培养三位一体贯穿教学全过程。

3. 开辟利于创新创业队伍建设的多元路径

通过实施“引育并举、四化工程”，不断提升师资队伍工程实践能力和教学科研水平。修订人才引进标准，拓宽人才引进渠道，推进海外境外人才引进、定制式人才引进、项目合约人才引进等多元引进模式，双师型队伍的博士化率翻了一番。建立海外境外教师培养基地，选送教师赴台湾中华大学、法国洛林大学等高校攻读博士学位，提升双师型队伍的国际化水平。以产教融合基地和实习基地为纽带，选送教师到企业培训、挂职和实践锻炼，开展产业教授推荐评聘和双师型教师资格认定工作，打造了一批由学校骨干教师和行业企业专家组成的双师双能型教学团队，有力保障了卓越应用人才质量的提升。

### （二）示范效果

交流推广：我校多次在省内外相关会议上就学校产教融合试验区做法做经验交流，李北群校长在省哲学社会科学界第十届学术大会“教育与社会学”专场、苏北发展高层论坛（见图 6）等多场学术活动上做主题报告，介绍学校产教融合试验区成功经验和卓越应用人才培养成效。学校先进经验入选教育部“一带一路”产教融合案例，

图 6　苏北高层论坛学术报告

并在教育部学校规划建设发展中心《产教融合前沿动态》专版发表《推进协同发展　服务区域需求　提升地方应用型大学建设水平》经验介绍文章（见图 8）。近两年来校学习交流的国内外高校达 60 余所，其中包括美国南卡罗来纳大学（见图 7）、英国索伦特大学等国际知名高校以及台湾中华大学、南京理工大学、南京工业大学、南京信息工程大学、盐城工学院、常州工学院、徐州工程学院、蚌埠学院等国内高校。

图 7　南卡罗来纳大学来校交流

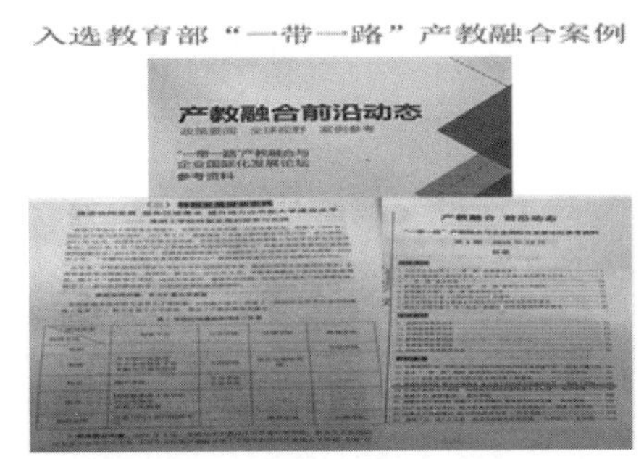
入选教育部“一带一路”产教融合案例

产教融合前沿动态

图 8　教育部《产教融合前沿动态》经验介绍

理论研究：通过对产教融合实践的研究，产出了一批有较大影响的理论成果，在《中国高等教育》《中国高教研究》《江苏高教》《学习时报》等权威刊物发表《产教融合试验区：地方本科高校应用型人才培养的组织创新与实践》、《行业特色型高校共建体制探析》、《用新发展理念引领高等学校发展》（见图 9）等多篇理论研究论文。

04 | 学习时报

用新发展理念引领高等学校发展

图 9 《学习时报》刊载文章

专家评价：中国科学院吴宏鑫院士，中科院兰化所薛群基院士，清华大学金涌院士、朱纪洪教授，南京大学龚放教授、冒荣教授，南开大学张玉利教授，大连理工大学冯林教授，山东大学陈言俊教授，南京师范大学胡建华教授等国内知名专家均对我校高素质应用型创新人才培养给予高度评价。

媒体报道：中央电视台《新闻直播间》以《就业有“位”来，创业就精彩》专题报道我校就业情况（见图 10）；《光明日报》《中国教育报》《新华日报》等刊登《淮阴工学院：校企合作创特色》（见图 11）、《“重新定义”地方高校迈向高水平》（见图 13）、《淮阴工学院：用创新精神培养高素质人才》等多篇文章，报道我校产教融合、协同培养多样化人才的经验与做法。

图 10　中央电视台报道学校就业情况

光明日报

淮阴工学院：校企合作创特色

秦 地

图 11　《光明日报》经验报道

图 12　高教专家咨询会

06高等教育·改革探索

中国教育报

独家访谈

# “重新定义”地方高校迈向高水平

——访淮阴工学院院长李北群

图 13　《中国教育报》经验报道

图 14　南通大学来校交流

图 15　时任国台办主任张志军为台商学院授牌

（淮阴工学院推荐，执笔人：张强华、黄明亮）

# 基于“大创业观”的创新创业教育体系的构建

## 一、背景

现今，国内高校创新创业教育存在着只开设一些课程、开展一些活动训练、组织参加一些竞赛、满足一些学生和集中在校内的“单一”、“无关联”的问题。而国际上，美国斯坦福大学和麻省理工学院、丹麦哥本哈根大学、英国剑桥大学商学院等多所知名院校在创新与创业教育方面有着成熟的经验，但多是将创新教育与创业教育割裂开来，无法满足我国国情需求。因此，我们经过多年的实践探索，提出了用“大创业观”来构建创新创业体系、深化教育改革的思路和方案，具体体现在：“教”要满足新时代中国特色社会主义事业发展对创新创业工作的要求；“育”作为创新创业型人才培养的重要途径；“改”要着重于高校的供给侧结构，突破理念束缚，突破体制机制制约；“革”出新思路、新成果，发挥示范引领性作用。我们将创新创业教育作为高校改革的突破口，尝试在创新创业教育的各方面进行改革，经过长期、大量的实践体验，提出了满足新时代中国特色社会主义事业发展对创新创业工作要求的系统化、完整化、符合时代要求、符合学校特点的创新创业教育体系建设方案。

沈阳工业大学位于国家装备制造业的重要阵地，作为辽宁省人民政府重点建设的研究应用型大学，学校长期紧密结合老工业基地和辽宁的发展推进和完善创新型人才培养的教育改革。在2000年就构建了独具特色的“2+1”人才培养模式——两个相对独立的教学体系（理论教学体系和实践教学体系）和一个素质拓展与创新教育工程。2009年学校把改革的重点放“1”上（即深化素质拓展与创新教育工程），有力地推动了大学生创新实践，但对创新创业体系、内容和实践路径规划不足。2010年开始我校把创新创业确定为人才培养变革的突破口，全力创建创新创业教育体系，力争通过体系的构建实现以下目标：

1. 全面深化创新创业教育体系改革，坚持科学先进、广泛认同、对标区域发展与振兴需要，建设特色鲜明、具有示范引领性“大创业观”的创新创业教育体，形成一批可复制可推广的制度成果和教育方式。

2. 完成“一条主线、两个结合、三类课程、四种能力、五个建设”的“12345”创新创业教育体系的构建及实践路径建设。

3. 实现创新创业教育“面向全体学生，贯穿全过程”，做到专、本、硕、博全覆盖；基本实现让 90% 以上的学生在大学期间至少参加一次创新创业活动，25% ～ 30% 的学生在本科期间至少经过一次系统的创新创业训练。

4. 对标“人民满意的教育”的要求，通过不断提高社会对学校创新创业教育的赞誉度、学生对创新创业教育的满意度，实现对提升学校的核心竞争力和对社会及经济发展的贡献。

## 二、主要做法

### （一）“大创业观”创新创业教育理念的提出

“大创业观”理念诠释：所谓“大创业观”是指创新创业教育应该满足国家发展、社会进步的本质要求；应该结合区域经济建设需要；应该体现办好人民满意的高等教育的渴望；应该体现立德树人的根本任务和学校的办学理念和治学目标；应该以培养学生创新创业精神、提升学生创新创业素质和能力为导向；应该把“企业家精神”“工匠精神”的塑造和养成贯穿教育始终；应该注重实践，注重与社会企业密切结合；应该调动多方力量，整合多方资源，形成“全员创新创业教育”合力；应该形成协同育人、协同创新、协同实施的工作格局。

### （二）“大创业观”创新创业教育体系构建思路

深化“四个融合”的理念，为创新创业体系构建提供理论基石。

1. 深度融合人才培养方案

创新创业教育体系的构建与学校的办学理念、培育目标、培养方向是密不可分的。学校在修订 2011、2016 版培养方案和教学计划时都增加了创新创业教育及实践的内容要求。设置创新创业必修课程 4 学分，选修开放式交叉课程 4 学分，自主完成创新实践 2 学分。制定了学分积累、学分认定置换办法。参加创新创业项目及科学研究等活动可以置换交叉课程和创新实践学分。已结题的创新创业项目可认定为毕业设计内容等。

2. 深度融合专业教育

创新创业教育体系的构建既强调独立开设课程，更为重要的是将创新创业教育融入专业培养之中，形成“专业 + 创业”的教育结构。各个专业的教学计划都按照培养目标的要求开设了 5 ～ 8 门创新创业课程，每门专业课的大纲均要求纳入与本专业课相关联的创新创业理念教授内容，特别要求专业教师将学术前沿的新理论、新技术、新成果转化为教学资源落实在课程教学大纲之中。

3. 深度融合实践教育

创新创业教育应注重理论与实践的结合，在创新创业实践、实习、竞赛、训练等环节上下功夫，多渠道拓展实践手段。学校把创新创业活动纳入培养环节，要求每个学院制订一个学生创新创业活动规划，每个学院建立一个创新创业实验室，每个学院组织一项主题创新创业竞赛，每名学生参加一个创新创业类社团，实现了创新创业实践全覆盖。

4. 深度融合企业、行业和社会

高校创新创业教育需要用“大创业”的观点谋篇布局，深度整合企业、行业和社会，与校友等力量联手合作。基于在机制体制上的创新，学校与辽宁省教育厅大学生就业局联合组建了“辽宁省创业研究院”，这是国内首个教育主管部门与高校共建的创业研究机构。

（三）基于“大创业观”构建的创新创业教育培养体系

构建了“12345”创新创业培养体系，具体内容为：

1. 以学生创新创业能力提升为目标；

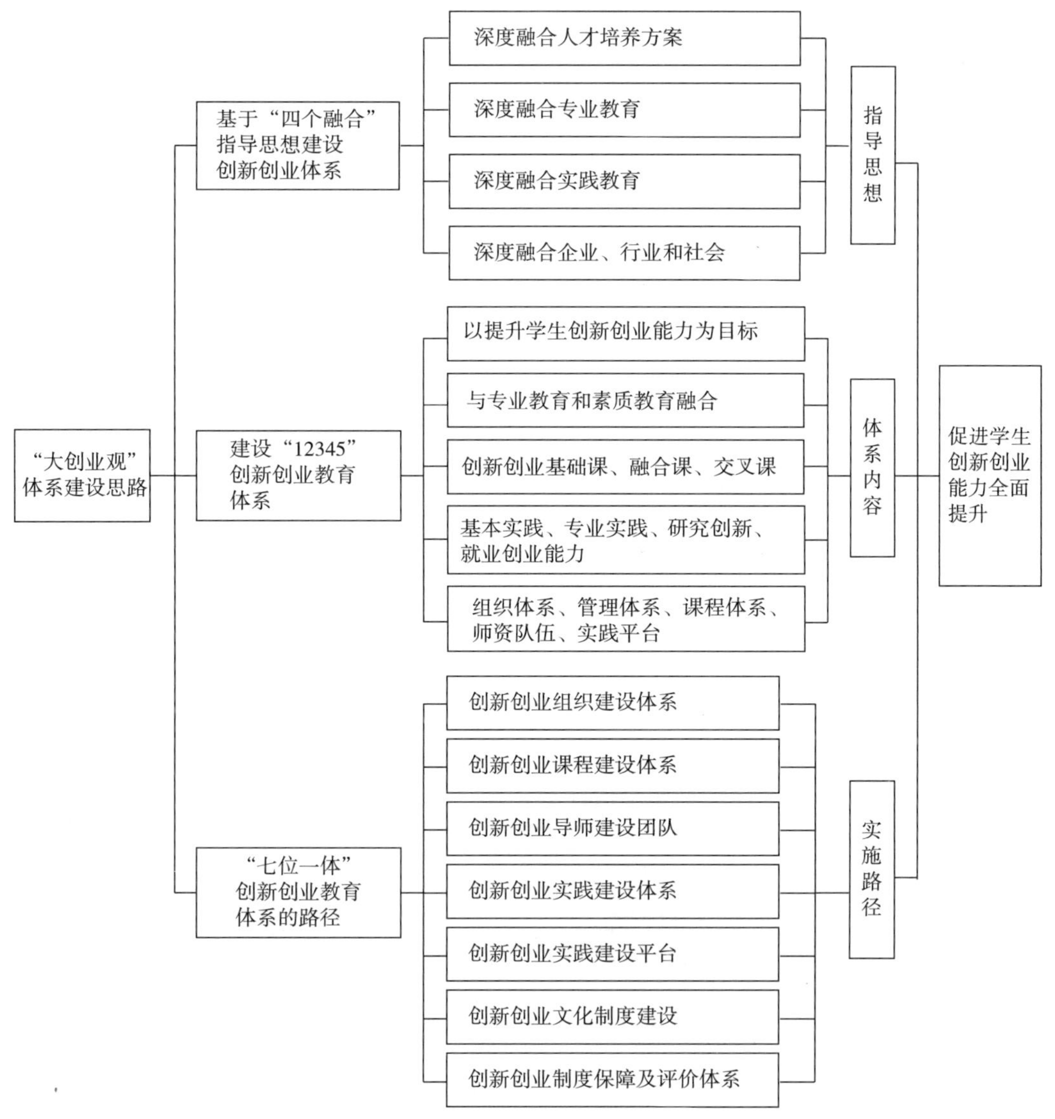


图1 “大创业观”体系建设思路

2. 以创新创业教育与专业教育、素质教育融合为主线；

3. 以创新创业基础课、创新创业专创融合课、创新创业交叉课等建设为基础；

4. 以培养学生基本实践能力、专业实践能力、研究创新能力、就业创业能力等能力为向导；

5. 以强化创新创业课程建设、组织建设、管理建设、师资团队、实践载体等五方面为载体。

（四）“大创业观”创新创业教育体系实施路径

1. 健全多层次直线式创新创业工作组织体系

成立了校级工作领导小组对创新创业工作进行统筹规划。设立由相关职能部门组成的创新创业工作委员会，各部门协同推进创新创业工作各环节。成立了创新创业工作专门机构：创新创业学院。设立了创新创业教育教研室。各学院成立创新创业分会，负责创新创业工作的具体实施。成立创新创业专家委员会、教育教学委员会，负责学校创新创业教育的评价。

2. 创建与专业教育相结合的创新创业课程体系

在课程改革过程中注重与专业相结合，建设了创新创业基础课、专业融合课、开放交叉课“三段式”创新创业课程体系。按学生特点将创新创业教育分为三个阶段，贯穿四年，逐步提升。图 2 为创新创业课程体系构成。

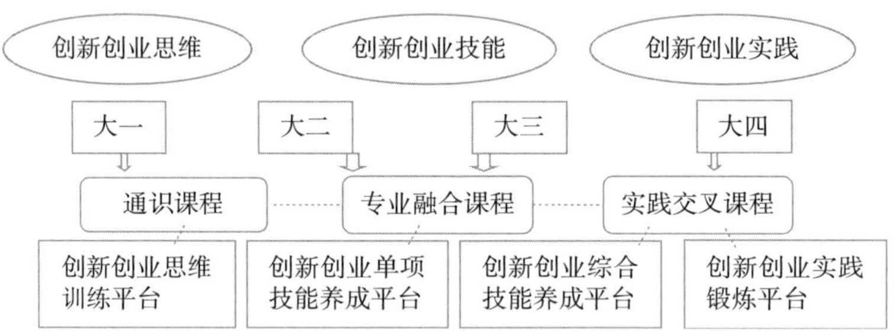


图 2　创新创业课程体系构成

3. 建设校内外结合的数百人创新创业教师队伍

建设了基础课教师、导师、专家智库三个层次的师资团队。师资团队在学生创新创业各阶段给予指导。图 3 是创新创业师资体系构成。

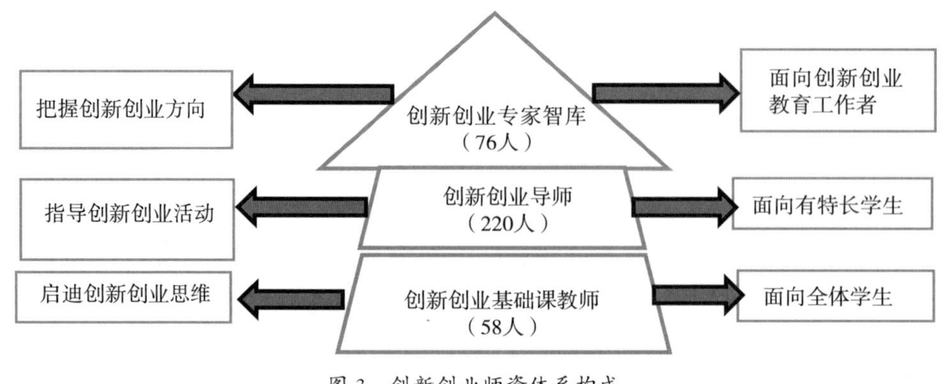


图 3　创新创业师资体系构成

4. 实施三层递进式创新创业实践体系

形成了以启迪学生意识的创新创业活动为基础、以重视学生创新创业训练的项目为奠基、以提升能力的创新创业竞赛为拔高的三层递进的创新创业实践体系。实现了33%的学生在校期间经历过创新创业实践的高比例成果（对比国外创业教育处于先进水平的发达国家，如丹麦等的30%）。图4是创新创业实践体系构成。

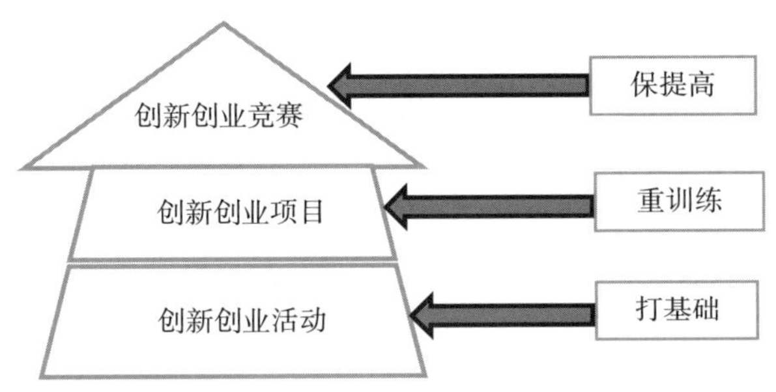


图4　创新创业实践体系构成

5. 实施“1+5+X”示范性创新创业实践平台建设

坚持专业实习基地、社会实践基地、创新创业基地一体化建设，以“1+5+X”模式建设了沈阳工业大学大学生创新创业基地。其中，“1”为1万平方米，“5”为4个一流学科创新创业基地与1个公共管理服务平台，“X”为在校外建设的与专业紧密结合的企业创新创业基地（目前已经建设了112个，其中2个获评“辽宁省大学生校外实践教育基地”）。

6. 重视以创新创业精神为核心的创新创业文化制度建设

从注重创新创业文化传承、文化建设的角度，重视创新创业制度建设，形成了一批可借鉴的成果。制定了《沈阳工业大学创新创业奖励办法》《沈阳工业大学学生创新创业竞赛管理办法》《沈阳工业大学创新创业项目管理办法》等涵盖学生创新创业全过程的制度文件。参加创新创业项目及科学研究等活动可以置换交叉课程和创新实践学分。在选课、考试、成果认定、学分认定、评先评优、绩点奖励、提前毕业、免试保研等方面实施鼓励政策和奖励加分政策。

7. 研发以治理为理念，易于监控、反馈、调控的创新创业质量评价体系

对创新创业实践教育过程、效果评价体系进行了研究，从政府、学校、学生、社会4个层面14个指标出发进行评价，“创新创业实践教育评价体系研究”课题已结题，鉴定等级为优秀。

## 三、实践成效

1. 学校创新创业教育覆盖率逐年增高

在校学生中100%的学生接受过创新思维和创业意识教育，28%～30%的学生在校

期间至少接受过一次创新创业性研究的系统训练。每年“大创”立项 220 项左右，共有数千人直接参加项目训练、孵化、竞赛。

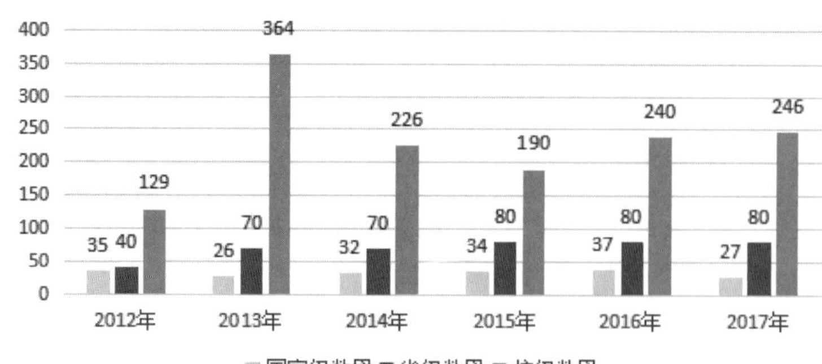


图 5　2012—2017 年国家级、省级、校级大学生创新创业训练计划统计柱状图

2. 学生创新创业实践能力强

每年我校近 4000 人次的学生参加各类创新创业项目、竞赛，其中有 300 余项获得国家级奖励，有 1100 余项获得省级奖励，实施大学生创新性实验计划项目 1395 项，毕业生普遍受到用人单位和研究生导师的好评。

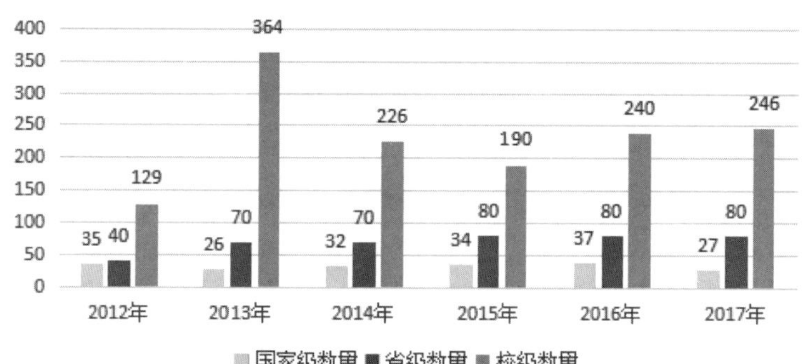


图 6　2012—2017 年国家级、省级、校级大学生创新创业训练计划统计柱状图

3. 学校创新创业教育工作取得突出成效

我校创新创业工作取得了突出成绩，先后获得了教育部首批“全国创新创业典型经验高校”（50 强）、“深化创新创业教育改革示范高校”、“高校学生科技创业实习基地”、“全国高校实践育人创新创业基地”等称号。

4. 创新创业教师团队获得突出成绩

我校创新创业教师团队 2016 年入选国家级创新创业专家库 4 人，辽宁省创新创业专家库 6 人，创业导师团队获得“沈阳市优秀创业导师团队”荣誉称号，2 人获得“全国创新创业教育优秀工作者”荣誉称号，2 人获得“沈阳市优秀创新创业指导教师”荣誉称号。

5. 创新创业体系建设得到新闻媒体关注

学校创新创业工作受到媒体的广泛关注，新华社、中央电视台、中央教育电视台、新华网、辽宁电视台报道我校大学生创新创业工作50余次，教育部部长陈宝生、时任辽宁省委书记李希到学院和学校大学生创新创业基地调研视察。

## 四、总结评价

1. 创新创业竞赛活动参与率高达90%；28%～30%的学生在校期间至少接受过一次创新创业性研究的系统训练。

2. 学校在全国多个创新创业工作会议上进行30余次创新创业工作经验交流，如全国大学生创新创业实践联盟年会、全国创新创业云平台创业导师年会、全国大学生创新创业年会等，引起强烈反响。

3. 创新创业工作体系被全国近40所高校采纳并应用。如江苏农林职业技术学院、沈阳工程学院、辽宁科技学院、沈阳药科大学、辽宁何氏医学院等。

4. 创新创业基地的建设经验被国内50余所高校借鉴，课题组成员到省内30余所高校进行过指导，一年累计接待50余家单位500余人参观与交流。

5. 以辽宁省创业研究院为依托提出的创新创业体系建设课题和政策被辽宁省教育厅、辽宁省电子商务厅、辽宁省人社局、辽宁省青创商会等10余家政府和社会机构采纳并应用。

6. 学校牵头组织多场国内省内创新创业师资培训。如全国创新创业师资培训、省内创新创业导师培训、国际创业教练中级培训、辽宁省高校创新创业大课堂等，培训导师全部来自学校创新创业导师团队，培训省内创新创业教师500余人。

（沈阳工业大学推荐，执笔人：林丹）

# 扎根“三农” 学用结合 以“三个一”创新创业工作托起学生成才梦想

## 一、背景

作为一所拥有110多年办学历史的省属农业高校，山东农业大学以服务“三农”和区域经济社会发展为己任，坚持特色立校、质量兴校、人才强校，走内涵发展道路，学校已经发展成为一所以农业科学为优势，生命科学为特色，融农、理、工、管、经、文、法、艺术学等于一体的多科性大学。近年来，学校响应大众创业、万众创新的时代号召，围绕立德树人根本任务，以培养又红又专、德才兼备、全面发展的社会主义事业合格建设者和可靠接班人为目标，在实践育人工作的基础上，从体制、体系、模式等方面入手，持续深入推进“三个一”创新创业工作，取得了突出成效。

## 二、主要做法

（一）健全一个工作体制，确保“四到位”

学校整合校内资源，调动各方积极性，建立健全了学校为主导、学院为主体、学生为主角的工作运行体制，形成了部门学院联动、教师学生互动、校友社会推动的良好局面，确保了“四到位”。

1. 发挥学校主导作用

一是机构到位。学校党委行政高度重视大学生创新创业工作，将其摆在服务学校发展战略全局的高度统筹推进，将创新创业教育改革列入学校综合改革方案和“十三五”规划，结合办学优势和特色，建设创新创业型高校。印发《山东农业大学深化创新创业教育改革实施方案》等文件，成立了由校长任组长、分管校领导任副组长、有关部门负责人参加的创新创业教育工作领导小组。与中科招商集团签署创新创业教育战略合作协议，合作筹建“山东农业大学中科创业学院”，联合培养创新创业人才。

二是经费到位。设立创新创业工作专项经费，年度财务预算优先予以保证，重大活动和重大事项单项预算、专项投入。

三是场所到位。加强硬件设施建设，设立创新创业服务中心、服务大厅，建立集创业咨询、指导、服务、教育于一体的工作阵地和实践基地，形成1个孵化基地、8个实践园区、覆盖南北校区的创新创业场所布局。学校与山东省科技厅签订战略合作协议，双方商定合作扩建南校区孵化基地，以满足学生日益增长的创新创业需求。

四是人员到位。加强创新创业教育工作队伍和师资队伍建设，现有专职创业工作人员22人、专职教师19人、兼职教师120人，人员稳定，结构合理，业务水平高。健全激励机制，将创新创业教育业绩纳入教师绩效考核。近三年来，先后派出200多人次到省内外各地各高校考察学习和参加各种业务培训。

2.突出学院主体地位

学院充分发挥主体作用，抓好创新创业工作的落地落实。机构上成立领导小组，人员上配备专职双创辅导员和指导教师团队，责任上推行“一岗双责”，场所经费上积极倾斜、深入挖潜，结合学院特色，打造双创品牌，形成了“一院一品”的双创工作格局。

3.强化学生主角意识

学校“搭台”，学院“铺路”，学生“唱戏”，学生真正成为组建团队、申报项目、参与赛事的主角。他们注册公司，申请专利，转化成果，依托专业优势做出了大文章，“学用结合，学以实为贵”的办学理念更加鲜活生动。

（二）打造一个工作体系，提供有效供给

学校推进校企、校地、校校协同育人，打造了学校培育、基地孵化、社会扶持“三位一体”的工作体系，围绕创新创业意识培养和能力提升提供全方位的教育供给。

1.学校培育，着力培养大学生创新创业素质

一是将创新创业教育融入人才培养全过程。以培养“拔尖型、创新型、专业型、复合型”创新创业人才为目标，修订人才培养方案，促进创新创业教育与学生的专业教育、职业发展、社会实践和毕业实习相结合，与教师的科研攻关和成果转化相结合。结合教育部卓越农林人才教育培养计划，实施创新创业能力培养计划，跨院系、跨学科、跨专业，联合行业企业交叉培养创新创业人才。开设“齐鲁学堂”，配备高水平导师，选拔优秀学生培养拔尖创新型人才。面向创新创业学生，实施国家重点实验室、工程实验室、工程技术研究中心、实验教学示范中心等平台开放制度。

二是加强课程建设。课程设置方面，面向全体学生开设3.5学分的基础必修课，构建“创业基础＋创业进阶＋创业拓展＋创业实践”层次递进的课程体系，研发“神农在线”慕课平台，引进尔雅教育集团在线课程等创新创业在线课程。学分认证方面，规定混合式教学成绩由在线学习成绩、课堂教学互动成绩及课末考试成绩三部分组成，在线课程按照正常选课模式填报课程成绩。教材与案例库建设方面，出版《赢在未来：大学生创业实务与策略》《追梦：山东农业大学毕业生创业案例精选》等校本教材5部，建立“创业故事”等案例库4个。

三是强化实践教学。在创新创业实践实训方面，学校坚持和完善“三结合、三层次、三段培养”“三三式”实践教学体系。“三结合”即突出教学与科研、生产和社会实践相结合，把实践教学拓展到社会经济建设的各个方面；“三层次”指按照基础、专业、综合三个

实践层次设计教学内容，提升学生适应社会的能力；“三阶段”是把人才培养过程划分为校内基础阶段、课内外结合阶段和与生产实践结合阶段，逐步扩大学生的知识领域，提升学生的知识层次，引导学生由学校走向社会，成为高素质的复合型、创新型人才。

四是改革教学管理。在学籍制度上，实行弹性学制，放宽学生修业年限至基本修业年限的2倍，允许学生休学创新创业。在学分转换上，设置创新创业实践学分，制定认定管理办法，开发认定管理系统，学生发表论文、获得专利、参加竞赛和自主创业等可折算学分。在教学方式改革上，实现教学从“以传授为中心”到“以学习为中心”的转变，开展启发式、讨论式、参与式教学。在考核评价上，建立创新创业档案和成绩单，客观记录并科学评价学生创新创业情况，实施非标准答案考试，重点考核学生的学习能力、实践能力、创新能力。在奖励机制上，设立创新创业奖学金。

五是培育创业文化。营造浓郁氛围，制作创新创业专题宣传片，举办创新创业大讲堂，开设创新创业论坛、创客训练营。开展网络宣传，建立“创业在线”专题网站，开通“山农创新创业汇”微信微博公众平台，开展政策宣传、赛事推广、网上咨询等活动。选树先优典型，举办“创业标兵”“创新创业之星”“优秀创新创业团队”“优秀指导教师”等评选表彰活动，发挥榜样的激励作用。

2. 基地孵化，着力完善大学生创新创业指导服务

一是推进实践育人基地建设。学校牵头与山东省林业厅，山东省农科院，泰安、临沂、东营、聊城等地市人民政府，金正大集团、农大肥业等参与单位开展协同育人，以实践教学平台、科技创新平台、创新创业平台和社会实践平台建设为载体，建成了实践育人创新创业基地。2015年，被教育部认定为首批“全国高校实践育人创新创业基地”。

二是推进孵化基地建设。建设大学生创新创业孵化基地，楼宇型建筑面积达5720平方米，同时发挥8个实践园区的支撑作用，满足了实践实训和项目培育孵化需求。依托大学生创新创业孵化基地，为有创业意向和创业潜质的学生进行注册登记、组建团队、配备导师，制订专门培养计划，开展创业培训、指导服务和结对帮扶，提供项目立项、产品研发、工商注册、税务登记、风险评估、市场营销、规划设计等一站式服务，对已经开展创业实践及正在创业的学生提供政府优惠政策申请、帮扶等有针对性的指导和服务。2015年，被评为“山东省大学生创业孵化示范基地”。

3. 社会扶持，着力提高大学生创新创业的层次和水平

一是实施“千导计划”。制定创新创业兼职导师管理办法，落实兼职导师聘任及经费补助政策，选聘校外知名专家、创业成功者、企业家、风险投资人等各行各业优秀人才兼任学校创新创业导师，已聘任173名。

二是开展校企合作。走出校门，建立校外教学科研与就业创业实践教育基地212个，拓展了学生创业实践空间。引企入校，开办“金色农华班”“新希望六和班”“正大班”等校企合作班，与惠普公司、青软实训等探索“3+1”培养模式，实行定向培养，让企业参与

人才培养各个环节，健全教材体系、实训项目和管理规范，丰富了创新创业教育形式。

（三）完善一个工作模式，彰显双创特色

为了更好地激发创新创业活力，搭建更广阔的创新创业舞台，学校探索完善了以专业驱动、项目驱动、平台驱动、赛事驱动为主要内容的“双创四驱”工作模式。

一是专业驱动，挖掘双创潜能。以专业为导向，每专业设置学科前沿课程，激发学生创新创业兴趣；以专业为基础，将创新创业能力培养渗透到各教学环节；以专业为依托，开展创新创业教育实践，每年开展学科专业竞赛 80 余项，学生立足专业研发出 160 余种特色产品。二是项目驱动，打造双创品牌。实施创新创业实践项目“百千万”工程，分类管理，重点扶持，培育了新丝路生物科技、化蝶工作室、惠恩文化传媒等为代表的品牌项目。几年来，国家大学生创新创业训练计划项目累计立项 1000 余项，SIEG 立项 1008 项，SRT 立项 1556 项，累计支持资金 1000 余万元。三是平台驱动，强化双创支撑。成立大学生创业联盟，发起成立驻泰高校大学生创业联盟，搭建交流互助平台；建设“圆梦驿站”大学生创业营销与咨询中心，展示学生创业成果，激励学生勇于创新、积极创业，搭建筑梦圆梦平台；打造“七色土创客驿站”“梦工场创业咖啡”等创客空间，搭建共创共享平台。四是赛事驱动，激发双创活力。围绕培养大学生创意思维、创新精神、创造能力、创业意识和创富理想为核心的“五创”素质，举办新思路、新生力、新业态、新农人、新品味、新创客为主题的“六新”赛事，构建创新创业竞赛体系。2018 年，学校共有 1000 余个学生团队参与到“六新”赛事中来，参赛学生达 5000 余人次。

## 三、实践成效

学校大学生创新创业工作成效显著。一是提高了大学生思想政治教育的有效性。创新创业工作的全面推进为思政教育拓宽了渠道，搭建了平台，延展了格局，广大学生在创新创业实践中坚定理想信念、磨炼意志品质、强化使命担当、贡献青春力量，校园内公益性创业蔚然成风，涌现出了以“中国青年五四奖章”获得者、“全国就业创业优秀个人”、返乡创业带动农民致富的谢思惠为代表的一批先进典型。二是提高了人才培养质量。创新创业推进了教育教学改革，满足了学生全面发展和个性发展的需求，学生在专业学习领域向更高层次、更深程度发展，学校优良学风持续浓郁。近三年来，学生在公开刊物发表研究文章 1300 余篇，获授权专利 37 件，其中 11 件实现成果转化，先后获得国家级、省级创新创业竞赛奖项 600 余项。博士研究生倪飞成功克隆国宝级“太谷核不育小麦”败育基因，实现这一领域历史性突破。三是提高了学生的核心竞争力。学生创业核心竞争力明显增强，创新创业团队数量由 2009 年的 40 余个增至 2019 年的 360 余个，自主创业人数和参与创业人数逐年递增，他们中走出了第四届中国“互联网 +”大学生创新创业大赛金奖获得者邓应龙，“邮储银行杯”2014 年中国青年涉农产业创业创富大赛二等奖获得者、第二届“赢在江西”青年创新创业大赛冠军刘军，“山东省大学生十大创业之星”张守权、安仲涛等一大批创业典型。毕业生就业核心竞争力持续提升，近三年来毕业生平均就业率达到93.3%，初次就业率稳定在90%以上，并呈逐年上升趋势。在教育部“全国毕业生就业典型经验高校”评估中，用人单位对学校毕业生满意度为95.1%，毕业生对就业工作满意度为98%。

## 四、总结评价

具有农大特色的创新创业教育品牌，得到社会广泛关注和认可，学校荣获“全国创新创业典型经验高校”、“全国毕业生就业典型经验高校”、“全国普通高校毕业生就业工作先进集体”、“全国高等学校创业教育研究与实践先进单位”、第四届中国“互联网+”大学生创新创业大赛“青年红色筑梦之旅”活动先进集体等称号。中央电视台、《人民日报》、《中国教育报》、《大众日报》、山东卫视等新闻媒体多次对我校大学生创新创业工作进行专题报道，先后有百余家单位到学校考察交流创新创业工作。

今后，山东农业大学将沿着新时代对高等教育的要求，将创新创业教育工作持续引向深入。具体来讲，一是推进创新创业教育与大学生思想政治教育的深度融合。高校思想政治教育与大学生创新创业教育有着天然的内在契合度和目标一致性，学校将进一步发挥自身优势，提升思想政治教育质量和实效性，推进高校创新创业教育改革，实现双向发展，提高人才培养质量。二是完善协同机制，形成育人合力。学校将进一步汇集、协同各方力量，推进校内师资队伍和校外师资队伍协同、校内课程与校外培训机构项目协同、校内实践与校外实践协同、校内资金与校外资金协同，持续提高创新创业教育水平。

（山东农业大学推荐，执笔人：宋伟、李庆亮）

# 突出党建引领 激发双创活力 探索德育新路径
## ——北京建筑大学党建引领创新创业教育的实践探索

近年来，北京建筑大学坚持把深化创新创业教育改革作为综合改革的突破口，突出党建引领，激发创新活力，按照“站位高、起点高，机制实、举措实，面向立德树人、面向服务社会”的“两高、两实、两面向”工作思路，推动创新创业教育与专业学科特色相结合，与学生德育相融合，取得了突出成效。学校获批教育部“全国高校实践育人创新创业基地”、“北京地区高校示范性创业中心”、“北京市众创空间”；建成首个高校中国青年创业社区；学校作为两所高校代表之一在北京市就业创业工作推进会上做典型发言，推动创新创业教育成为彰显学校办学特色的一张亮丽名片。

## 一、突出党建引领，把党的领导贯穿创新创业教育全过程

学校党委认真贯彻落实党中央、教育部、北京市委关于创新创业教育的指示精神，突出思想引领，把握发展方向，督促工作落实，切实把党的领导体现在创新创业教育方方面面。

### （一）抓思想，推动创新创业理念入脑入心

坚持把解放思想、统一认识摆在首位。围绕创新创业教育主题，学校党委先后组织开展党委理论中心组学习 6 次，并通过举办“创新创业教育大讨论”“本科人才培养工作会”“提升人才培养质量工作座谈会”等形式，逐步实现创新创业教育与专业教育由“两张皮”向有机融合的转变，由注重知识传授向注重创新精神、创业意识和创新创业能力培养的转变，由单纯面向有创新创业意愿的学生向面向全体学生的转变。

坚持以创新创业教育理念培育为核心。积极推进学生党建工作与创新创业理念培育深度融合，引导学生党员争做创新创业先锋。以此为带动，学校每年有 6500 余人次参与各级各类创新创业竞赛与科技实践活动，占全校学生的 85%。近五年获得首都及全国“挑战杯”“创青春”大赛奖项 74 项，团队成员中党员比例达到 86.3%，切实用实际行动发挥党员先锋模范作用。

### （二）抓方向，精心做好创新创业教育顶层设计

学校党委从服务国家创新驱动发展战略出发，立足学校办学传统与办学特色，谋划创新创业发展方向。2015 年，出台《北京建筑大学关于深化大学生创新创业教育改革的实施方案》，突出强调创新创业教育与学生德育相结合，明确具体任务清单。创新“通识教

育＋专业教育＋双创教育”三位一体的人才培养机制，推动协同创新、协同育人，引领新时期学校创新创业教育发展方向。

（三）抓落实，督促创新创业教育各项举措落到实处

构建党政齐抓工作格局。学校层面，党委书记、校长共同担任创新创业教育工作领导小组组长；院系层面，党政领导共同担任学院领导小组组长。既分工明确，又相互配合，共同推动创新创业教育工作落实。

建立健全责任体系。在明确校院两级及相关行政管理部门的工作职责基础上，突出院系作为创新创业教育主阵地的核心作用。在院系领导班子和处级干部考核工作中，将创新创业教育质量纳入考核指标体系。推动院系落实创新创业教育主体责任，把促进大学生创新创业工作纳入改革发展重要议事日程。

## 二、打造亮点特色，构筑创新创业教育新格局

（一）站位高、起点高，打造双创高地，培育创新创业良好生态

1. 党委高度重视，从战略全局谋划，建设双创校园

学校始终站在从党和国家事业发展大局看问题的高度，围绕创新创业教育进行宏观的、全面的、有预见性的研究。党委一致认为，深化创新创业教育改革是加快实施创新驱动发展战略、践行创新发展理念的迫切需要，是落实立德树人根本任务的重要举措，是推进学校综合改革的突破口。在具体实践中，学校贯彻落实京津冀协同发展战略的需求，开创性地整合了全校创新中心、科研实验室、众创空间、创新团队、创业社团等多种元素，率先提出了“建设双创校园”的理念，绘制出“双创地图”。

2. 高端平台起步，高精尖科教助力，推进全面创新

一是高端平台起步，建设国内首个高校中国青年创业社区。学校与共青团中央合作，与中国青年创业就业基金会签署了中国青年创业社区战略合作协议。2016 年 10 月，住房和城乡建设部副部长易军、北京市副市长隋振江等领导为中国青年创业社区（北京建筑大学站）揭牌。这是中国青年创业就业基金会授权认证的首个在高校建设的中国青年创业社区。

二是以“高精尖”科教助力创新创业。学校党委注重以“高水平科技创新和高质量教育教学”提高双创的水平和竞争力，提升双创含金量。大力推进科技成果转化和协同创新，深化科教融合，共建有 40 余家“产学研联合培养基地”，在建筑设计、建筑管理、建筑设备等方向形成了“教授工作室”等产学研用工作品牌。

三是推进全面创新。学校党委要求全校各级党组织、各职能部门、全体教师创新教育观念，以创新的理念全面审视、评价和改进学科建设、人才培养、科学研究、社会服务、文化传承创新等各方面工作。以创新创业教育为突破口，创新人才培养体制、科技体制和管

理体制，不断营造创新文化和创新环境，推进全员全面创新。

### （二）机制实、举措实，强化融合联动，营造创新创业浓厚氛围

1. 协同机制形成合力，保障机制精准到位

一是构建协同机制。学校成立了创新创业教育工作领导小组、创新创业教育专家指导委员会。成立了创新创业教育学院，由主管学生工作的党委副书记任院长。学院设就业指导服务中心、创新创业指导中心、工程实践创新中心、创新创业教学研究中心和创新创业孵化中心五个职能部门。各学院明确了班级导师、专业教师、院（系）就业工作人员、辅导员（班主任）在学生创新创业工作中的“引领、辅导、帮扶”的职责。

二是落实保障机制。首先，队伍建设到位。构建了校内、校外“双导师库”。目前，专（兼）职人员与在校学生人数的比例约为 1：228。其次，经费投入到位。学校连续四年获批北京市“大学生科研训练计划”专项经费，专设“创新创业教育专项经费”。再次，硬件设施到位。两校区共划拨 3000 平方米的场地建设了“金点创空间”和“未来城市创空间”。工程实践创新中心占地 6600 平方米，设备 980 台。最后，制度落实到位。制定了《北京建筑大学本科生创新创业学分认定与管理办法（试行）》《北京建筑大学大学生领军型创新创业团队培育计划》《北京建筑大学创新创业师资培训计划》等。

2. 五位一体教育模式，四大工程服务双创

一是建立五位一体的教育模式。“五位一体”创新创业教育专门课程群即：以专业教育为基础，促进专业教育与创新创业教育有机融合；以素质教育为补充，强化学生全面素质培养；以实践教育为依托，统筹建设创新创业教育实践和实习基地；以国际化教育为拓展，实施“外培计划”等国际交流项目；以文化教育为熏陶，建设校园创新创业文化。

在科创实践中把握“两个突出”。突出“大学生科技节”品牌和优秀成果展示，通过近百项科技类讲座论坛、学术报告、竞赛展览等活动，培育科学精神，提升创新意识。在竞赛活动中把握专业特色、师生团队和全面覆盖这“三个关键”。每年举办专业特色鲜明的“鲁班杯”大学生创新创业大赛，积极发动学院系部力量，建立面向不同专业不同年级的“全覆盖”竞赛体系。

二是实施四大工程服务创新创业。首先，建立激励导向，实施“领军型团队培育工程”。其次，构建信息平台，实施创新创业教育“信息化工程”。设立创新创业教育网站，启动创新创业慕课和网上平台课程，并推出一批资源共享的在线开放课程。再次，营造浓厚氛围，推进创新创业“典型引领工程”。鼓励学生开展创新实验、发表论文、获得专利和自主创业等。注重创业典型的宣传，使其发挥典型引领、示范带动作用。最后，厚植双创文化，实施创新创业服务“六个一工程”，即“一项创业竞赛、一个创业沙龙、一系列创业教育论坛、一个创业导师库、一群创业伙伴儿、一份创业晚报”的“六个一”创业服务模式。

（三）面向立德树人、面向服务社会，注重内涵延伸，搭建创新创业支撑平台

1. 面向立德树人，培育创新精神，提升社会责任感

面向立德树人。以育人为根本，促进人的全面发展，是创新创业教育最根本的价值体现。首先，学校注重激励和引导学生走上自我发展之路。通过各种类型和形式的创新创业活动，使学生养成包括逻辑思维、批判性思维、创造性思维在内的思维习惯和思考方法；在知识体系构建中以问题和需求引导学生将他人传授的知识转化为自身内在的知识，形成运用、研究和创新知识的能力。其次，学校注重帮助和引导学生认识自我、发展自我。通过给学生提供多种多样的尝试机会和平台，磨炼其不甘平庸、不怕失败、追求卓越的人生态度和进取向上、锲而不舍、精益求精的精神品质。再次，学校注重引导学生认识社会、体悟责任。在创新创业教育活动中使学生深刻体悟个人对国家、社会、民族的责任。通过主题教育加强对学生的理想信念教育，引导大学生朝知识经济所要求的创新型、创造型和创业型人才的方向努力。

2. 面向服务社会，融入国家战略，助力区域行业发展

一是融入京津冀协同发展战略。紧抓机遇，助力京津冀交通一体化、生态环境保护、产业升级转移等重点领域的发展，同时积极服务“一带一路”基础设施建设。学校与天津城建大学、河北建筑工程学院签署协同创新战略合作协议，携手成立京津冀建筑类高校协同创新联盟，把创新联盟打造成了一个互惠合作、协同发展的良好平台。

二是对接建筑行业产业链。中央城市工作会议对城市建设和管理工作进行了全面顶层设计。学校党委认真思考谋划，从中寻找机遇，全面优化调整学科、专业、培养方案、科研创新方向，增强办学实力，为建筑行业培养创新创业人才，提升学校在城市设计建设管理领域的贡献力和影响力。

三是服务首都功能定位。学校充分发挥在强化首都核心功能中的重要作用，以高质量科研成果、高质量人才输送、高水平学科辐射主动服务北京建设，提升服务北京的本领。联合北京科技大学、北京工业大学、中国石油大学、中国矿业大学、中央财经大学等 9 所高校共同发起成立北京高校科技产业协会科技成果转化服务分会（众筹联盟）。

## 三、聚焦问题导向，思政教育新路径初显成效

学校聚焦思想政治教育的问题导向，通过创新创业教育的不断探索实践，我校第二课堂的吸引力和凝聚力明显加强，大学生创新精神和实践能力明显增强。经过多年实践与发展，学校的创新创业教育理念体系受到关注与认可。

（一）拓展思政教育途径，第二课堂的吸引力和凝聚力得到增强

学生参与创新创业的热度不断升高。每年 6500 余人次参加创新创业竞赛与科技实践活动，占全校学生的 85%，学生获得各级各类创新创业奖项百余项。近五年，学校获得首都及全国“挑战杯”“创青春”大赛奖项 74 项，获得市级以上奖励 598 项，大学生获批专

利88项、公开发表论文61篇，各类竞赛覆盖学生近万人次。学校获得“北京市学科竞赛优秀组织校”等多项荣誉称号。

（二）实现了全方位育人，高层次创新型人才培养取得实效

一是“特色育人”。学校专业特色鲜明，在创新创业教育中涌现出了多个“特色团队”“特色项目”，使学生在解决实际问题的过程中，提升了创新能力，彰显了创新精神，实现了学校特色育人的目标。

二是“文化育人”。学校党委高度重视培育“创新文化”，全年通过各级各类高水平高峰论坛、创新沙龙、科技讲座、大学生创新创业活动等，营造创新文化。学校拥有全国KAB创业教育基地1个，全国KAB创业俱乐部1个。

三是“科教育人”。创新创业教育有效促进了人才培养质量和学科专业水平的提升。2014年我校节能减排关键技术协同创新中心被列为“北京高校2011协同创新中心”。2016年，学校未来城市设计高精尖创新中心获“北京高等学校高精尖创新中心”认定。

（三）提升了职业规划意识，涌现出创新创业群英

学校通过开展创新创业教育，加强职业生涯教育，引导学生树立正确的职业观、就业观、创业观，使学生正确认识就业与创业。涌现出创新创业群英。多名青年校友在校期间通过创新创业教育与实践，走上工作岗位后显现出了较强的创新能力。例如就职于北京市测绘设计研究院的武润泽，曾获“全国五一劳动奖章”和“全国技术能手”荣誉称号，其在大学期间历经“挑战杯”全国大学生课外学术科技作品竞赛的磨炼，逐渐成为企业技术创新骨干；北京市西城区第一家专业社工机构——北京市西城区悦群社会工作事务所，是由我校毕业生郭昊创立的，该社工事务所曾荣获2014年北京市“‘三八’红旗集体”荣誉称号，郭昊本人也先后获得“中国十大社工人物”、“北京市先进工作者”、北京市“三八”红旗奖章等荣誉。

（北京建筑大学推荐，执笔人：卫巍）

# 应用型高校"产教融合　多维协同"的创新创业教育体系构建与实践

## ——辽宁科技学院创新创业教育改革案例

## 一、背景

（一）学校基本情况

辽宁科技学院坐落在辽宁省沈溪新城，是一所以工科为主、多学科协调发展的省属普通本科院校。学院的前身是本溪冶金高等专科学校，始建于1948年。2004年5月，经教育部批准，学校升格为本科院校，更名为辽宁科技学院。2015年学校被确定为辽宁省首批向应用型转变的本科试点学校，2016年被确定为教育部重点支持的产教融合项目建设高校、教育部数据中国"百校工程"试点院校、中美应用技术教育"双百计划"试点院校、"互联网＋中国制造2025"产教融合促进计划试点院校，2017年被确定为教育部"科学工作能力提升计划（百千万工程）"全国首批试点院校、中国高校创新创业教育联盟"百城千校"首批试点院校、辽宁省向应用型转变示范校。

近年来共承担各类科研项目673项，其中，国家自然科学基金项目、国家科技支撑计划等项目18项，省级以上项目172项。承担省级以上教育教学研究和教学改革项目173项，获得省级教学成果奖19项，其中一等奖3项。

辽宁科技学院长期以来高度重视创新创业教育工作，以转型发展为突破口，培育创新意识，培养创造能力，锻造创新创业精神，造就创新创业型人才，已成为全校创新创业教育的高度共识。秉承这样的理念和目标，以长远眼光谋划发展，以全局意识统筹发展，辽宁科技学院的创新创业教育一直走在区域前列。

经过多年的探索，学校创新创业教育取得一定成效，在国内外产生一定影响。创新创业学院先后实施教育部协同育人项目4项，获得省教学成果奖1项，编辑出版学生创新创业书籍1部。5年来，我校学生获创新创业竞赛国家级、省级奖756项，发表论文288篇，成功创办学生企业13家。2014年，成立中国药都·辽宁科技学院大学生创业孵化园；2015年，被团中央、中华全国青年联合会、国际劳工组织授予"全国大学生KAB创业教育基地"称号，被共青团辽宁省委员会授予"青创空间"称号；2017年，被辽宁省教育厅授予"辽宁省大学生创业孵化示范基地"称号，被辽宁省发展与改革委员会授予"省级双创示范基地"称号，被辽宁省科技厅授予"省级备案众创空间"称号，同年，学校成为中国高校创新创业教育联盟"百城千校"全国首批试点院校；2018年，"辽宁科技学院省级双创示范基地”项目被纳入国家、省、市新兴产业三年行动计划，获得中央预算内投资资金840万元，成为辽宁唯一一所纳入东北地区培育和发展新兴产业三年行动计划的高校，“应用型高校‘产教融合　多维协同’的创新创业教育体系构建与实践”荣获“辽宁省普通高等教育本科教学成果奖一等奖”。

（二）主要解决的问题

（1）顶层设计方面：探索解决高校如何把创新创业教育纳入学校顶层设计并进行科学规划，如何把创新创业教育与学校转型发展、深化机制体制改革有机结合，如何有效深化高校创新创业教育改革，如何树立创新创业教育理念，构建符合学校办学目标、治学理念的创新创业教育体系，如何构建科学的创新创业教育运行机制和实施路径等问题。

（2）人才培养方面：探索解决创新创业教育如何与专业教育深度融合，如何使第一课堂与第二课堂有效衔接，全面提升学生实践能力，如何构建交叉学科的人才培养机制，如何搭建双创实践平台等问题。

（3）师资队伍建设方面：探索解决如何建设一支创新创业师资队伍，如何通过创新创业师资培养全面提升全校教师的教育教学水平，推进教育教学改革，如何使创新创业师资队伍建设与全校教师培养有机融合、相互促进等问题。

（4）产教融合、服务地方方面：探索解决如何通过创新创业教育提升科技成果转化率，如何使创新创业教育与产教融合、校企合作、协同育人深度融合等问题。

## 二、主要做法

（一）以文化建设为引领，把思想政治教育融入创新创业教育全过程

提出7个文化理念，全面发挥文化建设的引领作用。

（1）“求实创新”理念：注重顶层设计，营造双创氛围；

（2）“勇于实践”理念：创新制度，提升应用型人才培养质量；

（3）“百折不挠”理念：培养典型，发挥榜样力量；

（4）“报效社会”理念：产教融合，增强服务地方能力；

（5）“多维度融合”理念：做到创新创业教育与7个方面深度融合；

（6）“多学科交叉”理念：建立跨院系、跨学科、跨专业的创新创业人才培养新机制；

（7）“全过程贯通”理念：实现把创新创业教育融入人才培养全过程，做到专创融合。

（二）以体系建设为核心，构建创新创业教育体系核心内容

（1）目标体系：构建“2543”创新创业教育目标体系，即2个格局、5个成为、4个形成、3个助推器。

（2）课程体系：建设好通识类创新创业基础课程、专业创新课、开放交叉课以及创新创业能力训练实践课程“四段式”创新创业课程体系，共计27门。形成了2个创新创业

试点专业课程体系、2个特色产业学院课程体系以及青创班、技创辅课程体系。

（3）实践体系：以提升学生实践能力为着力点，构建了项目、竞赛、活动、实践、协同“五位一体”的创新创业实践育人平台。

（4）服务体系：建成逐层递进的大学生创新创业平台支撑服务体系，以“1+N”创客空间（大学生创业孵化园）、协同创新平台以及双创大数据平台为支撑，提供创新创业实践、训练、孵化、融资，建成一个种子基金池，形成了“创业苗圃—创业孵化—创业加速器”+“创业培训 + 天使投资 + 创业联盟”的基地运营模式。

（5）保障体系：制度保障、组织保障、师资保障、资金保障等。

（三）以深度融合为手段，构建创新创业教育实施路径

（1）与大学生思想政治教育相融合。把社会主义核心价值观、习近平新时代中国特色社会主义思想融入创新创业教育全过程。

（2）与专业教育相融合。设定大学生创新创业与素质拓展10学分，建设二级教学单位专业创新实验室、创客空间、创新创业社团，打造“一院一品”“一专一新”专创融合品牌。

（3）与实践教育相融合。引导学生参与创新创业实践，使创新创业实践与专业实习实践、科技创新、社会实践等紧密结合。

（4）与就业指导相融合。使大学生职业生涯规划指导与创新创业教育紧密结合，明确安排科研助理。

（5）与文化引领相融合。树立“科创”品牌活动，开展“科创之旅”“科创之星”“科创讲坛”“科创沙龙”“科创实践周”“科创路演”“科创夏令营”系列活动。

（6）与协同育人相融合。成立创新创业学院（青创学院）等5个特色产业学院，打造钢铁新材料技术和深加工创新平台、生物与制药创新平台等11个协同创新平台，实现产教融合、多维协同的创新创业教育格局。

（7）与服务地方相融合。依托两个国家级项目，与本溪市委市政府及相关部门、企业开展合作，共建大学生创业孵化园、省级双创示范基地，聚集区域创新创业要素资源，发挥创新驱动、示范引领作用。

（四）以平台建设为支撑，构建创新创业教育平台

（1）引领平台：依托转型发展试点高校、国家“十三五”产教融合和双元培育项目、中国高校创新创业教育联盟“百城千校”试点院校等机遇，引领探索创新创业教育实践育人新模式。

（2）示范平台：依托“全国大学生KAB创业教育基地”“辽宁省大学生创业孵化示范基地”“省级双创示范基地”“省级备案众创空间”“青创空间”等平台建设，全面推进创新创业教育。

（3）师培平台：获批教育部2017年第二批产学合作协同育人项目，与中关村万众创

新创业教育产业促进中心共建“创新创业师资研修基地”。

（4）协同创新平台：构建 11 个协同创新平台，开展应用型科研，为地方经济发展资政献策。

（5）协同育人平台：建成 5 个特色产业学院、2 个创新创业试点专业，探索校企合作、多维协同创新创业人才培养新模式。

## 三、实践成效

辽宁科技学院从高等教育规律出发，立足学校办学定位和人才培养目标，在借鉴国内外先进大学生创新创业教育已有模式的基础上，以转型发展为突破口，构建产教融合、多维协同的全过程、全方位、立体化的应用型高校创新创业教育体系，其创新之处在于：

（1）确立了创新创业教育的新理念。针对大学生创新创业教育理论和实际，提出了“求实创新、勇于实践、百折不挠、报效社会”的文化理念，凝炼出具有辽科特色的“开拓创新、勇于实践、越挫越勇、无私奉献”的“百炼成钢”创新创业教育文化精神；通过“多维度融合、多学科交叉、全过程贯通”理念，形成了开展创新创业教育的全新思路。

（2）构建了创新创业教育的新体系。统筹考虑创新创业教育的各个方面和要素，整合校内外资源，以 7 个文化理念为引领，以 5 个体系建设为核心，以 7 个深度融合为手段，以 5 个平台建设为支撑，构建了应用型高校创新创业教育新体系。

（3）形成了创新创业教育的新路径。立足转型，围绕“四个转到”实现“四个提升”。以“思创融合、专创融合、践创融合、就创融合、文创融合、协创融合、服创融合”为实施路径，实现了学校“应用型人才培养质量显著提升、学生就业创业能力显著提升、服务地方经济社会发展能力显著提升、创新驱动发展能力显著提升”。

（4）形成了创新创业教育的新机制。以提升学生的社会责任感、创新精神、创业意识和创新创业能力为核心，全面深化创新创业教育改革，促进学校机制体制不断创新，通过制度创新、管理创新、师资培育创新等，构建了学校创新创业教育工作运行新机制。

（5）打造了创新创业教育的新示范。通过创新创业教育开展产教融合，构建“校政—校企—校校”合作平台，全面提升服务地方经济社会发展能力，成为区域典范。打造了转型发展示范高校双创教育引领区、区域创新驱动发展先行区、国家创新示范区、创新创业生态优化区。

（6）形成了创新创业教育的新模式。构建了“1+5+1”（课程 + 项目、竞赛、实践、活动、协同 + 孵化）创新创业育人模式；总结出学校创新创业教育 4C 生态链，初步构建了应用型高校创新创业教育生态系统。

## 四、总结评价

本项目团队成员多次在国内、省内的有关工作会议上进行交流，做典型经验汇报；一些教育成果多次被媒体报道；多个学生创业团队的创业想法、创业思路以及学校的良好创业氛围被多方媒体报道，创业典型学生同张德江同志赴越南参观访问；一些工作经验被兄弟高校借鉴，如创新创业教育体系和工作运行机制的经验被辽宁省兄弟高校借鉴，构建的应用型高校创新创业教育体系的针对性和实用性，在以工为主的多科性普通本科高校，尤其是向应用型转变的高校具有广泛的推广意义。

(1) 育人成效显著。2012 年以来我校超过 5233 人次的学生参与过各类创新创业项目、竞赛，实施大学生创新创业训练计划项目 386 项，有 978 项项目获得国家级、省级奖励，学生创办公司 29 家，学生创新创业实践能力和就业能力大幅提高。2012 年至今，参加竞赛项目获奖数增长率达 267%，国家级竞赛获奖数增长率达 900%；竞赛参与人次增长了近 100 倍，学校对师生竞赛获奖的资金支持增长了近 5 倍，创新创业教育成果显著。约 235 名毕业生选择自主创新创业。

(2) 师生的满意度和社会赞誉度较高。经过对在校生、教师和社会三方面的跟踪调查，有 95% 以上的学生认为我校创新创业工作真正地做到了为学生服务，提高了学生创新能力和创业意识，对未来的就业创业工作起到了巨大的推动作用。97% 的老师认为学校在创新创业团队建设、师资培训、保障措施等方面做得十分到位，尤其是在对创新创业教师的激励和培训上。有 90% 以上的社会人士对我校的创新创业工作十分关注，无论是对学校创新创业的氛围、知名度，还是对培养出的创新创业人才都十分满意。

(3) 成果得到各级党委、政府及有关部门，尤其是教育部门的认可。获得多项国家级、省级荣誉，教育部评估专家、时任辽宁省教育厅厅长唐国华，时任共青团辽宁省委书记赵红巍，时任共青团辽宁省委副书记陈奇夫等先后到我校调研创新创业工作，时任本溪市委书记谭成旭及历任副市级领导、各兄弟院校领导到我校孵化园参观考察，并给予了高度赞誉。

教育部评估专家高度评价："多总结、多推广"，"结合地方经济，形成典型经验，发挥区域示范引领作用"。

(4) 引领高校创新创业教育探索。当选中国高校创新创业教育联盟理事成员单位、全国大学生创新创业实践联盟理事单位，并在 2017 年首届中国高校创新创业教育联盟年会、全国大学生创新创业实践联盟成立大会上进行了成果展示。学校创新创业学院副院长受邀在由团中央主办的 2017 年全国大学生创新创业峰会上做主题报告，介绍了学校多年来的双创教育成果，得到与会高校的一致认可。

(5) 社会赞誉度高。创新创业工作多次受到中央电视台、辽宁电视台、本溪电视台、广东电视台、《光明日报》、《辽宁日报》、《中国青年报》、《本溪日报》、《本溪晚报》的采访和专题报道，多次登上光明网、人民网、中青在线、辽宁学联、搜狐网等门户网站和微信平台头条。管理学院的毕业生霍鹏飞同学用互联网思维创业成功，带动了我校学生就业，受到许多互联网媒体的关注，曾代表辽宁参加中越青年交流会；“第八支队训练营”项目获得辽宁省大学生创业真人秀《创客英雄》冠军。我校创新创业教育工作、创新创业项目多次获《本溪日报》报道。

（辽宁科技学院推荐，执笔人：韩娇）

# 浙江树人大学创业学院<br>“12345”创新创业多维生态体系研究与实践

## 一、背景

浙江树人大学是改革开放以来我国最早成立的全日制民办普通高校之一。学校始终秉承“崇德重智，树人为本”的校训，坚持“教学服务型大学”的办学定位，围绕“高级应用型人才”的培养目标，坚守质量立校的原则，大力培养创新创业型人才。2015 年，成为浙江省应用型建设试点示范校。

学校大学生创新创业教育工作始于2008年。近年来，学校不断整合优化校内外资源，深化创新创业教育改革，取得了一定的成效。2015 年 11 月成立了由学校领导兼任院长的创业学院，全面负责全校创新创业教育、研究、指导与实践。学校通过加强顶层设计、强化组织领导、合理调配资源，吸纳政府、行业、企业的双创资源要素，协同推进创新创业教育改革，匠心打造“12345”创新创业多维生态系统，服务学生成长成才。

## 二、主要做法

### （一）加强组织领导，科学规范顶层设计

1. 坚持立德树人，高度重视创新创业工作

学校始终坚持立德树人，高度重视创新创业教育的顶层设计，将其纳入全校“十三五”规划中。2015 年，学校在《浙江树人大学应用型试点示范建设方案》中，将加强学生的创新创业教育作为应用型本科建设的“三个着力点”之一。制定《浙江树人大学创新创业教育改革实施方案》，修订学校人才培养方案，明确创新创业教育改革面向全体学生，全体教师参与，融入人才培养全过程。

2. 加强创业学院建设，完善机构设置

学校的创新创业工作始于 2008 年；2010 年，与杭州市政府共建大学生就业创业指导站，着力推动就业创业工作；2011 年，学校成立创业就业研究中心，开展创业研究与实践探索；2015 年成立创业学院，创业学院理事长由校长兼任，院长由校党委副书记兼任。创业学院下设专家指导委员会、教学中心、育成中心、创业研究中心、行政中心等。

3. 建立多方协同的工作机制

学校成立由校长担任组长、党委副书记和分管教学副校长共同担任副组长的校创新

创业教育改革工作领导小组，成员由各职能部门及二级学院负责人组成，定期研究部署创新创业工作。领导小组办公室设在学生发展与服务处。创业学院建设由校领导挂帅，学生发展与服务处牵头，利于双创教育的组织领导、统筹协调、顶层设计和资源调配。形成了教务、学工、团委、二级学院等部门学院齐抓共管、职责分明的创新创业教育工作机制。

学校将创新创业教育纳入学院及部分二级考核指标评价体系中，并在教师职称评聘工作中将指导学生创新创业活动作为工作业绩考核的必备指标。

学校结合应用型高校建设，协同校企政资源，开展多元化、多层次、多样式合作。学校与杭州市就业管理服务局共建 SFBT 焦点解决生涯咨询技术工作坊，通过杭州市“师友计划”协同开展创业教育、孵化等工作；学校与拱墅区人社局合作开展政策进校园、培训、孵化器合作等工作；依托学校现有的与企业共建的山屿海商学院、华为网院等 10 个行业学院，对接行业需求，与企业共建师资队伍，实施“百业培师”“千人业师”计划，共同打造产学研创新基地，联合培养创新创业人才。

（二）建立保障机制，务实推进硬件、软件建设

1. 多渠道争取创新创业经费

学校通过专项配套、财政项目申报、投标政府就业创业项目、校友捐赠等方式，内外联动，每年投入创新创业教育实践经费 500 余万元。

2. 设立创新实践学分，建立激励机制

建立创新创业学分累积与转换制度，合理认定学生开展创新实践、发表论文、获得专利和自主创业的学分，允许学生将创新创业项目申请为毕业论文（设计）项目，学生注册成立创业公司或在省级及以上创新创业类竞赛中获奖，经审核可以替换毕业实习和毕业设计；出台弹性学制规定，允许学生休学创新创业。

3. 建设“一园四区”校创业产业园

目前校内有近 3000 平方米的“一园四区一空间”大学生创业园，在园孵化创业项目 50 余个。依托二级学院，建设跨境电商、软件开发、电子商务、影音制作、文化创意、生物制品等双创实践基地。

（三）结合应用型人才培养目标，建设双轮驱动的创新创业人才培养体系

1. 以生为本，坚持培育创新精神的教育理念

以培育学生创新精神、创业意识和创新创业能力为重点，以深化校地协同、校企合作、产教融合为抓手，全面推进教育教学改革，建立科学的创新创业教育课程体系，构建“全链条式”创新创业人才培养体系。

2. 构建“全链条式”的创新创业人才培养体系

学校创业教育旨在培养具有社会责任感、创新精神、创业意识和创业能力的高级应用型人才。面向全体学生，结合专业教育，将创新创业教育融入高级应用型人才培养，采取“专业 + 创业基础 + 实践”的人才培养模式。整合资源，完善服务机制，构建“全链条式”

创新创业人才培养体系。

3. 构建“三位一体”的课程体系

建设点面结合、专业融合、线上与线下相结合的创新创业教育课程体系。成立职业发展与创新创业教育教研室，整合校内外专家资源，加强创新创业类课程的开发及教法改革研究，编写校本创新创业教育类教材，建立双创案例库。形成基础性教育、专业领域创业教育、创业培训“三位一体”的创新创业教育课程体系。做到全校学生全覆盖。

4. 完善创业实践服务体系，实现“共性 + 个性”全方位指导

将学生参与课题研究、项目实验、创新创业项目训练等活动认定为相关专业学习，建立创新创业档案和成绩单；将学生创新实践纳入学分制管理和学生评价中，建立创新创业成果在学生评奖评优、提前毕业、免试保研等工作中予以认定加分的相关鼓励制度；为有意愿有潜质的学生制订创新创业能力培训计划，建立创新创业档案，为创业学生提供个性化指导服务。校政联动，成立焦点咨询工作坊、彩虹生涯发展工作室，为学生提供就业创业咨询服务。

5. 打造“专兼结合、校企共建、结构优化”的创新创业教育师资队伍

初步打造形成一支结构优化、校企兼备的创新创业教育师资队伍。近三年来，组织学校教师参加国家级创业咨询师培训、省创业导师工程培训、KAB 创业师资培训等，共计 30 余批次 400 余人次，并与北森生涯公司、杭州市就业局等共同开展“教练技术”“创业教育课程教师培训”“创业导师训练营”等师资培训工作。

6. 建设校内外资源协同的实践育人体系

逐步建设和完善创新创业实训实践教学体系。一是在校创业园开展创业实践，三年来，先后有 123 个创业团队入园孵化，参与创业学生近千人，建立了一对一指导服务制度；二是充分运用学科、专业的优势，与二级学院共建跨境电商、软件开发、艺术创意等创业实践基地，形成创业集群和创业学生年级代际自繁衍的态势；三是充分运用学校地处杭州市区的地理优势，与学校周边的运河跨境电商、建华文创园等共建孵化基地 18 个；四是建立“3.5+0.5”创业雏鹰班孵化培育机制；五是充分运用行业学院资源优势，共同开展创新创业实践；六是全校的实验室、实训中心面向创业学生开放并提供服务；七是学校教务处建设有创新创业类网络课程平台，图书馆购置有创业数字图书馆，创业学院建立“创树大”“树大合伙人”等微信公众平台；八是与政府部门协同开展实践基地建设、创业团队孵化和资源对接等活动。

7. 打造创新创业“论剑、试剑、亮剑”的活动体系

大力开展大学生创新创业能力提升行动计划。联合杭州市人社局，共同举办每年一届的“创业论剑”之“企业家进校园”创业系列主题活动以及创业大讲堂、创业沙龙等活动，“创业试剑”之创业方案设计竞赛、模拟营销大赛、生涯规划大赛、种子网商创业大赛、网络运营虚拟创业大赛等活动，以及“创业亮剑”之青年创客会、创业实践大赛、大学生潮流生活展、创意集市等活动，营造浓厚的校园创业文化氛围。

8. 建立全程化、全方位的服务体系

学校建立了学生创新创业课题研究、学科竞赛、项目训练的机制，对辅导教师计算教学业绩、考核工作量，并将其作为每个教师必须完成的工作项。在职称评聘条例中，对于教师指导学生创新创业活动和竞赛有明确的要求。对于创业团队，我们建立了结对指导孵化机制，建立为每个创新创业项目配备一个校内导师、一个校外导师的“双导师”制度。创业学院对创业学生进行持续帮扶、全程化指导，并打造“创咖 · 1984”创客空间，使之成为学校创业者、创业点子、创业资金及其它创业资源集聚、交流的平台。

9. 打造深厚的创新创业文化

营造深厚的创新创业氛围，每年开展校级“创业之星”的评比、宣传活动，并运用学校官方微信公众号等媒体平台大力宣传创业典型、创业政策、创业教育成果。

建立多个创业类学生社团，逐步形成创业集群的特色。如星光励志创业社以电商和小商品的营销创业为主，星空创业联盟成为跨境电子商务创业学生的聚集地，追光社则以影音制作类创业为主。蓝图大学生职业创业协会已成为杭州市大学生就业创业社团联合会的 6 个主席团成员之一。

## 三、实践成效

经过多年的实践积累，学校基本构建了“专业 + 行业 + 创业”的“全链条式”协同育人创新创业人才培养体系，形成“12345”创新创业多维生态系统。

“1”是建立一套独特的运行机制。创业学院由学校领导挂帅，采用“虚拟学院，实体运作”的运行机制，科学灵活，利于双创教育要素的统筹与整合，利于创业学院的高效运行，解决了资源分散、组织僵化、信息不对称等问题。

“2”是构建“双轮驱动”模式。一个轮子是把创新创业的要求嵌入学校应用型本科院校建设方案中，另一个轮子是通过落实《浙江树人大学创新创业教育改革实施方案》，把创新创业教育改革各项任务分解到各个部门、学院及专业，由创业学院做好统筹协调的工作，实现专业学习与双创教育的有机融合。

“3”是形成“三维度支撑”的创业型人才培养模式。立足于“专业知识培训、创新精神培养、创业能力培育”，通过职业发展规划指导、学科基础融合岗位要素的专业教育、创业咨询服务、创业孵化帮扶等全程化教育机制，借力校内外导师资源，形成“导师相伴贯始终，教练成长促行动，平台建设创圆融”的生涯教育助推闭环。

“4”是打造“四位一体”的双创实践平台。利用校内 3000 平方米的创业园区，建设大学生实现创业实践实训基地；通过与政府、行业、企业的深度合作，18 个校外双创基地联动，共同帮助学生创业孵化；借助 10 个实体运行的行业学院，做实学生创新创业的实践平台；协同专业学院、学生社团以及社会力量等多方资源，建设促进创业学生及创业项目代际自繁衍的孵化生态系统。

“5”是实现五大建设目标。通过多种举措，建立了点面结合、专业融合、线上线下相结合的创新创业课程体系，打造了结构优化、专兼结合、校企兼备的创新创业教育师资队伍，建设了内外联动、资源共享的校内外双创实践基地，培育了“论剑、试剑、亮剑”校园创业文化品牌，基本实现了“课堂教学、自主学习、实战训练、指导帮扶、文化引领”融为一体的具有学校特色的创新创业教育生态链五大建设目标，初步构建了“专业＋行业＋创业”的“全链条式”协同育人创新创业人才培养体系。

## 四、总结评价

1. 教学成果

学校平时注重校内创业产业园与校外创业实践基地的联动。经过积极的探索实践，已基本形成与优势特色专业密切相关的外贸、电商、信息技术、文化创意、茶文化、老年服务产业、摄影及视频制作等10多个创业生态集群，构建了创业学生代际传承和繁衍的格局，呈现了比较鲜明的学校创新创业标签。

学校搭建了点面结合、专业融合、线上与线下相结合的“三位一体”创新创业教育教学课程体系，实现了双创教育学生全覆盖。

2. 社会影响

作为全国大学生KAB创业教育基地，学校现有校内外创业导师278人，其中2名创业导师入选教育部“全国万名优秀创新创业导师人才库”。

根据浙江省教育评估院调查，学校2014、2015、2016三届毕业生创业率排在包括独立学院在内的全省50多所本科院校的前8位。

3. 竞赛获奖

近三年，我校学生共获得包括浙江省“挑战杯”大学生创业大赛金奖等在内的百余个大学生创新创业类科技竞赛奖项。

4. 典型案例

随着学校创新创业教育的推进和创业产业园面积的扩大，参与创业实践的学生数不断增加，涌现了一批成功创业典型。如学校2014届毕业生柯云霞团队创办的AKOKO曲奇完成千万级天使轮融资，柯云霞本人也入选了《胡润百富》“2018胡润30×30创业领袖”榜单；2018届毕业生毛宇霄团队的创业项目“中老年在线音乐教育”现已成立两家公司，年盈利超过500万元。建校35年来，已涌现出一大批如上市公司浙江大华技术股份有限公司董事长傅利泉、杭州微光电子股份有限公司董事长何平等优秀创业校友。

接下来，学校将对创业学院“12345”创新创业多维生态系统进行深入探索，更好地为学生成长成才服务，努力培养德智体美劳全面发展的创新创业型人才。

（浙江树人大学推荐，执笔人：谢凌云、王军、董弋芬）

# 创新创业教育体系下<br>物联网方向人才培养研究与实践

## 一、背景

1. 计算机学科物联网方向人才培养的宏观重要性

物联网是继计算机、互联网和移动通信之后的又一次信息产业的革命性发展，被列为国家重点发展的战略性新兴产业之一，具有产业链长、涉及多个产业群的特点，其应用范围几乎覆盖了各行各业。物联网技术的高速发展，将推动我国迈进信息化强国的行列，为中华民族实现伟大复兴奠定坚实的基础。同时，物联网将带来一个价值万亿美元的重大市场。根据专业数据中心的预测，在接下来的几年时间里，将会有数万亿美元投入物联网领域，接入互联网的设备数量到2020年时将会达到340亿，采用传统数字终端接入方式的设备数量将会增长到100亿。可以预见，物联网以及支持物联网的M2M技术、云计算与大数据分析技术、移动通信技术，为每一个传统行业和新兴行业都将带来新的机遇。

桂林电子科技大学物联网工程专业于2012年开始正式招生，是广西优势特色专业，也是国内较早开办的专业。将物联网及其相关技术形成一门专业正式纳入高校专业体系进行人才培养，不但是国家和政府大力发展物联网产业的重要体现，也是国家在人才培养模式上做出及时反应的重大举措。

2. 计算机学科物联网方向人才培养是西部经济发展的需要

从2002年以来，在广西建立的中国-东盟自由贸易区对广西经济发展既是千载难逢的历史性机遇，也是巨大的挑战。而重视和发展网络建设对于电子政务、电子商务、企业信息化等具有重大的经济和战略意义。《广西壮族自治区国民经济和社会发展第十二个五年规划纲要》（以下简称《纲要》）针对新一代信息技术产业与经济社会信息化做出了详细战略部署，《纲要》提出，要重点发展三网融合、物联网等信息技术产业，加强云计算服务平台建设，大力发展智能电网产业。而物联网工程作为计算机工程、网络工程和电子工程的有机综合体，在国民经济和社会发展中的作用越来越受到重视。

由于历史和地域的原因，广西的信息产业、制造工业都相对落后。相关技术人才的紧缺是制约广西企业快速发展的重要因素。随着经济的国际化，特别是环北部湾经济圈的建立以及中国-东盟“一轴两翼”区域经济合作新格局的实施，广西从中国-东盟的前沿阵地升级为区域的经济中心枢纽，为广西的经济发展带来了良好的机遇，同时广西的本地企业也面临严峻的挑战。因此，利用信息化技术改造传统产业和传统产品，是广西本地企业提高企业创新能力、生存能力和竞争能力的有效手段。而广西装备制造、电子信息、材料、汽车及汽车零部件等产业基地的发展，离不开物联网工程技术方面的专门人才。

3. 创新创业教育融入专业教育是高校创新创业教育改革的重要方向

在当前“互联网 +”大环境下，传统的计算机类和电子信息类专业课程已经无法满足教学要求，其教学内容陈旧、教学资源不统一、教学方式滞后、教师技能有待提升、教学效果较差，难以培养社会需要的计算机类和电子信息类专业人才。计算机类和电子信息类课程教学的实践性较强，然而，很多学校计算机类和电子信息类专业课程仅仅运用理论知识讲解的方式开展课堂教学，忽视了学生对课程内容的操作实践，学生缺乏练习应用技能的机会。这种教学方式难以满足学生的实践需求，很容易导致学生对枯燥的理论知识失去兴趣。把创新创业教育融入专业教育，有助于使专业教育跟上时代更新的步伐，让学生在实践中加深对理论知识的理解与兴趣。同时，专业教育水平的提高，也为创新创业教育的开展奠定了扎实的基础。

因此，结合创新创业教育体系结构，培养计算机学科物联网方向的人才，一方面可以满足社会对这类人才的迫切需求，为我国特别是西部地区提供人才资源，另一方面也可为我校计算机与信息安全学院巩固相近专业的学科群体优势提供更有力的支撑。

《纲要》的政策鼓励为我校计算机学科物联网方向人才培养提供了很好的支持。同时，桂林电子科技大学在物联网技术相关方面的教学及科学研究方面有自己独特的特色和优势。我校计算机与信息安全学院已建设有物联网基础实验室、物联网综合实训实验室等专业实验室，拥有广西物联网技术与产业化推进协同创新中心等高水平科研平台，并依托计算机专业实验室进行计算机技术的各种实验。已形成计算机科学与技术、网络工程、物联网工程等专业方向的专业群体优势，为以适应社会发展需要为目标而进行物联网方向人才培养提供了很好的师资、实验场地、设备以及教学经验，并针对广西经济社会发展实际与相关政府部门及企业开展物联网方面的项目合作，已经取得了一定成效。

## 二、主要做法

为满足国家及地区物联网专业人才发展的需要，本课题项目在创新创业教育体系下，针对当前高校本科物联网方向人才培养的现状，培养适合现代社会经济发展需要的复合型人才，通过设计以专业学科知识为基础、以学科竞赛为促进因素、以“创新创业青年导师工作站”为驱动、以大学科技园为创业孵化平台的多元素培养方法，促进专业教育和创新创业教育相互融合与协同推进，为高校的创新创业教育体系发展提供一种新方向。主要采取措施如下：

1. 以专业学科知识为基础，建设物联网方向嵌入式课程群体系结构

在创新创业教育体系中，创业是目标，创新是灵魂，没有创新的技术产品，创业就无从谈起。而创新的基础在于专业学科知识。因此，对学生创新创业能力的培养，基础在于对学生专业学科知识的有效传授。研究“互联网 +”环境下物联网方向嵌入式课程教学新方法，建设物联网方向嵌入式课程群体系结构，不仅能够有效提高物联网方向专业核心课程教学质量，而且对计算机类和电子信息类课程教学改革意义深刻。

物联网是互联网与嵌入式系统发展到高级阶段的融合。嵌入式系统作为物联网重要技术组成部分，是学生全面地理解物联网本质的基础课程。传统的嵌入式课程包括微机原理与接口、单片机原理与应用和嵌入式系统原理及应用等相关课程，开设时间为大二下学期及大三上学期。而物联网专业课程包括无线传感器网络、物联网感知技术、RFID 原理及应用、物联网数据处理、M2M 技术等，开设时间为大三及大四上学期。由于两类课程开设时间有差异，容易造成内容前后脱节。本课题项目根据物联网专业的特点，结合创新创业教育体系的要求，将传统的嵌入式课程与物联网专业课程有效结合，紧密联系，建设物联网方向嵌入式课程群体系结构。该体系结构以微机原理与接口技术、单片机原理与应用和嵌入式系统原理及应用三门课程作为基础学习课程，采取课堂集中授课的方式，并辅之以课内实验的完成。以无线传感器网络、物联网感知技术、RFID 原理及应用、物联网数据处理、M2M 技术作为实践动手创造课程，增加实践环节的学时比重，以“教导并重”为宗旨，由易到难地开展线上线下的教学活动，积极探索优化教学投入与教学产出比的教学模式。

2. 以赛促学，丰富课程学习，全面提高学生实践能力

创新创业人才的培养，要求一方面丰富学生的知识体系，实现多学科知识的融合，一方面促使学生更深刻地理解和运用某一领域的知识，达到提升大学生综合能力的目的。因此，我们配合目前广泛开展的创新创业教育，积极鼓励并组织学生参加各类全国性的高水平大学生物联网科技大赛。为此，在专业教学过程中，我们强调学生对电子技术、程序设计等基础课程的学习，让学生接触并了解基本的电路设计方法、电路分析方法、程序设计方法、软件体系结构设计等，使其掌握软硬件结合的设计方法。同时，我们还加强培养学生的实践操作能力，让学生独立完成机械装配工作和调试工作，学习迅速判断机械故障，进而提高学生的观察能力和问题解决能力。

3. 以“创新创业青年导师工作站”为驱动，培育技术型创业团队

项目教师团队于 2015 年 6 月成立了云物互联青年导师工作站，该工作站于 2016 年 11 月成为校团委批准的青年导师工作站之一。工作站每年都在大学生创新实践基地开设 Web 前端、安卓 App 开发、Spark 大数据开发等三门视频教学课程，利用工作日晚上及周末时间播放课程视频，得到了学生的高度认可。同时，工作站每年都挑选一些优秀的学生组成项目团队，每个团队都有一名指导教师负责在项目实践中指导学生开展创新性项目

的研发，引导学生学习项目涉及的本专业基础知识，并在课余时间补充项目所需的专业知识，培养学生积极探索的创新创业意识与精神。鼓励跨学院、跨学科和跨专业组建创新创业学生团队，鼓励学生参加创新类学科竞赛和创业类竞赛，通过竞赛锻炼学生的创新创业实践能力。

同时，工作站还积极探索校企联合、优势互补的联合培养人才方案，目前已与深圳市古智科技有限公司、广西嗨洗环保科技有限公司建立了稳定的合作关系，建立了拥有专业导师和企业导师的“双轨”实践指导教师队伍。专业导师负责指导学生专业知识的学习及创新项目的方案实现，企业导师负责指导学生项目团队的创业能力提升及项目产品孵化落地。另外，“双轨”教师队伍的建立还可以解决当前工科院校教师工程实践背景不足的问题，着力提升教师的工程素养与科研能力，保证人才培养目标能够切实贯彻到教学工作中。

4. 以国家级大学科技园为创业平台，孵化创业团队

桂林电子科技大学科技园于2011年9月正式投入运行，学校与桂林国家高新区管委会联合申报的“桂林大学科技园”于2014年9月被国家科技部、教育部认定为广西首家国家级大学科技园，桂林电子科技大学科技园众创空间于2016年10月被国家科技部认定为广西首批国家备案众创空间。学校把创业企业孵化作为科技园的核心职能，全方位为进驻园区的创业企业提供孵化增值服务，做大一批支持和服务广西创新驱动发展战略的高新技术企业。利用大学科技园提供的工商登记、税务登记、创新基金申报、专利申报、企业培训、人才招聘、投融资咨询等特色服务，孵化学生创新团队中成绩突出、知识产权丰富、项目成员结构合理的优质项目，利用企业导师的人脉资源，加快项目通往资本市场的步伐，吸引风投公司的投资，得到创业孵化基金的支持。着力打造一批高水平的创新创业团队，让科技园成为学生创新创业的“梦工厂”。

## 三、实践成效

基于上述课题实施措施，近三年工作站团队已获得全国高校物联网应用创新大赛、全国大学生物联网设计竞赛等物联网领域科技竞赛国家级一等奖6项、二等奖10项、三等奖14项，获得大学生创新创业训练计划项目国家级立项3项、省级立项8项；以学生为发明人或著作人申报发明专利1项、实用新型专利4项、软件著作权12项；以学生为第一作者发表论文4篇，其中2篇为EI会议检索。培育出“智慧酒店系统”和“自动智能洗车系统”2项创业项目，获企业投资20万元，为该模式的实施提供了具有参考价值的理论研究基础。

## 四、总结评价

本项目依托原有计算机学科人才培养经验，借鉴国内外先进的课程改革经验，探索出一条适用于创新创业教育体系下高校计算机学科物联网方向应用型人才培养的实践教学改革途径，构建依托高校特设专业学科优势学科背景的实践教学体系，培养学生独立分析问题和解决问题的能力、工程实践能力和创新能力，并与其它计算机类专业的特点相结合，探索建立多专业、多领域、多技术融合的计算机学科物联网方向人才培养模式。

本项目主要有以下创新之处：

1. 依托院校特色和优势专业背景的资源整合，优化物联网方向嵌入式课程体系，以创新创业为主要导向，提高学生动手实践能力。

2. 采取校企联合培养、优势互补的方式，建立拥有企业导师和专业导师的“双轨”实践指导教师队伍。解决当前工科院校教师工程实践背景不足的问题，着力提升教师的工程素养与科研能力，保证人才培养目标能够切实贯彻到教学工作中。

3. 改革实践教学考核方法，以多元化理念构建多元化评价模式。

4. 以赛促学，以创业为目标，培养物联网方向紧缺人才。

在后续工作中，我们将加强学生实践环节与理论教育的结合，增强学生的动手能力、分析解决问题的能力以及创新能力，使其在毕业后能够较快适应公司实际工作。

（桂林电子科技大学推荐，执笔人：陈俊彦）

# “四位一体”式大学生创新创业教育改革模式

## 一、背景

江西中医药大学创建于1959年，是国家中医药管理局与江西省人民政府共建高校，博士学位授权单位，全国党的建设和思想政治工作先进高校、全国文明单位、全国绿化模范单位、全国法治宣传教育先进单位、全国节约型公共机构示范单位。

经过60年的建设与发展，学校的教育水平大幅提高，科学研究成果丰硕，办学特色日益彰显，各项事业实现跨越式发展，已成为以中医药教育为主体、多学科协调发展、产学研结合特色鲜明的高等中医药院校。

在长期的发展中，学校一贯高度重视培养师生的创新意识、创业精神，注重丰富师生的创业知识，提升其创业能力。学校早在2001年即提出了“培养适应社会进步和中医药事业发展需要，具有市场竞争力的实践型、创新型、创业型人才”的人才培养目标。产学研结合的人才培养模式先后在2001年教育部本科教学工作随机性水平评估、2007年教育部本科教学工作水平评估、2012年教育部全国高校设置评议委员会专家组考察时，得到专家组的高度认可和肯定，在行业内也形成了广泛共识。

特别是近年来，学校积极响应“大众创业、万众创新”的号召，深入贯彻《国务院办公厅关于深化高等学校创新创业教育改革的实施意见》等文件精神，积极开展创新创业教育，形成了“一个目标、两项融合、三方协同”的改革思路，即以培养“实践型、创新型、创业型”合格人才为目标，以促进创新教育与创业教育相融合、专业教育和创新创业教育相融合为手段，以构建学校—企业—政府三方协同合作的创新创业生态系统为重点，着力建设管理、教学、实践及帮扶体系，着力完善管理运行、考评激励、融合发展、协同育人、跟踪帮扶等工作机制，着力推进管理规范化、教育普及化、培育项目化、平台基地化、指导专业化、服务全程化，深入开展了一系列创新创业教育改革与实践，取得了较好的成绩。

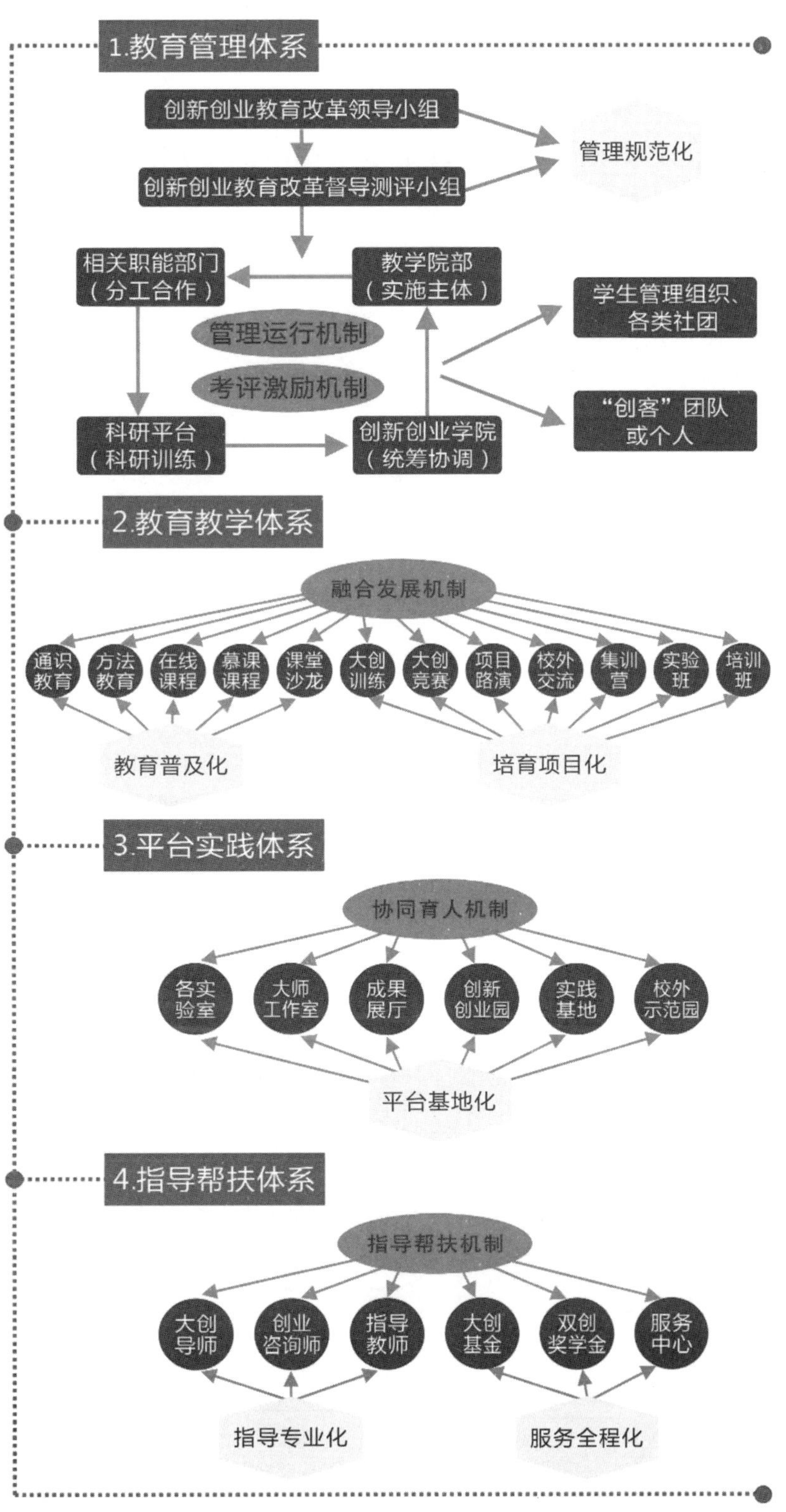


图 1　"四位一体"创新创业教育改革体系图

## 二、主要做法

### （一）健全管理体系，做好顶层设计，教育改革有规划

学校党委和行政高度重视创新创业教育改革工作，成立了学校创新创业教育工作领导小组，建立了领导小组会与教学工作会相结合的例会制度。2015 年 10 月，学校出台《江西中医药大学创新创业教育改革实施方案》。2016 年 8 月发布了《江西中医药大学“十三五”发展规划》。2016 年 5 月，学校成立创新创业学院。2017 年 12 月，学校成立了创新创业教育工作督导测评小组，并出台了《江西中医药大学创新创业教育工作督导测评办法（试行）》。

### （二）构建教育体系，推进协同育人，人才培养有创新

1. 加强教育教学改革，强化人才培养过程

（1）修订人才培养方案。学校启动了 2018 版人才培养方案的修订工作，明确将创新精神、创业意识和创新创业能力作为学校评价人才培养质量的重要指标，强调将创新创业教育融入人才培养全过程，要求各专业学生至少需完成 4 个创新创业学分方能毕业。

（2）构建创新创业教育模式。学校积极构建“前期趋同、强化基础，后期分化、因材施教”创新创业教育模式。一是以全员化教育普及为基础，建设并认定了 148 门创新创业类课程以供学生学习，并在第二课堂中举办了创业讲堂、创新教育午间沙龙等活动。二是以项目实践为重点，在中、高年级学生中开展学科竞赛、创新创业训练计划、创新创业大赛等活动；各教学院部也开设了中药科研实践班、求强实践班等人才培养改革实验班，重点培养学生的创新创业能力和实践动手能力。三是以精英培育为目标，在高年级学生中开设“互联网 +”大学生创新工程集训营、大学生创新创业“小总裁”实验班等特色课程，致力于培养创业精英。

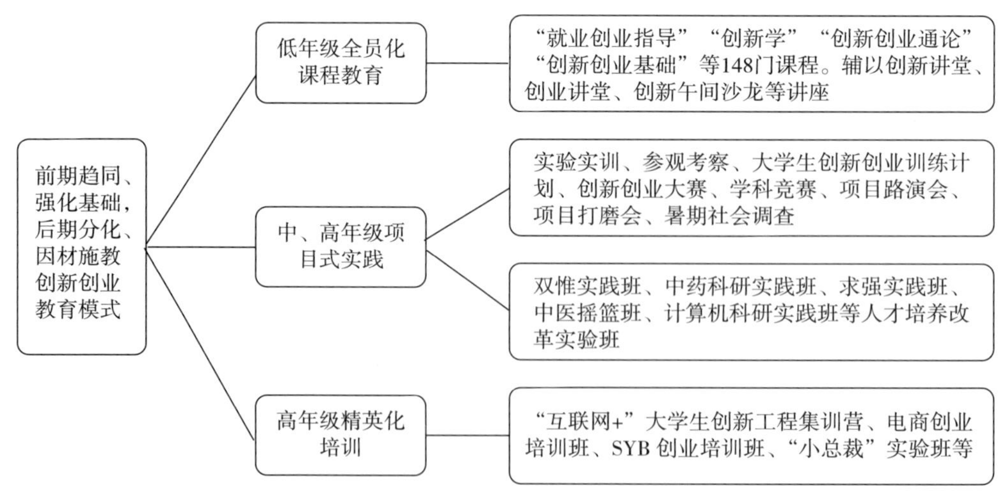


图 2　创新创业教育模式图

2. 构建协同育人机制，转变人才培养模式

（1）构建学校—企业—政府三方协同合作的人才培养体系。学校依托当地各级政府部门和产学研合作单位，以“实践型、创新型、创业型”人才培养为核心目标，构建了学校—企业—政府三方协同合作的人才培养体系，力图调动高校、产业和政府的创新动力，发挥各方优势，形成良性的螺旋式互动发展关系，提高人才培养质量，促进行业或地区经济社会的发展。

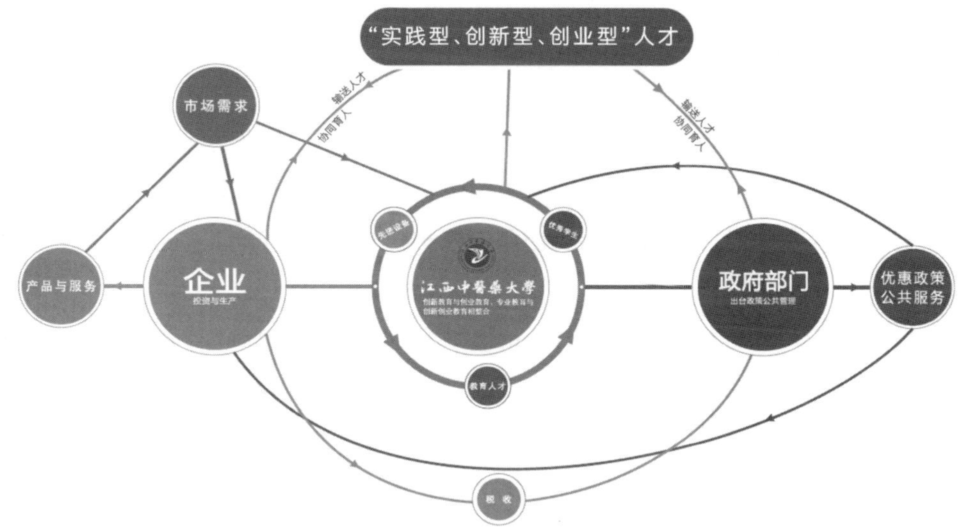


图 3　学校—企业—政府三方协同合作的人才培养体系图

近三年，学校在湾里区和新建区政府部门的大力支持下，建立了两家校外大学生创新创业示范园；与湾里区公共就业人才服务局合作，定期在学校开展 SYB 创业培训，组织学生参加湾里区“春风行动”并做大学生创业项目展示；学校还分别与江西博雅生物制药股份有限公司签署了战略合作备忘录，与北京启航致远教育科技有限公司、富德生命人寿保险股份有限公司江西分公司等单位签署了协同育人战略合作备忘录，开展全方位、深层次、多形式的合作。

（2）积极推进多样化人才培养模式改革，实施教育部卓越医生（中医）教育培养计划和科教结合协同育人行动计划。学校积极组织申报、管理与人才培养模式改革相关的国家级、省级、校级质量工程项目，构建三级人才培养改革体系。目前，学校已获批“‘产学研结合培养高素质复合型中药人才模式创新研究与实践’国家级人才培养模式创新实验区”“教育部卓越医生（中医）教育培养计划——面向基层的中医全科医学人才培养模式改革”等国家级项目 7 项。

（3）探索校企融合的人才培养机制。学校分别与江西天越科技股份有限公司、浙江施强制药集团等单位签订合作协议，设立了生物医学工程专业“天越卓越工程师班”、药学专

业“施强班”和“博雅班”、中药学专业“景德中药班”、中医学专业“早临床班”，推进校企合作、校院合作，共同制定人才培养方案，组织教育教学，推动人才培养模式改革，合力打造高素质应用型人才。

（三）优化实践体系，建设实践基地，项目培育有平台

1. 优化创新创业实践活动体系

（1）每年定期举办大学生创新创业竞赛。学校每年会定期举办“互联网 +”大学生创新创业大赛、“创青春”大学生创业大赛等竞赛，并组织优秀项目参加“挑战杯”全国大学生课外学术科技作品竞赛、“远志杯”全国高等中医药院校大学生课外学术科技作品竞赛等创新创业赛事。学生获奖不断。

（2）定期召开大学生创新创业园项目入驻申报评选工作。鼓励教师将优秀科技发明、专利等科研成果与大学生创新创业团队相结合，并作为指导教师共同申报；鼓励各类创新创业大赛中的优秀作品及各级大学生创新创业训练计划立项项目转化为实践项目进行申报。

（3）每年开展大学生暑期思想政治理论课创新创业专项实践活动。组织优秀项目团队赴革命老区、贫困乡村、合作单位开展项目调研、创新创业成果推介、指导帮扶等活动，助力精准扶贫和乡村振兴。

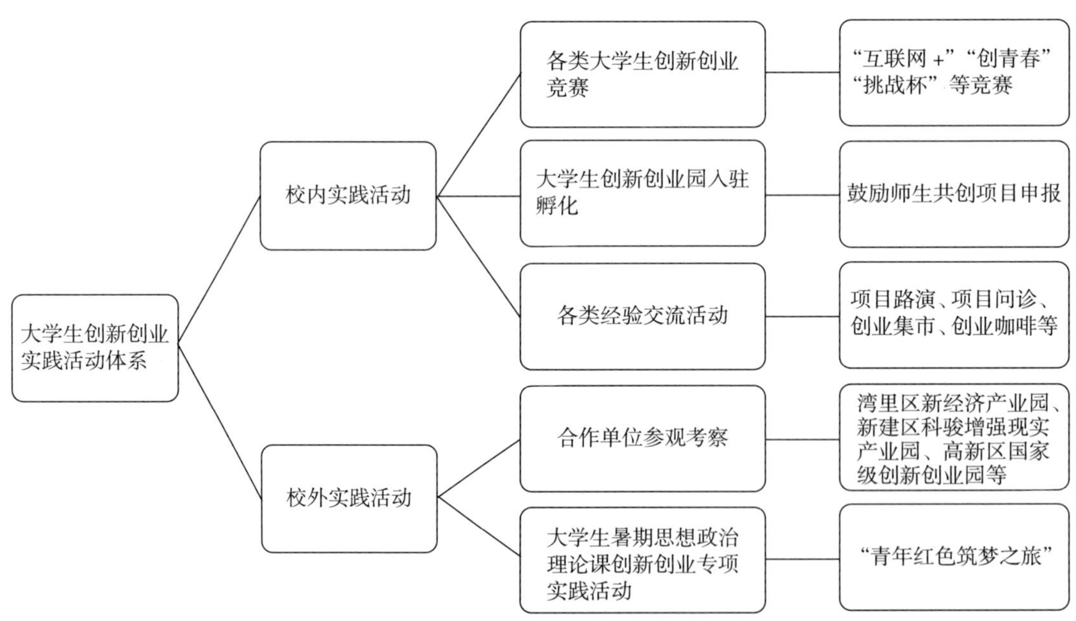


图 4　大学生创新创业实践活动体系图

2. 积极进行校内外创新创业实践基地建设

（1）建立实践教育基地、示范园。学校依托校办企业、产学研合作单位等建立了 191 家大学生创新创业实践教育基地，并积极参与江西省国家级大学生创新创业示范基地建

设。学校还分别与湾里区新经济产业园、江西科骏增强现实产业园签约，共建校外大学生创新创业示范园。

（2）加强校内创新创业基地建设。学校自筹资金400余万元，建设了2200余平方米大学生创新创业园——创业实践中心，并积极申请中央财政支持地方高校改革发展资金500万元，用于在中心内建设创业咖啡、创新人才工厂、电商孵化中心、创客路演大厅、创业模拟实训室等众创空间项目，可同时孵化30余项大学生创业项目。

（四）完善帮扶体系，加大经费投入，创新创业有保障

1.完善大学生创新创业指导帮扶体系

（1）加强创新创业信息服务。学校建设了创新创业学院网站和“江中双创”微信公众号，广泛宣传政府鼓励大学生创业的有关政策，同时编印《学生就业创业手册》，免费发放到每名毕业生手上，让学生尽享尽知。

（2）强化指导服务。学校以创新创业学院作为大学生创业指导服务机构，由大学生就业指导服务中心给予配合，在大学生创新创业园内建设了“一站式服务”中心，为师生“创客”提供项目论证、公司注册、财务管理、法律咨询等一条龙服务。

2.加大经费投入，扶持创新创业

（1）将创新创业教育所需经费纳入年度预算。学校对创新创业教育经费投入逐年增加：在2017年预算中列入400余万元经费重点建设大学生创新创业园；2018—2019年安排中央财政资金500万元用于建设一批众创空间项目。此外，学校还将2017年7月收到的中央彩票公益金大学生创新创业教育专项资金50万元和2018年7月收到的江西省大学生创新创业示范基地建设资金100万元全部纳入了学校预算，确保专款专用。

（2）鼓励社会资本支持大学生创新创业。2017年学校牵头成立了创新创业教育基金，并注入启动资金10万元。2018年，该基金得到了来自南昌银河高级职业学校等3家单位的首批捐助。另外，由江西博雅生物制药股份有限公司投入经费，在学校设立博雅药学创新创业奖学金，鼓励和支持大学生创新创业。

## 三、实践成效

惟学惟人，求强求精。学校创新创业教育教学改革与实践，承前启后，终见成效。

近三年，培育大学生创新创业团队骨干1000余人，各类创新创业教育活动覆盖学生20000余人次，学生素质得到全面拓展，学生的创新精神、创业意识和创新创业能力得到了大幅提高。学生在中医临床技能大赛、“互联网+”大赛等各级各类学科竞赛和创新创业竞赛中屡创佳绩。2019年10月，我校大学生团队在第五届中国“互联网+”大学生创新创业大赛中共获得金奖1项、银奖1项、铜奖5项，是江西省高校总成绩最好的学校，也是全国中医药院校中获得金奖和奖牌总数最多的学校。

近三年，学校共立项国家级大学生创新创业训练计划项目 105 项，校级大学生创新创业训练计划项目 164 项，投入经费 219 万元，参与学生达 500 余人。学生共获得各类型国家专利 13 项，注册公司 40 余家。

近三年，学校先后被授牌为“中国大学生 iCAN 创新创业实践教育基地”、全国“大学生 KAB 创业教育基地”、“江西省大学生创新创业示范基地”、全国第二批“深化创新创业教育改革示范高校”，教学成果“大学生创新创业教学改革与实践”获 2017 年江西省高校省级教学成果一等奖。《2017 年江西教育年鉴》对学校创新创业教育改革的好经验、好做法进行了收录出版。2019 年 8 月，学校被教育部认定为 2019 年度“全国创新创业典型经验高校”，示范辐射作用更加明显。

## 四、总结展望

学校一直以来高度重视大学生创新创业教育，下一步，学校还将进一步完善人才培养方案，加强慕课课程建设及应用，加快培养中医药创新团队，努力实现至 2020 年，产生一系列创新创业教育标志性成果的目标。我们坚信，在习近平新时代中国特色社会主义思想的引领下，江西中医药大学的育人之路将越走越宽阔！为创新中国战略的实现，为中医药事业的进步，为地方经济的发展，做出学校应有的贡献！

（江西中医药大学推荐，执笔人：叶耀辉、艾卫平、乔信江）

# 华清洁利绿色智慧校园

## 一、背景

1. 时代背景

2017 年 3 月，国家发改委、住建部发布《生活垃圾分类制度实施方案》，全国各地纷纷响应号召，出台相应细则，由此拉开全国垃圾强制分类回收的序幕。北京 2020 年将开始强制施行垃圾分类，而我国目前并没有一种成熟高效的垃圾分类回收模式。同时，随着如今“互联网 +”和“物联网 +”经济的飞速发展，互联网已经成为了人们生活必不可少的一部分，“互联网 +”这一新兴产物迅速走进了我们的生活。生活中处处可见支持互联网端口消费的场景，智能回收系统就是在这样一个时代下应运而生的。智能回收系统的出现，改变了以往费时、费力的废旧物品处理方式，它以互联网为依托，能够高效便捷地回收高校学生的废旧物品，控制了废旧物品的流向，确保了废旧物品进入安全的回收渠道。同时，智能回收系统和校园内众多的互联网端口消费场景能有机结合，形成了绿色循环经济模式，这也符合了我国提出的以绿色、循环、低碳发展为核心的生态文明建设政策。

2. 现实背景

近些年来伴随着经济的发展，所出现的许多令人眼花缭乱的新科技给人们的生活带来了极大的便利，衣食住行都发生了天翻地覆的变化。比如在大学校园里，自动饮料售卖机、快递的生意格外火爆，大学生们可以很便捷地生活。但这是一把双刃剑，科技的发展也同时衍生出了许多不可忽视的环境问题。在校园里，尤其是在宿舍楼下，每天的快递纸盒和饮料瓶堆积如山，一方面，庞大的数量给打扫卫生的叔叔阿姨以及校园环卫人员造成了极大的工作量，另一方面，未被分类的垃圾难以处理，会对环境造成严重影响。

大学生是个很特殊的群体，在大学校园里，由于学生生活结构的原因，很多的旧物是能够回收再利用的，特别是瓶罐、书本纸张、快递纸盒和衣物等等。

3. 数据背景

根据《校园生活垃圾分类收集调查及垃圾的厌氧发酵处理》的调研数据，高校学生人均生活垃圾产量介于 0.068 kg/d 和 0.186 kg/d 之间，平均为 0.104 kg/d，主要组分包括厨余类、纸类、橡塑类，可回收垃圾总量占 80% 左右。根据《中国石油大学（北京）校园环境问题调查研究》，中国高校每星期消费塑料瓶约 10955 万个，北京某高校消费约 6.6 万个。

数据显示，高校大学生产生的生活垃圾绝大多数可以回收利用，这为我们智能回收系统在高校的推广建立了基础。

2017年淘宝头条联合阿里研究院发布的“中国大学网购排行榜”显示，全国大学生人均一年收包裹约23个，每个包裹平均能产生0.186 kg废纸板，人均一年产生4.278 kg废纸板。2017年我国共有3699万大学生，一年大约产生1.582亿kg废纸板。未来，我们将会占到市场份额的10%左右，我们的智能回收系统将拥有广阔的市场。

## 二、主要做法

本项目致力于打造绿色智能的校园生态圈，推出的绿色智能分类回收终端具有自动识别分类、自动剪碎压缩处理等功能，平台搭载预处理系统，可与自助洗衣、公交卡充值、3D打印等各类消费场景有机结合，并且可实现回收机的远程控制和实时监控，确保垃圾得到充分可靠的利用，实现垃圾分类回收的标准化。

目前我们将自主研发的且已经在20多所高校布点的自助洗衣机、烘干机、洗鞋机等智能设备与智能分类回收机结合，形成“智能回收积分—自助洗衣收益—智能回收扩大”的财务闭环机制，保证了运营资金的可持续性。后期我们将与吹风卡兑换、公交卡充值、自动贩卖、3D打印等消费场景相结合，以消费积分和平台激励等方式，激发大学生对垃圾回收的积极性，实现大学生“主动提供回收垃圾—得到优惠券—使用优惠券—再次提供回收垃圾”的良性消费闭环，在解决垃圾高效分类问题的同时，帮助更多人树立合理的环保价值观，实现绿色环保的经济效益与社会效益。

本项目将以智能分类回收机为依托建设绿色智慧校园、打造智能循环经济生态体系为目标，力争建设成为全国具有自主知识产权的高新技术企业。未来，公司将以智能分类回收系统为中心，辐射更多行业，让高校大学生的生活废旧物变成有价值的洗衣券、超市购物券、公交卡充值券等等。在给高校大学生带来便利生活的同时，也有效地处理高校大学生的生活废旧物，给校园环保工作减轻负担，打造绿色智慧校园，最终推广复制至社区乃至全社会，在提高垃圾分类回收效率的同时，帮助国人树立正确的环保价值观。

## 三、实践成效

目前我们已经在全国20余所高校铺设4000余台智能设备，形成了供应资金的闭环模式，且目前运营效果良好，每天需要清理回收终端4次（每台每次可容纳饮料瓶400个或者易拉罐800个），同学们参与回收的热情很高，同时也说明了在高校试点的可行性和科学性。

公司当前推出的智能分类回收终端机与云积分系统结合，能够高效快速地分类回收校园废旧物并进行初步剪碎打包处理，同时能很好地培养学生废旧物分类处理习惯。用户将废旧物投放进我们的智能回收终端机中时，云平台系统会给予对应的积分奖励，积分能够在校园商业圈进行再循环消费，达到绿色循环经济的目的。它在带来经济效益的同时，也产生了很大的环保效益。有效处理校园废旧物的同时，节约了大量的人力和时间成本，也产生了一定的经济效益，使得循环经济智能化，环保工作更科学，且目前市场上并没有我们这样的运营模式，全国也没有成熟高效的垃圾分类回收方法，因此我们将是这个领域的先行者。

## 四、总结评价

“华清洁利绿色智慧校园”是具有自筹资机制的科技型互联网项目。项目以已运行成熟的自助洗衣等刚需汇聚流量建立互联网平台，从大学生自助洗衣等消费生态链中获得较可观的收益，支持购买和布点智能分类回收机，将废物回收的收益转换成随机红包、积分奖励等，吸引大众使用回收机，从而形成自筹资闭环，有趣且持续地提升使用者的环保意识。

智能分类回收机具有自动识别分类、自动剪碎压缩处理等功能，平台搭载预处理系统，可与自助洗衣、公交卡充值、3D 打印等各类消费场景有机结合，并且可实现回收机的远程控制和实时监控，确保垃圾得到充分可靠的利用，实现垃圾分类回收的标准化。该回收机直接与最终垃圾处理产业联系，大大减少了垃圾的整理与流通环节，比传统小规模的“小商贩—垃圾回收站点—垃圾处理厂”模式节约了 60% ～ 70% 的成本，同时平台的数据分析将为我们后期项目的拓展延伸提供数据支持。

目前我们将自主研发的且已经在 20 多所高校布点的自助洗衣机与智能分类回收机结合，形成“智能回收积分—自助洗衣收益—智能回收扩大”的财务闭环机制，保证了运营资金的可持续性。

但是，在比特经济时代，追求异质性竞争和持续性创新才是一个企业的长久发展之计。现期本平台活跃用户已达 72 万余人，如何有效激活现有流量以及培养用户忠诚度是我们新的聚焦点。其关键在于如何使积分货币化以及给积分赋能，丰富积分变现渠道和提升平台价值。本项目通过进一步分析大学生用户的生活消费需求，得到了更精准的用户画像，做出了四个项目创新规划，分别是：(1) 增加基于“亲情社交”的积分变现功能；(2) 增加基于“实现社会价值”的志愿积分激励功能；(3) 增加基于“自媒体电商消费需求”的引流服务功能；(4) 发布基于“未来发展需求”的职业发展信息功能。

（中南财经政法大学推荐，执笔人：李金龙）

# 大连大学构建综合性创新创业教育实训平台的研究与实践

## 一、背景

近年来，教育部、省教育厅有关文件中多次提出“整合各类实验实践教学资源，建设开放共享的大学生实验实践教学平台”“支持在校大学生开展创新创业训练，提高大学生解决实际问题的实践能力和创新创业能力”等要求 。

大连大学充分利用地方综合性大学资源优势，以辽宁省教育厅教学改革项目“构建综合性创新创业教育实训平台的研究与实践”为依托，进行了历时两年的理论研究与实践探索，以学校文科综合实验教学中心“经济管理虚拟仿真实验”等平台为基础，以现代信息技术为支撑，通过资源整合、功能拓展、课程体系重构等，建成虚拟仿真环境与实体相结合的实训基地，打破时间、空间的限制，“把企业搬进学校”，形成了面向全校各专业的、分层次的创新创业教育实训课程体系。完善创新创业实训教学管理与服务系统，组建相对专业的教师队伍，建成了具有特色、优势突出、多功能的综合性创新创业教育实训平台。通过创新创业实训课程的实施与评价，增强学生的创新创业意识，帮助学生学习创业基本知识、掌握创业技巧、体验真实的创业环境和创业过程，全面提升学生的创业能力、经营能力、市场应变能力及就业能力。

## 二、主要做法

作为文科综合实验教学中心，如何在创新创业教育中发挥积极作用是我们中心建设发展的一个重要主题。两年多来，我们形成了较为系统的建设思路：第一，搭建跨学科跨专业综合性创新创业教育实训平台，使其条件优良；第二，开发以实践教学为主体、以创新创业教育为特色的系列课程，使其成为最受学生欢迎的课程；第三，建设促进学生个性发展的特色大学生工作室，使其成为学生创新的梦工场；第四，努力孵化学生创业团队并提供多方面帮助，全力支持其健康成长。为此开展了以下几方面工作：

1. 创新创业教育虚拟仿真环境建设。在文科综合实验教学中心优质的硬件环境条件基础上，对“多点触控电子沙盘”、“ERP 沙盘”及企业运营模拟室、竞争谈判室、虚拟商业环境室、财会模拟实训室等进行合理规划，科学布局，增加政务机构、商务机构、企业运营机构等职能部门岗位设置，配套了相关业务工作流程展板及创新创业教育宣传性挂图等，营造出创业历程中高仿真度的社会环境。

2. 创新创业教育实训软件系统建设。以经济管理类专业的《方宇跨专业虚拟仿真综合实训平台》为主体，配合《新商战》《创业者》《电商网络平台》《供应链管理》《客户关系管理 CRM》《人力资源测评实践教学系统》《HTP 心理痕迹分析系统》等专业教学软件以及《大学生创业实战模拟平台》《创新创业赛教一体化平台》等软件，基本建成系统化的创新创业教育实训课程体系所需要的数字化教学平台。

3. 创新创业教育实训课程体系建设。针对三类对象（即具有创新创业意识的人、具备创新创业条件的人、实施创新创业项目的人），初步形成创新创业模块化实训课程体系，包括：

创业准备模块：面向全校开设“创新工程实践”“创新创业认知”“创新与创业”等公共选修课程，实现创新创业思维训练及能力塑造。

创业模拟实施模块：面向创业实践班、创业团队开设“创业实训”课程，面向经管类专业开设“企业模拟实训”“创业实训”等跨专业综合实训课程，通过创业计划、创业培训、创业实战、创业交流等，囊括现代制造业、现代服务业以及供应链过程中的政务服务、外包服务、生产性服务、公共服务等，虚拟创建多个机构、多个角色，完成多种训练任务。

心理辅导及团队训练模块：自主开发了“创新创业团队心理训练”课程，该课程以培养学生的创新创业品质、激发创新创业兴趣和动力为目标，通过团队功能体验、团队性格塑造、沟通与合作训练、抗挫韧性训练、财商思考方式体验等心理团队训练活动，使受训者的自信心与勇于开拓、敢于承担、团结合作、坚持到底等精神得到明显提升。

4. 开展创业实践班培养模式研究。承办学校创新创业学院人才培养计划创业实践班，目前已招生 3 届共 100 余名学员。采用“3+4+X”培训模式，即“三阶段课程学习”、“四平台拓展性创业实训项目”、自主创业实践运营。与大连北方科技企业孵化基地共建创业实践班，利用镨华聚创工场、大连蒙恩聚创企业服务有限公司等孵化基地与企业家面对面学习、交流，邀请企业家走进课堂指导创业实训。孵化创业实践团队 4 个，均已完成工商注册并正式开始运营。

5. 创新创业教育实训队伍建设。通过校企联合（与大连北方科技企业孵化基地、镨华聚创工场、新道科技有限公司、北京赛云九州科技有限公司等）、校内师资整合及专业培训、校内外创业导师队伍建设等方式，初步建成一支专兼职结合、相对稳定的创新创业实训教师队伍，开展创新创业实训及创业指导工作。现有“全国万名优秀创新创业导师人才库”入库导师 1 名，“辽宁省优秀创新创业导师人才库”入库导师 2 名。

## 三、实践成效

该项研究与实践已经取得了较为明显的成效：

1.建成可满足经济管理类专业及全校性选修课程、创新创业实践班等使用的综合性创新创业教育实训平台，实现了“把企业搬进校园”的软件硬件环境。

2.经济管理学院专业顶峰课程“企业模拟实训”“创业实训”已开设两年，受益学生1700人次，课程教学使学生在虚拟仿真环境中进行企业运营实训，解决了长期以来经管类专业实习教学面临的困境，教学效果良好。作为创新创业学院构建“三层次、四平台”创新创业教育体系的主要内容，建成公共课层次及精英班层次的创新创业重点课程4门。其中以北京大学知名慕课“创新工程实践”为载体，探索“线上与线下相结合、理论与实践相结合、项目创意与实施相结合”的翻转课堂教学模式。课程教学团队在全国近400所同时开课的高校中表现突出，连续3次获得“‘创新工科实践’课程十佳教学团队”荣誉。学生通过课程教学产生的创意获批大创项目15项、申报专利5项、发表论文3篇。“协同开设网络环境下探究式创新创业课程”获批教育部产学合作协同育人项目，在该项目下开设的“创新创业认知”选修课，通过专业公司提供的云教学平台以及任课教师设计制作的丰富的数字学材，以“试错性探究、分享式讨论、体验性训练、协作式学习”的方式开展教学活动，教学团队获得项目组教学成果奖。我校学生的优异表现在全国十几所同时开课的学校中尤为突出。完全自主研发的“创新创业团队心理训练”课程已经开设3轮，课程内容体系、教学方法和模式已经形成，学生们反响热烈，积极投入，教学效果好，受益学生已近400名。

3.制定《创业实践班培养方案》，“3+4+X”培养模式基本形成。学生获得全国大学生“新道杯”创业企业经营模拟沙盘大赛辽宁省总决赛特等奖、一等奖多项，中国“互联网+”大学生创新创业大赛省级银奖6项，全国大学生网络商务创新应用大赛省级特等奖、一等奖4项，涌现出张垚等一批优秀的学生。

4.以该项目为依托，完成“构建创业实训模拟课程的研究与实践”“创新工程实践课程构建研究”“基于创新创业教育的团体心理训练的课程研究”3项大连大学教学改革项目并顺利结题。

5.发表论文《大连大学“三层次、四平台”创新创业教育模式》及《地方高校构建“一二三四”创新创业教育模式的探索与实践》；为学校获批辽宁省首批“深化创新创业教育改革示范高校”、“辽宁省大学生创业孵化示范基地”、辽宁省及大连市“众创空间”等提供了重要支撑。

## 四、总结评价

1.以开展创新创业教育实践性教学为突破口，从整合、优化教学资源入手，积极探索创新创业教育的有效途径，形成了一定特色。

（1）充分利用综合性大学的资源优势，以拓展、完善文科综合实验教学中心的创新创业教育功能为基础，将创新创业环境建设与软硬件条件建设、实训课程体系建设与师资队伍建设、创新创业方法训练与创新创业团队建设有机结合起来，建成跨学科、跨专业、跨年级的综合性创新创业教育实训平台。

（2）充分考虑高校创新创业教育对象的特殊性，建设系统化、模块化、多层次的实训课程体系，根据创业准备阶段、模拟实施阶段、实施发展阶段的不同需求开展有针对性的实训，同时利用心理辅导、法律实务等平台为创新创业教育提供多方面的有效支持。

（3）该实训平台建设依托现代信息技术手段，形成高度仿真的经济环境，“把企业搬进学校”；学生在相应软件支撑平台辅助下体验真实的创业环境和创业过程，通过企业多角色扮演，体验从企业创建到经营、管理、参与竞争的全周期活动，加深对经济环境和行业领域知识的理解；通过企业间的竞争与协作，综合培养学生的业务处理能力、经营管理意识和商业沟通技能，为提高学生的创业就业能力奠定坚实基础。

2. 发挥示范辐射作用，产生良好的社会影响。吸引省内多所高校前来参观交流，承办了全国性的“创新创业教育与虚拟仿真实验教学研讨会”，我校在会议上做了“文科综合实验教学中心创新创业教育功能的探索与实践”主题发言，产生了一定的社会影响。此外，我校在“全国高校创业师资培训班（辽宁）”上也做了专题报告。

3. 深入探讨创新创业教育的本质和目的：

（1）厘清创新教育与创业教育的关系：创新是创业的基础，没有创新何来创业；创新是创造新的价值，创业则是实现这个价值；创新不是上几门课就能掌握的，现有的高校创业教育是否能有效地培养学生的创新能力。

（2）商科平台在创业教育中的功能：产品、营销、管理是创业者首先面临的三大任务，所以商科平台在创业教育中必然要发挥积极的作用。职业教育领域提出的工管一体化、理实一体化在我们创业教育中应该得到充分体现，也就是说具有科技创新能力的创业者也必须具有管理学科的知识和能力。因此构建注重实战的创新创业教育课程体系至关重要。

（3）大学老师如何指导创业：大学老师缺乏创业经验、缺少具体的行业认知，在创业教育和指导中能做什么？我们认为有以下几点：定位于指导，对创业者给予认同、陪伴、鼓励、支持、信任；帮助创业者理清思路，从纷繁复杂中梳理出重点，进行适当的调整；以旁观者的角度给予创业者全视角的分析，如客户群、市场、竞争者、策略等。在该项目的实施过程中我们正是这样身体力行的。

（4）学校能为大学生创业做什么：学校通过四个方面为大学生创业提供支持和保障，助推大学生创业企业成长，推动资源链接，即开展创业指导课程和创业者论坛、讲座、研讨会、工作会等，组织各类创新创业大赛、项目路演、创业成果展示，孵化创业项目、开设创客空间、产业园等。

（5）回归创新创业教育的本质：创新创业教育并非让每个学生都去搞发明创造或者

开办公司，而是应该立足于创新思维启迪、创新能力培养、创新创业人格培育、创新创业实践体验，将其内化为一种基本素质，特别是靠永不气馁的勇气和坚韧不拔的毅力，最大限度地创造有价值的历练以及培育创业精神，让创新创业教育成为课程思政、立德树人的重要载体。

5. 下一步计划

（1）继续完善和拓展已建成的创新创业实训平台的功能，以创业实训课程为重点，形成面向不同层次和类型对象的创新创业实训内容和方法。

（2）组建“创业引导师训练营”，面向我校创业导师开展核心能力培养，至少合作开展3次以上的创新创业教育师资培训，力争培训师资60人次以上。

（3）以“互联网＋”大学生创新创业大赛为载体，开展创新创业仿真实训，将创新创业教育与大赛衔接起来，将教与学紧密结合在一起，面向全体、结合专业、强化实践，实现创新创业普及教育，力争让更多学生参加实训。

（4）遴选优秀“互联网＋”大赛项目，校、企导师合作进行重点培育和指导，力争孵化1～2个项目，助其进入创业实践环节。

（大连大学推荐，执笔人：郭辉）

# 以创新型艺术人才培育工程推进学生"双创"能力提升的研究与实践

## 一、背景

随着我国高等教育进入大众化阶段，如何在此背景下培养大量面向基层一线的文化艺术人才的同时，培养具有创新能力的拔尖人才，成为高等艺术院校迫切需要探索和解决的问题。近年来，国家实施创新驱动发展战略及创新型国家建设，世界范围内新一轮科技革命和产业变革加速进行，新技术、新产品、新业态、新模式蓬勃兴起。十九大报告提出要"激发全民族文化创新创造活力，建设社会主义文化强国"。对于高等艺术院校，培养具有创新意识、创新能力的创新型艺术人才就成为一项迫在眉睫的任务。2011 年以来，吉林艺术学院积极探索、与时俱进，构建以创新型艺术人才培育工程为主轴的"金字塔"式人才培育模式，将专业学科竞赛、大学生创新创业训练计划、实践性教学体系、艺术实践学分制度、项目带动教学、项目孵化项目等培养机制融会贯通于此人才培育模式，使创新创业工作达到新的高度。

## 二、主要做法

1. 主要内容与实际举措

我校自 2012 年起，不失时机地启动"吉林艺术学院创新型艺术人才培育工程"，采取一系列行之有效的措施，强化创新型艺术人才的培育，相继立项并完成了吉林省教育科学"十二五"规划重点资助课题"高等艺术院校创新型人才培养模式的研究与实践"、省教育厅重点教研课题"综合艺术院校创新型人才培养模式的研究与实践"和全国教育科学"十二五"规划教育部重点课题"综合艺术院校创新型艺术人才培养机制研究"等 7 项省级以上课题。2015 年制定《吉林艺术学院关于促进大学生创新创业的实施意见》，建立了"以创新型艺术人才培养为引领、以双创课程建设为基础、以我校独具特色的实践性教学体系为依托、以创新创业计划训练为载体、以创新创业大赛为抓手、以艺术实践学分制度为保障"良性联动的双创人才培养机制，有效增强了学生创新意识，提高了学生创新能力。

（1）以"理念"为先导。在全国首次提出综合艺术院校培养两类人才的划分标准和创新型艺术人才的培养理念。2012 年，成果完成人发表论文《解读 · 观照 · 思考——全面推进社会主义文化大发展大繁荣背景下的综合性艺术院校人才培养问题分析》，明确阐明了综合艺术院校应按照“少而精的创新型高端人才”和“适应性强的基础型人才”进行两类人才培养目标划分的观点；在此基础上，2015年，又在《综合艺术院校创新型艺术人才培养机制的研究与实践》等论文中明确提出“以人为本、优中选优、因材施教、个性发展、项目驱动、名家精培、学科渗透、创新创业和互联网＋教学”的综合艺术院校创新型艺术人才培养理念。

（2）以“工程”为引领。2012年启动实施“创新型艺术人才培育工程”，确立了“创新型艺术人才遴选标准”，制定了《创新型艺术人才个性化培养方案》，推进了“创新型艺术人才培养模式改革”，完善了“创新型艺术人才培养机制”，同时把创新创业能力作为衡量学生学习成效“重要标尺”。该工程每年在全校本科生中遴选比例为5%的具有良好艺术潜质、专业基础扎实、具有创新精神与创造力的学生，按照创新型艺术人才的培育政策进行培养，通过相关机制与评价考核办法激励创新人才不断进取，并实行末位淘汰制度，促其积极参与各级各类艺术创作、展览演出、专业竞赛、创新创业与社会文化服务项目及各类专业性实践活动，在实战中增强创新意识，提升创新创业能力。

（3）以“展演”为载体。为进一步加强学生创新能力培养，在展演项目内容选择上，实现了由传统经典项目向原创项目的转变；在参与人员选择上，由原来单一学科向多个艺术学科、专业交叉融合转变，使综合艺术院校艺术学科专业齐全的优势得到更充分的发挥；在项目层次选择上，由学校项目为主向学校项目与国、省项目并重转变，努力为学生创设更多的机会参加国家级展演项目，如：在国家艺术基金项目方面，原创话剧《南门客栈》在全国各省演出数十场，场场爆满，“情系长白”长白山美术作品巡展在北京、上海、重庆、广州等6城市展出7场，观众达3万人次，面向全国的“京剧杨派表演人才培养”项目、“纤维艺术人才培养”项目、“写意油画人才培养”项目等在国内业界均产生了较大的影响；在国家及省政府重大文化服务项目方面，建国六十年吉林彩车设计制作，世博会吉林馆设计及宣传片制作，中国国际儿童电影节开闭幕式策划、导演、数字媒体设计等，均有艺术类各专业的学生参与其中；近两年特别突出了创新创业展览活动，如2018年4月在教育部举办的全国大学生艺术展演活动中，吉林艺术学院的创新创业项目“i未来原创艺术平台”备受关注并获得本次展演一等奖，2018年7月参展中国艺术教育博览会，双创教育举措受到中国文联副主席、原文化部副部长董伟等领导的高度评价，学生们普遍在创新意识、创作能力方面得到锻炼与提升。

（4）以“竞赛”为依托。对于校级、省级、国家级三级专业性竞赛，学校都积极组织学生参加。其中多数参赛作品为师生原创作品，他们相继在国家及地方教育部门举办的中国“互联网＋”大学生创新创业大赛、全国大学生工业设计大赛、全国大学生广告艺术大赛、全国大学生艺术展演等，文化部门及相关行业举办的“文华奖”评奖、“桃李杯”舞蹈比赛、中国舞蹈“荷花奖”评奖、中国戏剧奖评奖（校园戏剧奖、小戏小品奖）、中国国际动漫节（“金猴奖”）、《中国好声音》、全国美展、CCTV全国电视小品大赛、中国国际微电影节、乌镇戏剧节等业界重要赛事中获得大奖。尤其是在已经举行了四届的中国“互联网 +”大学生创新创业大赛中，吉林艺术学院均获吉林省教育厅颁发的优秀组织奖，参赛团队获国家级银奖 1 项、铜奖 3 项，省级金奖 11 项、银奖 20 项、铜奖 10 项，获奖层次及数量在省内高校名列前茅。

（5）以“机制”为保障。建立了一套促进创新型艺术人才脱颖而出的机制。一是建立个性化培养机制，根据学生不同特点，在导师指导下因人制宜制定培养方案。二是建立成果汇报机制，按所在专业群定期举办成果汇报会。三是建立奖励机制，每学年对创新业绩突出者以奖学金形式进行奖励。四是建立资助机制，实行参赛、展演、深造、参与学术项目资助制度。五是以创新型艺术人才为核心组建创新团队，承担综合性艺术创作和展演项目，通过团队力量提高工作质量和研创成效，带动其他学生共同提高。此外，学校还对全体学生设立了艺术实践学分，引导他们积极参加艺术实践及创新创业实践，在校期间每生需完成的最低艺术实践学分为 10 学分。

2. 成果的创新点

（1）在全国首次提出综合艺术院校创新型艺术人才的培养理念

2011 年，立足全面推进社会主义文化大发展大繁荣的宏阔背景，深刻剖析综合性艺术教育的社会责任，理性分析国家的经济文化发展对艺术专业人才的需求，在全国综合艺术院校率先按照“少而精的创新型高端人才”和“适应性强的基础型人才”进行两类人才培养目标的划分，为综合艺术院校提供更加符合自身办学定位的人才培养标准。以此为基础，2015 年，在全国首次提出“以人为本、优中选优、因材施教、个性发展、项目驱动、名家精培、学科渗透、创新创业和互联网 + 教学”的综合艺术院校创新型艺术人才培养理念。

（2）在全国地方艺术院校率先实施“创新型艺术人才培育工程”

2012 年启动实施“以创新型人才遴选标准为前提、以制定创新型人才个性化培养方案为基础、以创新型人才培养模式改革为核心、以创新型人才培养机制为保障、以创新创业能力作为衡量学习效果根本标尺”的“创新型艺术人才培育工程”。工程实施以来，509 名拔尖创新艺术人才脱颖而出，他们相继在“桃李杯”舞蹈比赛、中国舞蹈“荷花奖”评奖、中国戏剧奖评奖（校园戏剧奖、小戏小品奖）、中国国际动漫节（“金猴奖”）、《中国好声音》、全国美展及中国“互联网 +”大学生创新创业大赛中获得大奖。

（3）创建东北地区高校唯一的艺术大学生创新创业平台。

2015 年 3 月，牵头创建“i 未来原创艺术平台”，该平台是一个面向全省 7 万余名艺术类师生及原创艺术人、民间艺人、非物质文化遗产传承人等提供原创艺术展示、交流、交易的线上线下平台。三年来，该平台立足本校，举办 3 次原创艺术季，开设 4 家体验店，举办 18 期艺术沙龙，与 26 所高校签署了校企合作协议，成功孵化了“鼎典艺术衍生品开发、演员公社、动态二维码”等多项富有产业前景的大学生创新创业项目，是学校双创人才培养机制中项目孵化项目的重要载体，该平台已成为省内首个也是唯一的艺术类师生创新创业平台，在省内外产生了很大影响：2015 年“i 未来原创艺术平台”获得首届中国“互联网 +”大学生创新创业大赛铜奖；2016 年成为吉林省教育厅与财政厅产学研引导资金首批融资企业；2017 年时任中共中央政治局委员、国家副主席李源潮在该平台调研，对我校创新创业教育工作及此平台给予了高度评价：“年轻人的这种创业精神是非常可贵的，这个平台的模式很棒，要坚持做好，把它做大做强，做到全国去。”

## 三、实践成效

1. 培养了一大批杰出的创新型艺术人才

2011 年以来，我校遴选的创新型艺术人才获全国性专业竞赛奖项 275 项，其中《中国好声音》冠军梁博、中国国际动漫节“金猴奖”获得者周兰兰、香港亚洲钢琴公开赛第一名段驰、日本早稻田大学硕士研究生黄桐、《星光大道》月冠军白婧、山东卫视主持人赵旭、百度公司高级产品运营师卫宗晓、北京神居动漫杭州分部副总经理梁德威、国际超模杨梦洹等学生在艺术文化领域已崭露头角。以创新型艺术人才为骨干的创新团队在国内外重要展演和专业竞赛中获得大奖。

2. 深入开展理论研究，将理论成果指导实践、应用实践

此项工作的负责人等围绕创新型艺术人才开展理论研究，其中承担并完成全国教育科学“十二五”规划教育部重点课题 1 项，即“综合艺术院校创新型艺术人才培养机制研究”，省级课题 6 项，含吉林省教育厅教学改革立项重点课题“综合艺术院校创新型人才培养模式的研究与实践”、省教科规划重点课题“高等艺术院校创新创业教育的研究与实践”和省高教学会高教科研课题“综合艺术类院校大学生‘双创’人才培养研究”等。发表相关论文 9 篇，其中《发挥综合特色和优势，培养创新型艺术人才》《综合艺术院校创新型艺术人才培养机制的研究与实践》《从“吉艺现象”看地方院校表演类创新型人才培养》分别在 CSSCI 来源期刊《中国高等教育》《中国大学教学》《艺术学界》发表。1 篇论文获省社科二等奖并被收录于吉林省政府《决策咨询报告》，1 篇获省高教学会高教科研成果一等奖。

## 四、总结评价

1. 部分相关成果被有关部门采纳，并得到批示和表彰

（1）2015 年，学校“创新型人才培养模式改革实验区”获批“吉林省高校人才培养模式创新实验区”。

（2）《当前我国艺术教育存在的若干问题及对策建议》被全国教育科学规划领导小组办公室《教育成果要报》2015 年第 4 期刊载，得到教育部领导的批示，并受到全国教育科学规划办的表彰。

（3）论文《发挥综合特色和优势，培养创新型艺术人才》被全文收入《决策咨询报告》（吉林省政府经济发展研究中心，2016 年）。

2. 第三方机构及国内高等教育专家对我校创新创业人才培养给予高度评价

（1）麦可思公司完成的《吉林艺术学院应届毕业生培养质量评价报告》显示：我校 2016 年毕业生自主创业比例为 7.7%，比全国非 211 本科院校毕业生自主创业比例（2.3%）高 5.4 个百分点。创业比例较高，得益于“创新型艺术人才培育工程”的持续推进及创业政策的实施引导。

（2）国内知名高等教育专家别敦荣教授对本成果的评语是：在全国艺术院校率先实施了“创新型艺术人才培育工程”，完成了一批相关课题，发表了多篇较高学术水平的研究论文，以先进的理念引领艺术人才培养顶层设计，优化了艺术人才培养过程，利用各类展演丰富了艺术人才培养方式，在艺术竞赛中提高了艺术人才创新创业能力，形成了促进优秀双创人才脱颖而出的保障和激励机制，培养了一批创新型艺术人才。本成果在全国地方艺术院校中具有领先水平和很高的应用推广价值。

（3）在省教育科学院组织的成果鉴定会上，国内知名高等教育专家柳海民、滕利荣、张德江等认为：本成果围绕如何提升学生双创能力，在全国率先提出综合艺术院校创新型艺术人才的培养理念，实施“创新型艺术人才培育工程”，创建东北地区高校中唯一的艺术大学生线上线下创新创业平台，在实现艺术类专业人才培养目标、提升人才培养质量，特别是提升学生双创能力上取得明显效果，具有很好的推广价值和示范作用。

（吉林艺术学院推荐，执笔人：恽鹏伟、庞忠海、王衍婷）

# 第三部分

# 高等职业院校

# 中英时尚设计学院创新创业教育实践案例

## 一、背景

中英时尚设计学院是浙江纺织服装职业技术学院与英国索尔福德大学合作开办的非独立法人办学机构。英国索尔福德大学是一所具有硕士、博士学位授予点的综合性大学，以优质的教学质量、不断创新的教学方式和面向就业的课程设置而著称。浙江纺织服装职业技术学院由宁波市人民政府设立，是浙江省示范性高等职业院校。服装产业是宁波市重点发展的产业，英国在服装设计领域处于领导潮流的地位。中英两校合作设置服装与服饰设计、时尚传媒、时尚管理三个专业，从师资队伍、管理模式、教学模式到评价体系等诸多方面进行紧密型合作。中英时尚设计学院在教学中尊重学生个性，通过以“one day project”为代表的跨专业协同教学等教学模式的创新，注重对学生人格品质、头脑思维、能力素质和创新创业精神的培养，以提升学生创新创业的综合素质。

## 二、主要做法

为达成创新创业教育的目标，高职学生创新创业教育在内容和形式上需要根植于专业教育和文化教育。中英时尚设计学院从专业培养计划上入手，从教学法的创新上着眼，从实践与市场的结合上落实，促进创新创业教育全面融入教育教学主渠道。

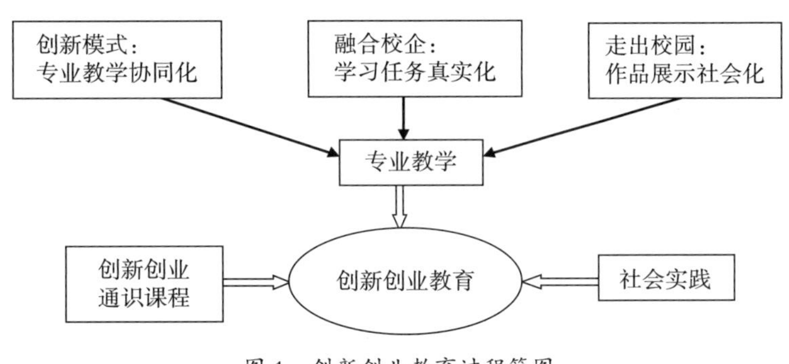


图 1 创新创业教育过程简图

### （一）通识课程进计划，创新创业教育有基础

创新创业通识课程进入培养计划。第一学期开设“职业生涯规划”课，让学生对自己

有基本准确的自我评价，结合所学专业特点及行业未来发展，给自己描绘一个职业生涯的基本轮廓。比如，某些学生就是通过课程中性格测试等内容，发现自己拥有创业的潜质，从而产生了创业的冲动。第二学期开设“大学生创业基础”课，通过创办及运行企业基本知识的学习，让学生把创业的冲动转化为对创业的理性思考与追求。通过这些启蒙教育，在学生的头脑中植入强烈的创业愿望，种下创新意识和创业理想的种子。

（二）专业教学能融入，创新创业教育有落实

1. 创新教学模式，将专业教育导入创新创业教育

（1）跨专业协同教学

大学生创新创业必须立足专业，只有将创新创业教育与专业教育深度融合，才能让学生获得足够的技能支撑，创新创业才有“含金量”。中英时尚设计学院的协同教学法很好地实现了创新创业教育与专业教育的“捆绑式发展”，引导学生根据专业特长进行创新创业，实现对本专业学生的个性化创新创业教育。

以“one day project”项目教学法为例，“one day project”是指在限定的时间内完成服装作品的设计、制作、拍摄、时尚视频制作、舞台编导、模特管理、舞台监督和宣传推广的商业运作。来自学院服装设计、时尚传媒、服装表演、人物形象设计四个专业及英国索尔福德大学服装设计专业的百余名学生被分成若干组，四个专业的中外教师同时在教学现场协同指导。每组以同一个主题为灵感合作完成项目任务。从饰品定制、服装设计、成品拍摄、微电影制作到符合服装设计风格的妆容设计与表现到最后的动态走秀，都由每组学生团队协作完成。所有的作品在项目的最后时段对外售卖，所得款项用于期末的作品展览。评价标准包括三个方面：创意性、商业价值、团队合作。项目的完成，不仅锻炼了学生的实际操作水平，也增强了学生的团队合作能力。即兴创作、快速创意、喷发灵感、大胆冒险、不惧失败、共同协作解决方案，这些正是一个创业者应具备的基本素质。

做好“one day project”项目教学，三个“协同”是前提：①培养方案协同，结合专业的培养方案，以时尚类知识为基础，课程内容围绕一个主题深入；②授课时间协同，协同专业在开学前协同授课进度；③教学活动协同，每月协同专业共同组织一次教学活动，每次活动分工明确，学生按专业特点承担不同的任务。

（2）校企协同教学

创新创业教育要求专业教育必须走向应用化。中英时尚设计学院专业课程教学邀请企业导师走进来，鼓励学生作品走出去。根据教学内容，密切联系企业和市场，使学生的创意与市场零距离，学生的创新创业教育与市场零距离。例如，“商业服装设计课程”以校企合作的形式展开，学生为两个公司的2018春夏和2017秋冬产品进行设计，从灵感调研、商业企划、工艺设计到具体服装制作，每一步都按照企业给出的要求完成，最终由企业挑选部分成果投入生产流向市场。邀请来自两个企业的设计师和创意总监介入教学，定期为学生讲课，学生作业按照企业的标准进行批改和完善。“摄影与造型技术”课程在教师

和企业导师的指导下，以小组的形式组织团队合作，为某品牌进行系列服装的造型拍摄，课程成绩以被企业选用的多少来定。未被企业选中的作品，要求企业导师给出评价，并提出修改的建议。

2. 深度校企融合，学生设计真实化助推创新创业教育

在广泛联系、调研、走访企业的基础上，寻找校企深度融合的切入点，通过企业校内工作室的模式，为学生创新创业实践提供平台和机会。目前已经入驻中英时尚设计学院（国际学院）的校企合作工作室有10余家。以中欧服装设计中心为例，根据学生创业意愿和学习能力，选择部分学生入驻中欧服装设计中心，企业委派设计师和设计主管一对一地进行跟踪和指导。从熟悉客户发来的资料、整理面辅料、款式草图绘制到效果图设计，学生根据客户的要求快速形成设计方案供客户参考，学生可以和国外客户直接交流，讨论设计思路。通过从英国外教那里学到的创新创意思维模式，以及对接欧洲市场的企业实践，学生的专业知识得到巩固，创新能力得到提高，企业收获融合中外原创思维的产品。

3. 作品社会展示，素质历练深化创新创业教育

创新创业教育是一种对基本能力与素质的教育，也是一种开发个体潜能、实现自我价值的教育。中英时尚设计学院通过学生作品公开展示的方式，以两个100%为学生提供了激发潜能、认识自我、实现自我价值的途径。专业课程100%设展，学生作品100%参展。每门专业课在课程进行阶段或课程结束都要安排作品展示环节，每个学生的作品都会被展出。这不仅仅是公平教育的一种体现，也是学生客观的自我认知、自我接纳得到的一种历练，更是对学生自信心的培养和实现自我价值的教育。为强化对这种创新创业素质的教育，学生作品的展示走进社区、走入城市时尚圈。学生和专业教师为筹办作品展，学会了寻求社会资源的支持，学会了与人的合作，学会了自我推销，了解了市场的需求，同时，也扩大了学校的社会影响力。

### （三）社会实践面宽泛，创新创业教育有拓展

中英时尚设计学院师生全员参与社会实践活动。“缅怀先烈，治理污水，服务老人，再寻红色之路”“我为城管来正名”等实践团队及贫困地区的走访调研培养了学生的社会责任感，“宁波风凡服饰有限公司服务团队”“宁波凌瑞服饰有限公司服务团队”“OneMore视觉团队”等实践团队在利用专业技能服务企业的同时也加深了对未来创业的认知，设定指标任务的推销实践培养了学生迎难而上的勇气，长途跋涉培养了学生坚毅的品格。这些丰富多彩的社会实践活动在潜移默化中拓展了创新创业教育的宽度，提升了创新创业教育的高度。

## 三、创新

（一）教学模式创新

通过跨专业协同教学、校企协同教学、国际协同教学等教学模式的创新，使得专业教学与创新创业教育有机融合，培养了学生具有国际视野的创新、创意、创业意识和能力。有利于专业教师对学生创新创业精神的培养形成自觉意识，有利于创新创业教育目标的达成，有利于推动高等教育改革。

（二）实战平台创新

通过企业校内工作室的模式，促进校企的深度融合。教学项目源自企业，教学成果服务企业，与市场零距离的实战平台使创新创业教育与实践有机结合。

（三）作品展示创新

通过学生作品在街道社区、城市时尚圈等校外场所的自我策划展示，锻炼学生心理素质及与社会沟通的能力，提升学生创新创业综合实力，深化创新创业教育效果。

（四）教育载体创新

通过教学模式、实战平台、作品展示的创新，实现了创新创业教育载体的创新。使创新创业教育由一门课程（“创业基础”）、一个学院（创业学院）融入大学专业教育教学之中。

## 四、实践成效

遵照《国家中长期教育改革和发展规划纲要（2010—2020年）》关于高等教育要“着力提高学生的学习能力、实践能力、创新能力”的要求，中英时尚设计学院通过实践，在着力落实学生创新创业素质教育方面，取得了一些成效及成果。

（一）创业实体自己办

创新创业教育使学生有能力通过不断的探索、尝试与合作，发挥个人的无穷潜力，实现自己的“奇思妙想”。学生创办公司10余家，主要经营服装定制、文化传媒、高校旅游等业务，与学生的专业技能密切相关。其中3个项目入选“全国高校优秀创业项目百强”。章放同学创办的宁波南辰北斗文化传播公司2018年年初获第三轮天使轮融资数百万元，并于2018年4月获得宁波市政府创业落地奖20万元。傅佳园同学所在的宁波梵克文化传媒有限公司运用欧洲的服装设计开发模式将设计作品快速导入市场，为电商品牌、外贸品牌、批发品牌等服装企业提供原创性较强、符合品牌风格及市场需求的时尚设计。通过原创设计，公司已经获得了稳定的收入。

（二）原创设计见效益

创新创业教育就是培养学生运用知识解决实际问题的能力。学生通过创新思维训练及实践，原创设计作品得到企业和客户认可。如王艳俐等同学参与中欧服装设计中心产品开发，20 余款作品代表企业参加了 2017 年度广交会；裘佳虹等同学参与德国 Home Shopping Europe Co. Ltd. 公司产品开发，完成设计稿 40 多套，有 28 套被企业选中下单订货；汪悦等同学参与恩凯控股有限公司原创产品开发，完成印花、设计等设计稿 25 套，其中 13 套被企业整合入产品册，7 套被客户选中进入打样阶段，客户认可率达 54%。

（三）各类赛事呈风采

各类大赛是学生创新创业热情的催化剂，也是创新创业教育成果的展示。学生先后获得省职业院校“挑战杯”创业大赛特等奖，省大学生职业生涯规划与创业大赛一等奖，2017 年中国国际（宁波）青年大学生服装设计大赛金奖，2018 年 6 月第二届中国纺织类高校大学生创意创新创业大赛全国总决赛一等奖、二等奖和第四届浙江省“互联网 +”大学生创新创业大赛金奖等奖项 30 余项。

（四）辐射影响面广大

高校与社会难以开展有效的合作，在很大程度上缘于高校长期以来封闭的办学模式，社会对于大学开展创新创业教育的能力和成效不了解。为接受社会的检验，专业教学全面开展“评展鉴赛”活动，面向社会举办多期学生作品展，营造学校社会共同育人的氛围，辐射面广，影响力大，被《宁波日报》、宁波电视台、学校网站等媒体报道。比如：《宁波日报》国际版 2016 年 12 月 20 日整版以《清幽小院吹起时尚风》为题报道了时尚传媒专业在和丰创意广场进行学生作业展。《宁波日报》数字报刊平台 2017 年 12 月 19 日以《摄影展架起中英艺术沟通的桥梁》为题报道了在宁波 Rasa 咖啡吧举行的学生作品 Zine 展。2018 年 4 月时尚传媒专业学生作品获选开眼画廊（Open Eye Gallery）展，宁波电视台也给予了专门报道等。2016 年学生微视频在世界知名时尚网站 SHOWstudio 上与国内外知名摄影师同一网页展示。

（五）教学创新受关注

中英两校合作的优秀教学项目“one day project”2017 年荣获由英国《卫报》评选的国家“教育卓越奖”二等奖。项目经验被作为典型推广，在 2017 国际时尚品牌发展论坛、全国高职高专艺术类学科中外合作办学实践研讨会、校教学工作大会等场合进行多次经验交流。

## 五、总结评价

中英时尚设计学院在创新创业教育方面做出了积极有效的探索。通过教学方法的创新，使专业教学与创新创业教育有机融合，学生的创新、创意、创业意识和能力得到显著增强。通过校企的深度融合，教学项目源自企业，教学成果服务企业，使学生的综合素质得到提高，学生进入企业后能更好地站在企业的角度，为企业服务。通过学生作品的社会展示，锻炼学生心理素质及与社会沟通的能力，深化创新创业教育效果。通过广泛的社会实践，培养学生的社会责任感和使命感，提升创新创业教育高度。

本案例很好地把握了创新创业教育的核心，即创业精神的培育。在实施创新创业通识教育及开展广泛的社会实践的同时，找准了落实创新创业教育的关键载体——专业教育。通过专业教学协同化、学习任务真实化、作品展示社会化，将专业教育与创新创业教育有机融合，为创新创业教育的有效开展提供了可借鉴的有效途径。下一步将在优化创新创业教育的系统性方面做出努力。

（浙江纺织服装职业技术学院中英时尚设计学院推荐，执笔人：梁惠、刘建长）

# 现代农业创新创业教育的探索与实践

## 一、背景

改变农业低、小、散、弱现状，促进农村一、二、三产业融合发展，发展农业现代化，推进乡村振兴，特别需要培养农科专业大学生从事农业创新创业。由于农业产业化水平较低、大型企业少，高职农科类学生就业出路相对较窄，因此特别需要培育创新创业型人才，以创新创业带动就业。现代农业发展，特别是在乡村振兴战略指引下，农业、农村成了投资、创业热土，特别需要现代农业创新创业示范引领。在此背景下，温州科技职业学院（同时保留温州市农业科学研究院建制）依托"农科教"一体化办学优势，聚焦农业新技术、新产品、新模式、新业态，以科研创新驱动创业，以创业教育引领专业教育，以创业培训培育新型职业农民，构筑以学生农业创业教育线为核心、农民创业培训孵化线和师生技术成果转化线为策应，以"训、研、创"为途径的全链条式现代农业创新创业教育体系，走出了一条"农"字特色鲜明的"双创"之路。

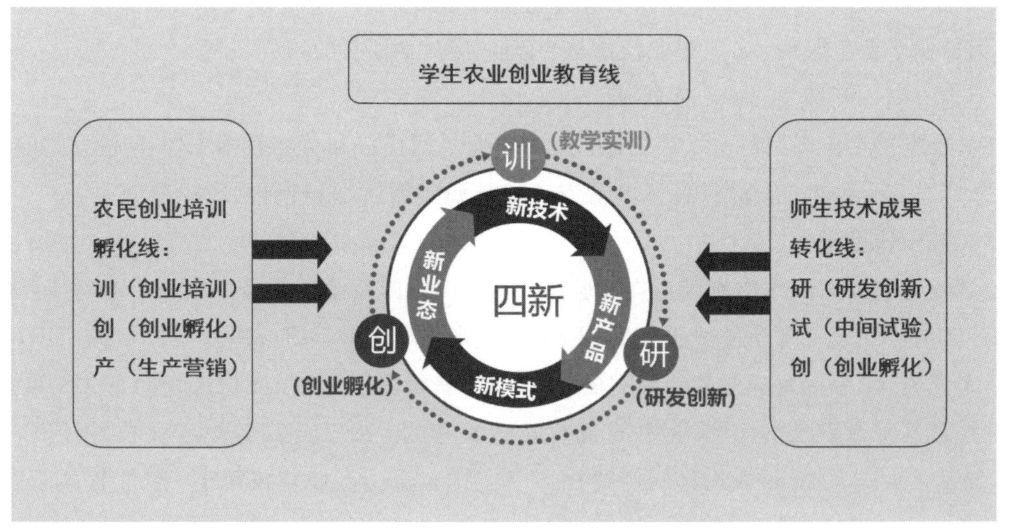


## 二、主要做法

### （一）训：创新教学实训模式

目前，学校农类专业数 13 个，2018 年农类专业年招生数 1259 人，农类专业在校生数位居全省高职第一，办学规模列全国农类高职前十。

1.“点线面”教学模式

学校把创新创业教育作为提高人才培养质量的突破口，将创新创业教育贯穿人才培养方案的全过程。在“点”上实施平台教学、专业分流、岗位培养的“2+1”创新创业人才培养新模式。在“线”上建立对接岗位、对接专业、对接行业、对接社会的创新创业课程体系。大一开设创业基础必修课，面向所有学生；大二通过专业选修课、专业必修课等形式将专业创新创业类课程纳入教学计划中；大三开设创业岗位方向课。在“面”上推动教学方法与学业评价改革新举措。

2.训创一体实训模式

每个二级学院建立专业实训创业实践平台。农业与生物技术学院建立大学生现代农业创业园；园林水利工程学院设有农业创意园与植物智能工场；动物科学学院设有动物医院、宠牧精品园；经贸管理学院设有蒲公英经贸园；信息技术学院设有大学生网商创业园。这些场地既是学生实训场地，也是学生创业实践场地；既是学生技术技能培训地，也是学生创新创业能力培养地。

3.全过程式培育模式

学校依托农业创业培训孵化线（训、创、产）优势，贯通学生从在校生到职业农民再到农业企业家的全过程的培养链条。学生在校期间可以参加农民学院组织的家庭农场主等各类培训班，到农民学院学员的农场、企业担任经理助理，利用学员基地进行创业实践。学生毕业后成为毕业校友，可以以学员身份继续学习。同时，学校专家等开展毕业跟踪服务，为创业毕业生服务，实现毕业校友从“有业”到“强业”的培养目标。

（二）研：研发创新驱动创业

学校坚持走应用型科研发展之路，发挥农业科研优势和青年教师主体作用，围绕新技术、新产品、新模式、新业态，深入开展农业科技源头创新，以科研创新驱动创业。

1.健全研创平台

学校建立如浙南作物省级重点实验室、温州市设施蔬菜工程技术研究中心等14个实验室，作物研究所、食品科学研究所、园艺研究所、宠物科学研究所等实体研究所16个。据不完全统计，新品种通过省级审定的有40个，获得国家专利、知识产权的有228项；农业科技创新成果获奖84项。据教育部科技司发布的《2017年高等学校科技统计资料汇编》显示，学校2016年人均科研经费9.17万，排名全国高职院校第十、浙江省高职院校第一。

2.创新研创模式

（1）“导师＋项目＋团队”模式。学校2009年出台《温州科技职业学院“导师＋项目＋团队”教育模式实施办法》，开始进行“导师＋项目＋团队”创新创业项目立项实践工作，共立项了500余项，辐射学生3000多名。

（2）“三新”项目模式。2015 年学校开展农业新技术、新模式、新业态的“三新”项目立项，建立科技成果项目库，共立项了 30 余项，辐射学生 200 多人。

（3）项目对接会模式。自 2016 年开始，各二级学院均开展依托研究所、专业的创新创业项目对接会，让学生加入导师创新创业项目之中，每年有 100 多个项目对接，辐射学生 2000 多人。

（4）师创生随模式。学校建立导师创新创业工作室 41 个，如星创农业开发工作室、时光烘焙工作室、一米花园工作室等，辐射 300 余人。

3. 构筑研创机制

学校构建了师生成果转化线支持创新创业教育，主要内容包括构建起研发创新、中间试验、创业孵化全链条的转化机制。特别是学校鼓励师生成果转化机制建设。首先，鼓励科技人员创新创业。学校允许科研人员离岗创业，鼓励学校科技人员到企业兼职，可以带项目、带成果到企业开展创新工作或创办企业；学校科技人员科研成果转让按照 70% 奖励给完成人及其团队。其次，允许技术作价入股。对于学生创新创业项目，指导教师可以技术作价入股，技术含量高的项目入股上限为 70%，技术含量低的项目入股上限为 30%。指导学生创新创业成效明显的，对教师入驻学校的企业，采取租金减免优惠政策。最后，建立师生共创机制。建立学生与科技人员共同创业机制。学生出人力、资金，负责运营等，科技人员负责核心技术开发，按股份制形式共同开展创业，如师生共创的 CCSA 小蜗牛生态农庄（由 10 位专业教师、6 位学生共同组成）。

（三）创：创新创业孵化模式

1. 搭建创业孵化平台

学校建有科技部备案学校的国家级众创空间——田园星创天地、省科技厅授予学校的省级众创空间——温科起点众创空间、省中小企业局唯一落户高校的浙江小企业创业基地、中华全国青年联合会落户学校的大学生 KAB 创业教育基地、温州市农业局联合成立的温州市大学生现代农业创业园、温州团市委联合成立的温州青年创业学院、温州市组织部联合成立的温州市大学生“村官”创业与研究基地、温州市经济与信息化委员会联合成立的温州市大学生网商创业园等国家级、省级、市级创业孵化平台 17 个。其中，温州田园星创天地的温州科技职业学院本部和学校分部——温州种子种苗科技园，已投入 1.2 亿元建设，核心基地面积 1030 亩（0.69 平方千米），辐射区块基地面积 5500 亩（3.67 平方千米）。目前，星创天地每年服务大学生、企业初创者、农创客、新型职业农民和青年创业农场主等 5000 人次以上，年成功孵化涉农企业 30 家以上。目前，在孵创业项目有 50 余个，如食尚农耕夏令营等。

2. 创新创业孵化模式

学校鼓励支持各专业、研究所结合专业技术、科研成果办企业，学校建立温州科苑资产管理有限公司，在每个二级学院设立子公司，让子公司结合专与人才培养开展产业开发、科研成果转化，如动物科学学院主办的温州科苑农牧有限公司，其动物医院的宠物诊疗、牧场的畜禽养殖营销、宠物美容院的宠物美容及用品销售三大主营业务对应了动物科学学院的动物医学、畜牧兽医、宠物养护与驯导三大专业，具体详见创新创业孵化图：

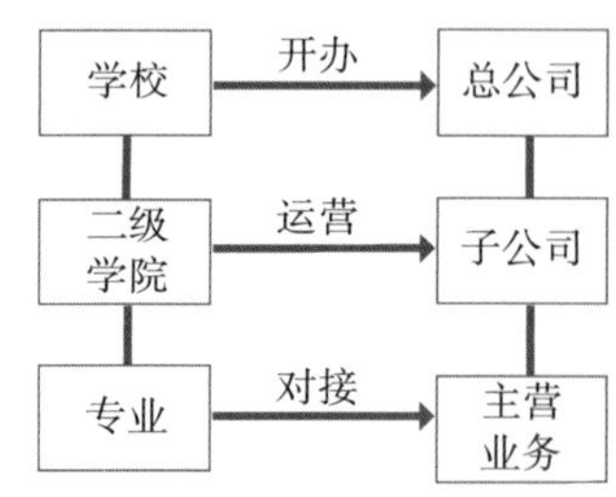


3. 强化创新创业实践

（1）政策支持学生创业。建立科学合理的创新创业学分积累、转换和奖励制度；给予创新创业学生奖励、补助，免费提供场地、配备导师等，允许学生保留学籍休学创业，建立创业导师制度等。

（2）成果创业机制。建立学生利用学校科研人员科技成果进行创业实践机制。让学生利用学校自有的知识产权的科技成果进行成果应用的创业实践。

（3）共辅共创机制。建立学生辅助科技人员创业活动机制。支持科技人员创业，以科技人员为主体，学生当助理，以科技人员创业带动学生创业。

（四）夯实创新创业保障

1. 健全工作运行机制

学校创新创业教育工作实行校院二级管理。学校层面，成立由学校校长任组长的大学生创新创业教育工作领导小组，党政合力推进，形成教务、科研、学工、宣传、人事、科技产业开发、后勤、计财、基地中心等部门齐抓共管的创新创业教育工作机制。独立设置创业学院，配备创业工作专职工作人员，统筹推进学校创业工作。二级学院层面结合研究所、结合专业深入开展创业教育与专业教育深度融合工作，配备专门工作人员对接相关工作。

2. 建立健全制度机制

学校出台《温州科技职业学院关于推进创新创业教育实施方案》（温科职院〔2016〕24 号）、《温州科技职业学院大学生创新创业学分认定管理办法（试行）》（温科职院〔2016〕26 号）、《温州科技职业学院教育教学改革创新工作量核算办法》（温科职院〔2015〕9 号）等 20 余个文件，对于推进我院的双创教育有着重要的指导意义。文件对学分冲抵、弹性学制、教师晋升、允许教师创业等敏感问题进行了明朗化。

3. 强化“人财物”保障

（1）师资保障。学校组建创新创业导师人才库，遴选聘请知名科学家、创业成功者、企业家、风险投资人等担任创新创业导师。学校每年根据需要安排一定的创新创业教育师资增人编制，选送专业教师参加创新创业培训，下企业挂职锻炼，不断提高创新创业教育师资队伍的专业化水平。

（2）经费保障。学校设立大学生创新创业扶持基金500万元；学校每年至少安排创新创业教育经费30万元。拓宽创业融资渠道，向银行申请创业担保贷款，吸引天使资金、风险投资等社会资本支持。

（3）场地保障。学校在校本部和科技园中划出专门的楼栋和区域供学生创新创业实践，目前校本部有182个点可以用于学生工商注册，为学生创新创业实践提供保障。

## 三、实践成效

通过实践探索，现代农业创业教育也取得了一些成果及成效：

1. 学生培养成效

据浙江省教育评估院调查显示，2013届至2016届（2017届数据还在统计中）四届毕业生毕业一年后平均自主创业率7.44%，名列浙江省高校前茅。学生曾在全国高校首届“创意 创新 创业”电子商务挑战赛一等奖、全国职业学校挑战杯三等奖、浙江省“互联网＋”创新创业大赛银奖、省高职高专挑战杯特等奖等国家、省市创新创业竞赛中获奖百余次。

2. 理论成果丰富

近年，创新创业教育相关内容立项省部级及以上项目10多项，发表核心论文30多篇，出版专著4本，编写教材8本，获国家级教学成果奖一等奖1次、二等奖2次，省科技进步奖二等奖2次等奖项。详见下表：

| 序号 | 项目名称 | 奖项 | 授奖单位 | 获奖时间 |
|---|---|---|---|---|
| 1 | “三创型”农经人才培养创新与实践 | 国家级教学成果奖一等奖 | 教育部 | 2018 |
| 2 | 点、线、面三维育人：现代农业创业型人才培养体系的创新与实践 | 国家级教学成果奖二等奖 | 教育部 | 2014 |
| 3 | 创业型职业农民“全程化”培育的创新与实践 | 国家级教学成果奖二等奖 | 教育部 | 2018 |
| 4 | 现代农业创业型人才培养的探索与实践 | 浙江省科技进步奖二等奖 | 浙江省人民政府 | 2015 |
| 5 | 大学生创业教育转型发展研究 | 浙江省科学技术奖二等奖 | 浙江省人民政府 | 2013 |
| 6 | 实施点、线、面三维创业教育，培养“学农、爱农、兴农”的现代农业创业型人才 | 浙江省教学成果奖一等奖 | 浙江省人民政府 | 2014 |
| 7 | “三创型”农经人才培养创新与实践 | 浙江省教学成果奖一等奖 | 浙江省人民政府 | 2018 |

续表

| 序号 | 项目名称 | 奖项 | 授奖单位 | 获奖时间 |
|---|---|---|---|---|
| 8 | 涉农高职院校创业教育的探索与实践 | 浙江省教育科学优秀成果奖一等奖 | 浙江省教育科学规划领导小组办公室 | 2014 |
| 9 | 农类高职创业教育的探索与实践 | 全国农业职业教育教学优秀成果奖一等奖 | 中国农业职业技术教育研究会 | 2011 |

## 四、总结评价

在服务乡村振兴战略和“双创”战略双落地的大背景下，学校将一如既往地紧扣“农”字特色，以农科创新创业人才培养为中心，以农业科技创新为动力，以成果转化、企业孵化为重点，以农业院校和农业科研单位为技术依托，以农科创新创业平台为支撑，以机制创新为保障，以创新驱动创业，以创业推动产业发展，将学校打造成农业创业教育高地、农业科技创新高地、农业创业实践高地、农业创业研究高地。

学校现代农业创新创业教育做法得到广泛好评，袁隆平院士对学校创新人才培养工作给予高度评价，被省委常委、副省长、温州市委书记、市长肯定性批示10余次，得到农业部、教育部、团中央、省科技厅、农业厅等10多个政府部门的肯定，也有数十所兄弟院校来校参观交流，被《光明日报》、《中国教育报》、教育部、省人民政府官网等主流媒体报道100多次。在全国农业职业教育教学指导委员会会议、KAB创业教育年会等全国会议上作为典型经验介绍；受邀参加教育部相关座谈会做典型发言。学校2次被评为全国高等职业院校服务贡献50强、全国高等学校创业教育研究与实践先进单位、全国青年就业创业教育先进集体、温州市区先进创业孵化基地等称号，并当选联合国教科文组织中国创业教育联盟首届理事单位。我校将继续探索结合温州地域特色、结合学校本身的农科特色、结合高职学生特点的创新创业教育。

（温州科技职业学院推荐，执笔人：邹良影）

# 打造众创梦工场　构建创新创业教育“美院模式”

## 一、背景

湖南工艺美术职业学院是国家示范性（骨干）高职院校、全国职业院校精准扶贫协作联盟理事长单位、湖南省卓越高职院校、湖南省大学生就业创业优秀示范校、湖南省创新创业带动就业示范高校、湖南省普通高等学校就业创业工作“一把手工程”督查优秀示范校（共四次）。

学校紧紧围绕为党育人、为国育才的培养目标，全面落实立德树人根本任务，将双创教育融入人才培养全过程各环节，打造众创梦工场，系统构建并实施“作品载体、三阶递进、全程融入”的创新创业教育“美院模式”，创新创业工作与精准扶贫融合、与湖湘特色非遗传承融合，取得显著成效。

## 二、主要做法

（一）落实工作保障，做实“四个到位”

1. 组织领导到位，强化顶层设计

（1）成立领导小组定期研究。学校成立了由党委书记、校长为组长的大学生创新创业工作领导小组，每学期召开 2 次以上专题会议研究部署双创工作。各院系成立了工作小组，落实推进双创工作。

（2）高位布局，将双创教育纳入办学目标。在“十三五”规划中把创新创业教育作为学校“二次创业”的重要突破口，制定了双创教育的具体工作目标、工作举措；制定了《深化创新创业教育改革实施方案》，确定了 8 项重点任务和 31 项子任务。2016 年卓越校建设方案中将双创教育作为特色建设项目。

（3）重点布置狠抓工作落实。制定了《就业创业工作考评办法》《就业创业经费管理办法》等近 30 项制度，将双创工作纳入学校年度工作计划、学期工作要点、年度考核，做到了年初有计划、过程有管理、年终有考核，规范管理双创工作。

2. 机构设立到位，成立省内高职首家创新创业教育学院

2016 年 5 月成立了湖南省职业院校首家“创新创业教育学院”，配备了 8 名专职双创指导人员，有单独办公场所 360 平方米。

3. 工作机制到位，纵横协同、齐抓共管

制定了《就业创业工作管理办法》，明确了院系和部门工作职责，设立了双创工作专家咨询委员会，形成了“学校统筹、部门协同、专家指导、院系实施”的内外协同纵横联动机制。

4. 经费保障到位，逐年加大投入力度

2013 年以来，学校设立了大学生创新创业教育专门经费，明确每年学费总收入的 1% 以上用于大学生创新创业教育工作。近三年双创工作专项经费为 143 万元、264 万元、378 万元，其中创新创业指导服务经费分别为 57 万元、91 万元、153 万元，投入 313 万元建设校内外创新创业基地，争取政府相关部门双创项目经费 405.5 万元。

### （二）全面深化改革，做实“美院模式”

学校全面深化各项改革，系统构建并实施了“作品载体、三阶递进、全程融入”的创新创业教育“美院模式”。

1. 第一阶，深化课程教学改革，培养创新思维

（1）制定开放融合的人才培养方案

2016 年全面修订人才培养方案，把提高学生双创能力作为人才培养重要目标，将双创教育与专业教育、思政教育、非遗保护传承、精准扶贫等有机融合，将“制作精良、思想精深、艺术精湛”的“三精”作品创作贯穿专业课程教学始终，为文化创意产业培养新时代创意型工匠。制定了《大学生创新创业训练计划》，实施大学生创新创业“筑梦—追梦—圆梦”工程。

（2）改革创新创业教育课程

一是构建“模块化、进阶式”的双创课程体系。各专业构建了“职业素质工学模块 + 项目导向工学模块 + 就业与创新创业模块”课程体系。就业与创新创业课程模块由双创必修课、双创选修课、实践活动必修课组成，共 9 学分，其中“创业基础”为必修课，32 学时，2 学分。建成了由 59 门课程组成的创新创业课程群，其中 8 门课程立项为校级精品资源共享课程、4 门立项为省级精品在线开放课程。与智慧树、超星合作，共建了“商业计划书制作与演示”“创新思维”等 21 门双创公共网络选修课。制定了“在线开放课程学习认证与学分认定试行办法”，2017—2018 年选课人数达 15379 人次。组织编写出版了《高职生创业基础》等双创教材 2 本。开发了 961 个类创业项目，建立了由 67 例创业典型组成的《工美创客案例集》，编印双创宣传册 5 本。二是改革课程内容。修订课程标准，将创新精神、创业意识和创新创业能力培养等融入课堂教学，将扶贫项目、非遗项目、企业项目、竞赛项目等引入课堂。

（3）完善教学管理

一是学籍管理政策驱动。制定了《学生创新创业学分认定和置换管理办法》，学生参加专业竞赛、创业竞赛、创业实践活动、扶贫活动，获得专利发明等均可申请认定为创新

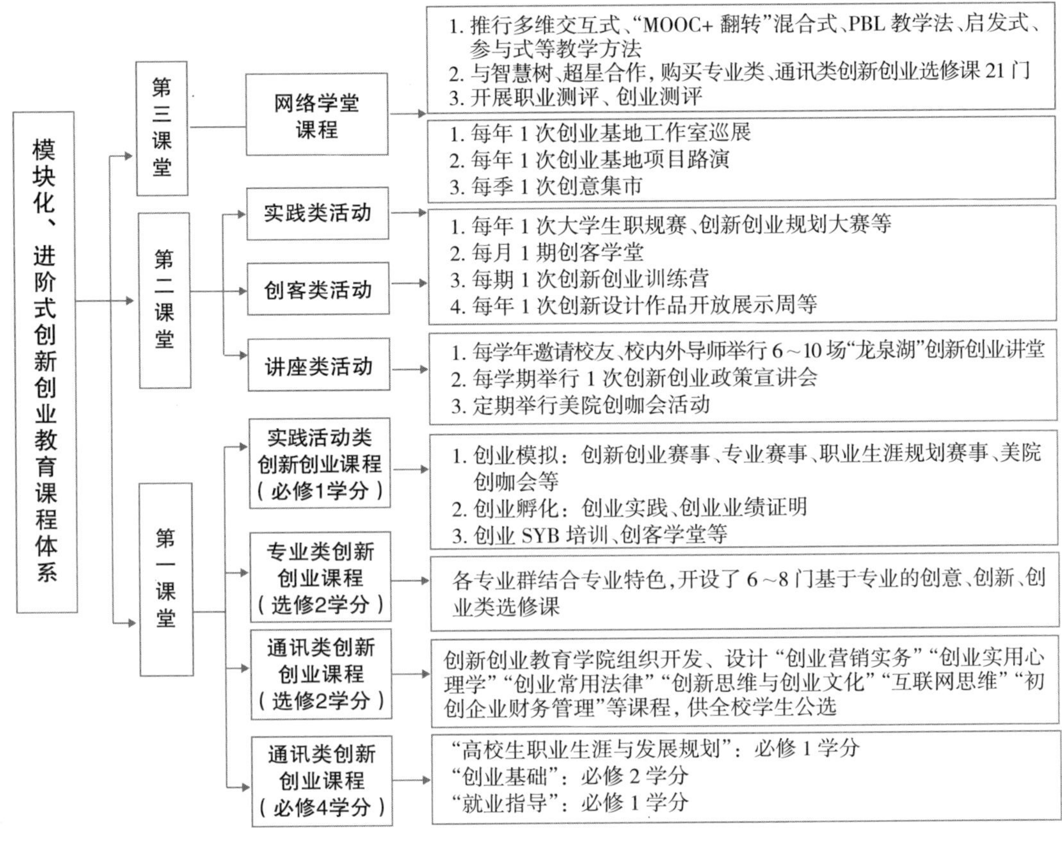


图 1　“模块化、进阶式”创新创业教育课程体系

创业实践学分，最高可置换 8 学分。三年来，有 5450 名学生申请认定创新创业实践学分，253 名学生实现了创新创业实践学分置换。修订了《学生管理办法》，制定了《学分制和弹性学制管理办法》，允许休学创业。三年来，共有 16 名学生休学创业。

二是多种双创奖励推动。设立创新创业奖学金，制定《学生创新创业奖学金评定办法》《创新创业竞赛奖励办法》，对在创新设计、创业实践、创业竞赛、扶贫实践、技能竞赛中表现突出学生给予奖励。三年来，共发放奖金 27.6 万元。双创成果突出的学生，可优先评先评优、专升本和推荐就业。

三是教研教改促动。三年来，开展了“创新思维从 0 到 1”“创新创业信息化教学”等双创教育教学研究活动 11 次，开展启发式、参与式、“MOOC+ 翻转”混合式教学，且成效显著。三年来，教师立项省级、国家级教改课题 39 项，获得省级、国家级职业院校信息化竞赛奖励 38 项。在考试考核中增加双创内容，实施以作品为载体的考试考核和线上线下、理论实操相结合的考试办法。

（4）打造“校企互通、专兼结合”的创新创业导师团队

一是增强双创师资多元性。打造了一支“校企互通、专兼结合”的创新创业师资队

伍，该队伍由8名专职双创教师和89名兼职双创教师构成的校内双创教师队伍和63名风险投资人、创业成功校友等组成的校外双创导师队伍构成。现有5名省级优秀创业导师、4名省级创新创业教育专家。有5人获“全国高等学校创业教育工作先进个人”称号。

二是提升双创师资专业性。制定了《2017—2019年师资队伍建设规划》，近三年共开展教师双创教育教学能力专项培训班6期，选送了135人参加省级、国家级创新创业师资培训考证，9人获得国家职业指导师资格、8人获得SYB创业培训师资格、9人获得创业咨询师资格。2018—2019年，学校主办的4期全省职业院校教师素质提高计划国培班中，开设双创课程。

三是调动双创师资积极性。将双创教育成效纳入教师个人绩效考核，作为教师职称职务评聘、中层干部评先评优的重要依据。三年来，向双创先进部门、先进个人等发放奖金26万元。

2. 第二阶，强化创新创业实践，让创意变作品

（1）建设全真化、立体化双创实践平台

高标准建设国家级示范平台。创建了集创意思维训练、创新创业实践、成果孵化转化于一体的校内创新创业实践基地“众创梦工场”，包括大学生创意创业街、五大专业群创新创业孵化区、创客书吧、创客咖啡、创客空间、尚艺创意设计中心、湖南工艺美术创意设计园（核心区）等场所，总面积达10680平方米。众创梦工场获“国家级众创空间”“湖南省创新创业带动就业示范基地”“湖南省创业孵化基地”“湖南省大学生就业创业见习示范基地”等7项荣誉。

联合打造校外双创实践基地。校地校企共建湖南湘绣产业科技园、通道侗族非遗保护与研发工作站、湖南工艺美术品设计研发中心、湖南工艺美术创意设计园、梅山文化创意产品设计研发中心。另外，各专业群还与相关企业、园区共建签约挂牌的就业实习基地和实习实训基地211个。所有校外基地都制定了具体的管理规章制度和扶持创新创业的优惠政策。

（2）开展全程化、递进式双创实践活动

构建并实施了“专业实践—创新创业实训—创新创业竞赛—创业孵化”全程化、递进式双创实践实训体系。学校与当地政府和107家企业签订了合作开展双创实践实训的协议，形成了政行校企合作开展双创实践实训的长效机制。近三年，合作企业为4500余名学生提供了校外创新创业实践机会。

每年制订双创实践活动计划，并把学生参与双创实践活动的成效纳入学生综合素质“第二课堂成绩单”和学分系统。全校现有大学生创新创业协会、创客俱乐部、剪纸协会等创新创业型社团18个。三年来，系统举办创客学堂36期、创新创业训练营8期、创意集市16期、政策宣讲13场、“龙泉湖”创新创业讲堂35场、创新设计作品开放展示周3次、美院创咖会23场、创业路演6次、入驻项目巡展3次以及“青年红色筑梦之旅”活动1次

等。2018 年，创意创新创业实践活动学生覆盖面达 92%。

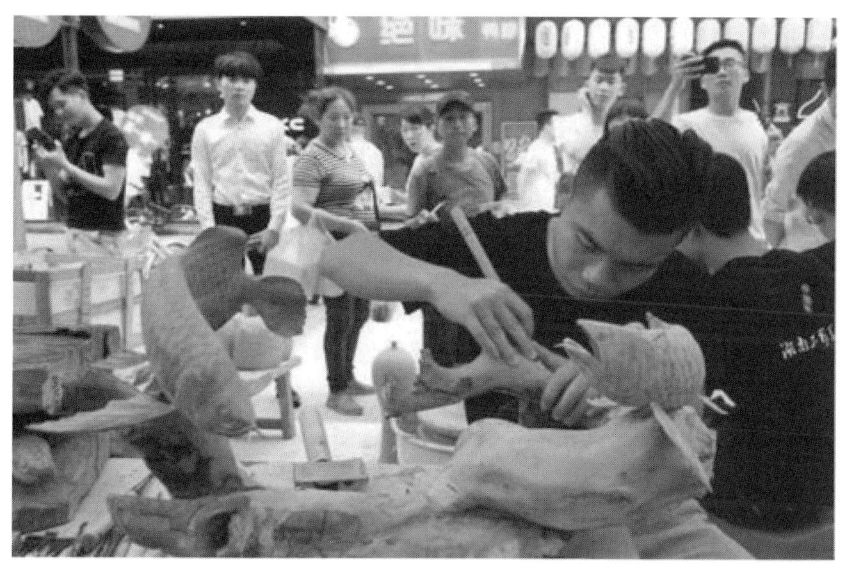

图 2　学生在创意集市（长沙市黄兴路步行街）上创作售卖作品

累计举办了 9 届校级创新创业大赛，每年组织学生参加“挑战杯”“互联网 +”“黄炎培”等创新创业竞赛和专业竞赛。三年来，1047 名学生荣获“挑战杯——彩虹人生”全国职业学校创新创效创业大赛一等奖等省级二等奖、国家级三等奖及以上奖项 314 项，其中获省级二等奖及以上创新创业竞赛奖励 32 项，服装专业学生谭惠文获得 2019 全球技能挑战赛金牌。

图 3　学生获 2016 年“挑战杯——彩虹人生”全国职业学校创新创效创业大赛一等奖

图 4　学生谭惠文获全球技能挑战赛金牌

3. 第三阶，全方位指导服务，让作品变商品

（1）完善“全要素、一站式”指导服务体系

构建了“全要素”指导服务体系。将政策、人才、技术、资金、市场等要素整合叠加在众创梦工场内，建立覆盖“咨询、培训、扶持、信息”的指导服务体系；与湖南国纬律师事

务所、湖南金创创业服务有限公司合作，为学生提供法律、评估、中介、成果转化等咨询服务；配备专兼职 SYB 培训师 11 名，校企设立 100 万元的大学生创业基金，建立创新创业网站、微信公众平台、美院微商城。

开展了“一站式”双创指导服务。学生免费入驻校内创新创业实践场所。三年来，校企双方为创业学生开展项目分析与诊断、财务评估、补贴政策申请等创业“门诊”服务活动 39 场。大力开展 GYB 和 SYB 培训，截至 2018 年，已举办创业培训 31 期，培训学员 3320 余人。孵化项目实行“双导师制”。对入驻基地的学生创业项目和创业团队给予 3 千至 3 万不等的经费扶持，帮助 19 个项目申请政府创业扶持资金 90 余万元。创新创业网、微信服务平台、创新创业宣传栏、美院微商城等发布双创信息 3100 多条，学生满意度达 96.5%。

（2）营造崇尚创新、宽容失败的氛围

通过报告会、微信公众平台、创新创业讲堂、报刊杂志、创新创业网站等多种途径，宣传双创政策和学生创新创业典型。修建了“致用致美”校训墙、“小红人”创意墙、“奋进者”“攀登者”校园雕塑等，形成了优美的创新创业静态文化；通过举办创新作品开放展示周、校园文化艺术节、社团艺术节等活动，形成了以“敢闯、耐挫、尚成、容败”为核心内涵的创新创业文化。

## 三、实践成效

（一）就业创业质量显著跃升

1. 学生就业率保持较高水平。近三年，毕业生初次就业率分别为 93.83%、93.94%、91.30%，毕业生的平均起薪点逐年增长，由 2016 届的 3566.83 元递增至 2018 届的 4190 元。据第三方评价反馈，2016—2018 届毕业生雇主满意度保持在 97% 以上，且持续递增至 98.34%。2018 届毕业生对母校的满意度高达 95.12%。

2. 学生创新创业比例高位稳定。毕业生当年自主创业率近三年稳定在 4% 左右。三年来，培育学生创新创业项目 427 项，成功孵化千亿影视等学生创业公司 32 个。直接参与创业学生人数突破 870 人，创业带动就业人数突破 3200 人。现入驻基地的 48 个学生创业项目中，创意创新型项目占 91.66%。

（二）创新创业获奖多

三年来，学校获得“全国创新创业典型经验高校”“全国高等学校创业教育研究与实践先进单位”“国家级众创空间”“湖南省普通高等学校就业创业工作‘一把手工程’督查优秀示范校”“湖南省创新创业带动就业示范高校”等 16 项荣誉称号和奖励。

（三）创新创业实效好

1. 创新创业典型不断涌现。三年来，27 名学生被评为省级自主创业优秀毕业生。涌现了扎根湘西带动乡亲脱贫致富、业务做到“一带一路”12个沿线国家的滕飞，创办湖南千亿影视有限公司、成功挂牌湖南股权交易所Q板的吴碧千等一批创业典型。这些创业典型催生了一批创新典型：谢宜创作的陶瓷创新作品《生》入围全国美展，毕业生覃玉凤获评“湖南省政府特殊津贴人员”，谭子林、刘艳冰等8人获“湖南省技术能手”“湖南省优秀工匠”称号和“湖南省五一劳动奖章”等荣誉。

2. 创新创业工作深获好评。《光明日报》、新华社、《中国文化报》、湖南卫视、《湖南日报》等10余家国家级、省级新闻媒体报道我校双创教育的典型做法与成功经验近40次。2个双创案例入选《湖南省高等职业教育质量年度报告》和《湖南教育快讯》，4个双创案例在全国高职创新发展成果展、全国高校大学生创新创业联盟年会等全国性会议、展会上专版展示，2个项目入选中国“互联网+”大学生创新创业大赛成果展、全国首届高校创新创业创造教育精品成果展，创业学生袁园受到时任国务院副总理刘延东的亲切接见。有80余所境内外高校来校交流考察双创教育。学校在国家级、省级会议上介绍经验11次。

## 四、总结评价

（一）特色与创新

1. 形成了创新创业工作与精准扶贫融合共赢特色。学校牵头组建“全国职业院校精准扶贫协作联盟”，坚持把创新创业工作与精准扶贫结合起来，做好创新创业与精准扶贫融合共赢文章。创新性构建了“双融合、三共享、四联动”双创工作与精准扶贫融合模式，即校内专业教学与扶贫项目设计研发、校外创新创业实践与精准扶贫“双融合”，基地、人员、项目“三共享”，学校、政府、行业、企业“四联动”。

2. 形成了创新创业工作与湖湘特色非遗传承融合共赢特色。学校以保护传承湖湘特色非遗为己任，于2006年开设湘绣专业，而后成立了湘绣艺术学院、湘瓷艺术学院，打造了以湘绣专业为核心专业的刺绣设计与制作专业群。长期以来，学校把创新创业人才培养与湖湘特色非遗保护传承结合起来，实现了创新创业型人才培养与非遗保护传承融合共赢，即双创型人才培养与湖湘特色非遗保护传承融合、双创项目研发与非遗项目挖掘整理融合、双创实践活动与湖湘特色非遗保护传承活动融合。

（二）特色实效

1. 助力了贫困地区脱贫致富。三年来，输送了1230名毕业生前往贫困地区就业创业，培训通道、隆回、安化等贫困地区侗锦、花瑶挑花、黑茶等非遗传承人512人，组织2810人次参加技能培训。有4300余名学生在通道、隆回等贫困地区完成创新创业实践和顶岗实习，60%的毕业设计作品源于贫困地区，873项被企业采用，帮助贫困地区孵化非遗企业32家，带动642人脱贫致富。

2. 培养了大批服务湖湘工艺美术产业的“芙蓉工匠”。三年来，我校培养、培训非遗技艺生力军3600多人，其中1人获评“湖南省政府特殊津贴人员”，6人获“湖南省五一劳动奖章”，5人获湖南省湘绣、湘瓷等“优秀工匠”称号，1人被选拔为参加世界技能大赛国家队选手。两届中国湘绣文化艺术节共评出“金牌绣女”20名，我校学生有16名，占80%。原全国人大常委会副委员长、中国工艺美术协会名誉理事长李铁映视察学校后，盛赞学校育人成绩，称新一代工艺美术大师将从我校崛起。

3. 打造“新湘绣”“新湘瓷”等地区特色品牌，引领湖湘非遗产业振兴发展。三年来，非遗大师名师带领学生团队在坚守传统工艺核心价值的基础上，从题材、设计、工艺技法、材料、衍生品开发等方面进行创新研发，打造了“新湘绣”“新湘瓷”等地区特色品牌，实现了传统非遗技艺和现代艺术的融合创新，不仅引领了湖湘非遗产业创新发展，还走向了“一带一路”5个沿线国家及智利、格鲁吉亚等其他国家。

（湖南工艺美术职业学院推荐，执笔人：余克泉）

# 天津交通职业学院“天创梦工厂”众创空间

## 一、背景

天津交通职业学院“天创梦工厂”创建于2015年7月，于同年12月被天津市科学技术委员会和天津市教育委员会联合认定为第二批高校众创空间（以下简称：空间），现有面积2140平方米，由学院自主运营。空间主要有办公区、沙龙区、咖吧区、流动工位室、路演室、洽谈室等区域，服务类型涵盖了专业服务、创客孵化、投资促进、培训辅导等领域。

众创空间建设至今，共有1000余名同学申请入驻空间，目前已有938名符合条件的同学入驻，较2017年创客人数增加310人。其中流动创客682名，团队创客256名。

目前，空间入驻团队26个，较2017年新增6个；已有12个团队成功注册企业，较2017年新增3家，即天津视优科技有限公司、天津视宸文化传播有限公司、天津优晨办公用品销售中心 。注册企业中，那年那时（天津）商贸有限公司已成功在校外开办5家连锁店。

今年，众创空间12家注册企业已成功接纳25名优秀毕业生，较去年增加5人，为有创业意愿的大学生搭建了更好的平台。

## 二、主要做法

1.持续健全运行组织

学院在现有院、中心、部门三级运行组织基础上，于2017年下半年又整合吸纳了分院的教师资源，成立了“提高创新能力引导项目组”（以下简称项目组）。由创业指导中心主要负责课程安排、日常管理及数据报送等常规性工作，项目组主要负责课程体系建设、众创空间服务功能拓展及学生创新项目培育、孵化等创新性工作。常规性工作和创新性工作分而治之，且相互配合、协调推进，实现创新创业工作全覆盖、无死角。

2.团队实力显著提升

这一年来，学院继续着力打造专兼结合的空间运营团队。一方面，按照《学生创新创业导师暂行管理办法》，鼓励校内外、各专业背景专兼职教师担任学生创业辅导教师，为学生创客、创业团队及初创企业提供政策解读、市场分析、项目对接等专项服务。另一方面，整合了一批对“双创”教育有热情，且具备一定创新性思维的青年教师，组建成立了项目建设和课程研发两支团队。至今，空间已建成由65名专职管理教师、校内兼职教师和校外兼职教师组成的运营团队，较之2017年增加了17名，为学院推进创新性人才培养奠定了基础。

3.“校企合作”提升众创空间服务质量

学院为确保天创梦工厂的正常运营，并为创客及创业团队提供及时、精准的管理及服务，在确保空间的项目引进、对外协调、物业管理、安全保卫、基础资料管理等日常工作的同时，基于空间创新创业服务，又先后与天津骏行企业管理咨询有限公司、天津思睿通科技有限公司、橙果空间合作，为创客和创业团队提供法务咨询、创业政策咨询、人社服务对接等服务；与天津森信科技有限公司合作，为创客和创业团队提供代理记账、纳税报税、报表审核等服务。累计为团队服务422次。

## 三、实践成效

一年来，学院“双创”教育工作以天津市“高校提高创新能力引导项目”为抓手，按照“课程教学入情，课外活动动情，项目训练移情”的创新性人才培养思路，在深化专兼师资培训、探索课堂教学改革、强化大赛服务水平及加大项目扶植力度等方面积极开展工作。

1.“学研结合”提升双创教师能力

学院按照“先熟知理念，再明晰课程，再到掌握教学方法”的培训理念，今年邀请到投盟专家金嘉铁老师对我院老师开展了为期四天的创新方法、创新思维的师资培训。邀请到中国高校创新创业孵化器联盟理事、埃里克森国际教练学院认证专业教练莘海东老师对我院教师开展了为期四天的创新创业训练营。除此之外，我院还组织老师参加各级各类

**表1　创新方法、创新思维的师资培训**

| 课程模块 | 内容简介 |
|---|---|
| 创新思维的认知与体系建设 | 创新思维是什么<br>如何在高校内开展创新教育<br>创新的体系化建设是什么 |
| 创新思维引导和思维模式构建 | 引导创新方向，构建学院创新能力<br>解析创新思维的构成要素和方法 |
| 创新思维核心使用能力技巧 | 组建学员团队并互动磨合创新项目<br>了解创新的核心能力和培育方法 |
| 分析创新能力 | 了解创新思维和创新能力的区别 |
| 了解体现方式 | 根据案例和互动了解创新能力的核心优势并掌握如何提升创新能力 |
| 创新思维原创体验和能力互动提升 | 命题互动方式进行创新思维首次全流程体验<br>了解创新能力在思维意识下的能力体现 |
| 了解创新思维课程授课方法 | 了解授课方式<br>给予创新思维的授课要点<br>案例积累和说明讲解要点 |
| 精准掌握创新思维的核心课程内容 | 掌握学生学习要点，授课阶段考核要点<br>根据不同需求和方向，设计授课方案 |
| 创新思维和创新能力互动和实践 | 创新思维课程设计方案<br>创新能力测评标准设立<br>组织学生互动和引导创新的基准方法<br>阶梯化开展创新思维及能力培养方案 |

培训达 161 人次，累计学习达 1784 个学时。通过参加培训及自主学习，目前团队成员熟练掌握了国家创新创业的相关政策，了解了国内外先进的“双创”教育理念，并对创业流程及“如何教创业”等有了深刻认识，提高了教师项目创新的研究与指导能力。

2.“内外结合”共担双创课程教学

学院整合市创业指导中心及科委等外部资源，采取内外结合的方式，在大一和大二学生中分别开设了 12 个学时的创新类课程和 20 个学时的创业类课程，参加学习学生达 9907 人次。其中，聘请大学教授、社会知名创业教练等担任主讲教师，为大一学生讲授了“你可以参与‘双创’吗？”“怎样寻找创新创业的机会？”“你的创意怎么来？”“如何开发新的产品和服务”“怎样组建你的团队和寻找合作伙伴？”“你的双创想法可以做什么”6 门创新类课程，得到学生们高度认可，非常满意率达到 85% 以上；与天津市创业指导中心合作，在大二的学生中开设了由全球模拟公司联合体中国中心北京正保育才教育科技有限公司开发的“创业实训”课程，230 个学生作品申报参加了全国高校“互联网 +”大赛。

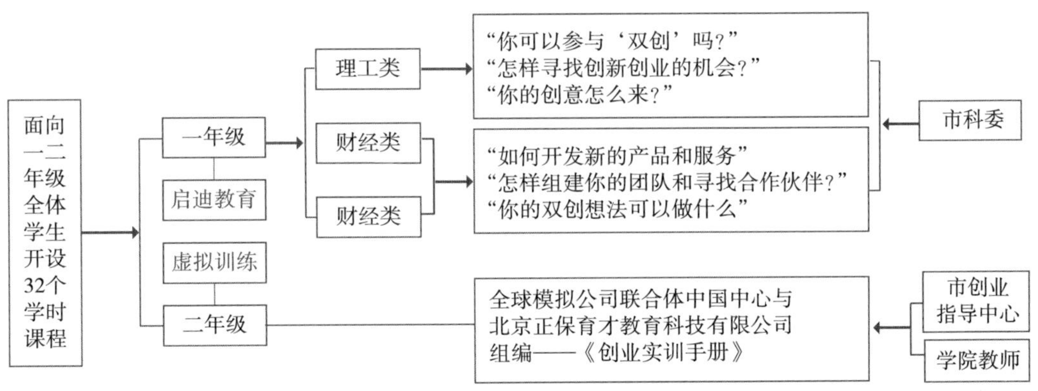


3.“讲赛结合”培育双创实战成果

学院本着服务师生创新创业的原则，一是针对创客及创业团队的需求，先后组织开展了创业知识、创业者必备法律知识、摄影知识和知识产权大讲堂等主题讲座 28 次，听讲达 12860 人次；面向创新创业指导教师及学生创业团队提供创业辅导和专业技能培训 667 人次；二是针对各级各类比赛较为集中，我们邀请了具有一定社会影响的研究学者、企业家、投融资专家、管理咨询专家、技术专家等相关专业人士担任导师，特别是今年先后邀请到教育部全国大学生创业培训指导委员会主任委员、中科创大创新创业教育研究院院长李肖鸣老师，中国高校创新创业孵化器联盟专家、中国现代职业智慧众创空间联盟副秘书长景大智老师等专家对我院师生的创新创业项目进行赛前辅导、赛中指导、赛后跟踪的专项辅导，形成了链状的培养体系。

4.“赛项转化”推进创新创业实践活动

学院通过网页、微信公众平台及举办创客成果展、创客文化艺术节等方式，持续在校园内营造创新创业文化氛围，激发学生们的创业热情。“天创梦工厂”发挥校内外专兼职创业指导教师、专业教师、就业指导教师及合作企业专家的作用，积极推动路演、创新创业大赛及创业训练营等活动，不断强化学生的创新创业意识、思维及能力，涌现出大批优秀的创新创业项目，取得了5项国家级奖项、13项市级奖项的良好成绩。

表2　2017年创新创业大赛获奖情况

| 项目名称（全称） | 赛项 | 级别 | 学生名单 | 指导教师名单 | 所获等级 |
|---|---|---|---|---|---|
| 绿色环保之“节油模块” | “互联网+”交通全国交通运输职业院校创新创业大赛 | 国家 | 董成星、侯鑫宇 | 王婕、于博洋 | 一等奖 |
| 那年那时连锁店 | “互联网+”交通全国交通运输职业院校创新创业大赛 | 国家 | 张帆帆、李建华 | 王婕 | 三等奖 |
| 翼想天咖精品咖啡体验馆 | “互联网+”交通全国交通运输职业院校创新创业大赛 | 国家 | 李阳霖、王建漳、巴特扎亚 | 田亚南 | 三等奖 |
| 分体式铺砂仪 | “互联网+”交通全国交通运输职业院校创新创业大赛 | 国家 | 安保龙、赵展辉、张程、何志勇、彭涌财 | 魏林、刘咏涛 | 三等奖 |
| 指尖上的杨柳青 | 2017年黄炎培职业教育创新创业大赛 | 国家 | 王伟琛，薛文杰，董勇，崔鸿发，胡智青 | 田亚南，傅莹 | 优胜奖 |
| | 2017年天津市黄炎培职业教育创新创业大赛 | 市级 | 王伟琛，薛文杰，董勇，崔鸿发，张世明，胡智青，梁朝锐 | 田亚南，傅莹 | 一等奖 |
| | 第三届中国“互联网+”大学生创新创业大赛天津赛区 | 市级 | 王伟琛，薛文杰，董勇，崔鸿发，张世明，胡智青，梁朝锐 | 田亚南，傅莹 | 二等奖 |
| 手自一体化铺砂仪 | 第三届中国“互联网+”大学生创新创业大赛天津赛区 | 市级 | 彭涌财，刘帅，杨顺亿，陈福斌，王怡梅，徐宝双，崔方宇 | 魏林 | 二等奖 |
| | 2017年天津市黄炎培职业教育创新创业大赛 | 市级 | 彭涌财，刘帅，杨顺亿，陈福斌，王怡梅，徐宝双，崔方宇 | 魏林 | 二等奖 |
| 3D虚拟建模的创新应用 | 第三届中国“互联网+”大学生创新创业大赛天津赛区 | 市级 | 陈志林，李键，张春宝，王小刚，张攀鹏 | 金鑫，周会娜 | 三等奖 |
| 饱你满意 | 第三届中国“互联网+”大学生创新创业大赛天津赛区 | 市级 | 王炳政，崔锦萍，武琦，李绪乐 | 潘璐璐，路娟 | 三等奖 |
| 翼想天咖 | 第三届中国“互联网+”大学生创新创业大赛天津赛区 | 市级 | 李阳霖，马雪婷 | 田亚南 | 三等奖 |
| 电缆隧道智能巡检及灭火机器人 | 第三届中国“互联网+”大学生创新创业大赛天津赛区 | 市级 | 赵信任，郭鹏翔，杨鑫，王硕，彭利生 | 岳刚，冯钊 | 三等奖 |
| 环保汽车配件之3D打印技术 | 第三届中国“互联网+”大学生创新创业大赛天津赛区 | 市级 | 殷佳琦，师建花，孙小琳，孙裴琳，孙伟达 | 王婕 | 三等奖 |
| 电动汽车装配机器人系统集成与仿真 | 创新方法大赛 | 市级 | 熊明辉、刘奕含、胡海健 | 李丽娜 | 三等奖 |
| 工程车辆理实一体化教学模型设计与开发 | 创新方法大赛 | 市级 | 徐锋、陈志林 | 周会娜、张家祥 | 三等奖 |
| 无人驾驶电动出租车 | 创新方法大赛 | 市级 | 王珈斌、徐玉容、韩婧 | 郭文莲 | 优胜奖 |
| 基于工业机器人的智能制造创新实验项目开发 | 创新方法大赛 | 市级 | 陈志华、张仁允 | 李萌 | 优胜奖 |

空间建设三年来，依托校企合作，学院对创客及创业团队的服务实现了全程化、个性化和专业化。各团队在专业老师的指导下，结合所学专业开展创新创业实践，促进学院科技成果的进一步转化。本年度累计获取“纯电动客车制动能力回收装置”“一种机械原理教学装置”“一种快递信息化分拣装置”“一种建筑用挂篮装置”等实用新型专利15项，涉及汽车制造、物流管理、建筑工程、机械工程制造等多个领域。其中，“汽车电池电量检测装置”专利项目已经被应用于新能源汽车的电池包管理中，正在实施市场化转型。

空间建设三年来，通过品牌建设，成功吸引了Intel众创空间总监张凤林、橙果空间总监刘乐艳、众云融创科技有限公司创始人胡健、企道知行（天津）企业管理咨询有限公司创始人金嘉轶、富酷思（天津）文化交流有限公司总经理王晓辰等多位投融资专家，先后参与了我院优秀创新课题和创业项目的路演评审及市场对接，在路演的51个创新创业项目中有19个项目实现了投融资对接，累计吸纳天使投资870407元，为学生创新创业服务的开展奠定了基础。

5.“师生捆绑”推进创新创业项目开发

学院基于学生创新创业项目社会融资难度较大的问题，深入挖掘专业教师的研究潜能及服务能力，以师生双方共同出资或联合申报院级项目的方式，将具备一定科研水平的教师和有创新创业意向的师生结合起来，鼓励师生团队共同申报学院的创新创业项目。这些项目包括：团队指导教师科研与技术服务课题中的子项目；发明、创作、设计等制作项目；实训或实习基地中的综合性、设计性、创新性实验与训练项目；专业性研究及创新项目；创业计划与社会调查项目等。

“师生捆绑”创新创业，使得师生可以从不同的角度、以不同的方式各自获得收益，此举不但牢固了师生关系，方便了学院的管理，同时也充分调动了师生双方的积极性。

6. 支持项目实施，培育创新创业成果

2017 年 6 月，学院在高职院校中率先启动了师生创新创业项目支持计划，即年初赋予每个建设项目 10 ～ 30 分，年末根据各项目的执行情况，确定年度最终分值，并按照每分 800 ～ 1000 元兑现绩效奖励，旨在激发师生的“双创”热情，挖出师生的“双创”潜力，并让他们通过项目建设投身于创新创业中。目前，经校外专家评审，“多功能自动跟随自动机器人开发”等 8 个项目已经结项，完成成果转化。

7. 建设众创空间管理平台，完成线上、线下咨询服务

为了更好地服务我院师生创新创业，今年 6 月份完成了众创空间管理平台的购置工作，作为推进校园信息化建设的一部分，提升了众创空间的信息化管理水平，提高了工作效率。现已完成在线咨询 224 次。

8. 赴美学习交流，促进国际化交流

2017 年 10 月，学院委派创业指导中心负责人田亚南同志赴美参加高校众创空间国际化运营管理模式交流学习，并与纽约的中小企业发展管理局、WEWORK 等教育科技创业公司和 PLUGANDPLAY 等创业孵化器建立合作关系，定期探讨创新创业的服务模式。

9. 开展“法制教育”培训，推进知识产权意识培养

学院与知识产权服务中心合作，针对 1100 余名在校师生开设了知识产权大讲堂，讲授了包括知识产权概述、专利基础知识及专利申请、专利文献基础知识、专利信息检索分析与技巧、专利管理实务、专利战略及专利工作者行业前景与职业特点等内容。加强了校园师生对知识产权的保护意识，并形成了良好的创新创业教育生态，帮助那年那时团队注册那年那时（天津）商贸有限公司（第 25 类）商标。

## 四、总结评价

“天创梦工厂”经过 3 年的运营，服务规模与服务项目能力逐步提高，已成功孵化了 12 个创业项目，开展了百场次的创新创业教育教学和实践活动，参与学生达万余名，营造了良好的校园创新创业文化氛围。但我们也深知学院众创空间的功能辐射与资源整合能力仍显不足，各专业基于空间功能融入双创教育的程度不均衡，双创教育的体系性建设不

够。对此，学院将遵循国家“创新创业教育改革示范校”标准，以培养创新型高素质技术技能人才为目标，开展以下重点工作：

第一，学院将借助新教学楼启用之力，重新布局众创空间，新增功能区，构建学生“进阶式”的实践平台，满足学生“双创意识、创新思维、技术创新、商业模式创新及创业过程、创业实践”培训的需求。

第二，学院将持续探索“双创”教育课程体系建设，组建“双创精英班”，实施“成果导向 + 行动学习”的“双创”教育课程改革，继续开发《TRIZ 理论入门》等培训类课程，构建“创意、创新、创业于一体的教育链条”，满足学生“双创”意识、思维、精神、能力的培养。

第三，学院将通过文化引领、资金支持、专题辅导及考核监督等举措，基于师生“双创”项目的建设和打磨，不断加大对师生创新创业项目的扶植力度，为师生开展“双创”提供良好的服务。

（天津交通职业学院推荐，执笔人：田亚南）

# 第四部分

# 独立学院、省级三创学院

# 产教融合　协同创新

## ——西安交通大学城市学院校企共建双创基地实践报告

## 一、案例背景及政策依据

人才资源是第一资源，也是创新活动中最为活跃、最为积极的因素。从这一角度出发，“双创”能否成为国家创新驱动发展的重要支撑力量，关键在于能否培养出既具备科学知识、技术技能，又有创新精神、创业能力的融合型双创人才。因此，以创新创业为主要特征的自我发展成为大学生的主流需求。

高校是创新创业人才的培养基地，高等教育的主要任务，是要培养既能适应经济社会发展，又能引领经济社会发展的高素质人才，创新创业就是“引领”作用的主要表现。

互联网/新技术背景下，科技创新的泛化特征愈加明显，每一个具有科学思维和创新能力的人都有机会深度参与到创新创业的事业中来，进而推动大学生创新创业体系。

1.政策高度重视双创人才培养

党中央和国务院、教育部一直十分重视大学生双创工作，早在1999年1月，国务院就发布了《面向21世纪教育振兴行动计划》，正式提出了要“加强对教师和学生的创业教育，鼓励他们自主创办高新技术企业”。

2016年1月，《教育部十三五规划纲要》提出，要激发创新创业活力，推动大众创业、万众创新；落实高校毕业生就业促进和创业引领计划，带动青年就业创业。

在中国科学院第十七次院士大会、中国工程院第十二次院士大会中，习近平总书记指出，创新的事业呼唤创新的人才，注重培养一线创新人才和青年科技人才，实现中华民族伟大复兴，人才越多越好，知识就是力量，人才就是未来。我国要在科技创新方面走在世界前列，必须在创新实践中发现人才、在创新活动中培育人才、在创新事业中凝聚人才，必须大力培养造就规模宏大、结构合理、素质优良的创新型科技人才队伍。

从党中央及地方的一系列措施和文件，可以看出党中央和地方对大学生创新创业工作的重视，服从国家统一的宏观人才调控政策，是双创基地建设的必要举措。

2.校企合作共建“双创基地”的必要性

协同育人为高校的教学创新活动开辟了一个新的视角，同时也指明了一个新的方向和模式。协同创新作为一个新的实践模式，需要不断探索、总结和研究。应全面推进协同创新，提高人才培养质量，建设高水平行业特色大学。

西安交通大学城市学院作为应用型大学，一直在“积极提升原始创新、集成创新和引进消化吸收再创新能力”的同时，同企业开展深入合作，“积极推动协同创新”，面对市场经济竞争，企业只有与高校开展密切合作，才能使本企业技术得到提升，创新水平才能有所提高。因此，文都教育集团响应国家政策，积极申报并入选 2018 年第一批产学合作协同育人项目，并有针对性地对高校开展“对口”合作，巩固、提升自己的市场地位。

## 二、我校双创教育探索之道

在“大众创业、万众创新”的国家战略背景下，我校结合实际，在各专业人才培养方案中将创新精神、创业意识和创新创业能力作为人才培养的重要指标。走向以“互联网 +”“大众创业、万众创新”“一带一路”等国家战略为出发点的高等院校改革之路上，以互联网、新技术作为载体，以校企合作作为途径，打破双创瓶颈，培养具有创新创业思维的融合型人才。

依托创新创业项目建立学校和企业之间的深度融合，西安交通大学城市学院联合文都教育集团创建协同育人创新创业基地，这是集教学、项目开发、比赛、培训、技能鉴定等功能于一体的双创基地，内含技术水平领先的虚拟现实（vitual reality，VR）体验及教学应用硬件设备与软件设施等。

1. 双创基地建设宗旨

（1）校企合作双创基地以“教育让生命更美好”为建设宗旨。

（2）以“新技术及互联网为核心专业、产业需求和人才双创需求为导向、专业教学与双创培养有机融合”为建设特色。

（3）以“注重实践能力提升，校企合作深度融合，尊重学生个性发展，营造创新创业环境”为建设方针。

（4）以“三年制创新创业教育课程”“四年制本科职业素养课程”“VR 体验教学课程”“资格证书培训课程”“师资培训课程”为教学培训项目。

（5）为大学生就业及其未来职业发展提供增值服务，提供师生优质科研成果孵化引导服务。

2. 创新运作模式

充分发挥企业和院校的各方优势，为创新基地的运作开辟出一种新型的运作模式。学校通过“六导入”形式（企业导入技术、创新课程、团队、实训室、项目、平台）、“四导师”制度（职业导师、学校导师、企业导师、心理导师）实现校企深度协同，通过引进企业设备、技术团队、师资力量、项目资源，学校提供场地、基础设施等共同搭建实践教学平台，形成人才培养协同化、实践基地综合化、校内与校外及学习与就业创业的融合化，实现学校人才培养与企业人才需求的“无缝对接”。

3. 培养机制

创新基地建立项目共同开发机制，实现老师和项目经理共同完成目标及项目实践课程。探索建立跨院系、跨学科、跨专业交叉培养创新创业人才新机制。继续推进校企培养机制改革，实施灵活、弹性的教学管理方式，积极推行以学生自主选择学习内容为核心的学分制，逐步实现学生主体－教师主导的“双主体”培养模式，修订以弹性学制为主要内容的学生学籍管理规定，制定学生课程选修制，逐步建立跨院系、跨学科、跨专业交叉培养创新创业人才新机制。

## 三、实施内容

1. VR 体验教学

校企合作双创基地响应社会需要，以多款 VR(虚拟现实)设备为载体，依托教学实训管理平台，搭载优质教学资源，把复杂的知识原理以逼真的 VR 效果展现，帮助教师教授传统教学手段难以体现的知识点。双创基地设有沉浸式体验区，学生以小组的形式操作 VR 设备，与教师进行互动，并进行立体化的虚拟仿真实训。沉浸式体验与演练并存启发学生的创造性思维，真正实现“教、学、做、创”一体化。

2. 智慧校园项目

VR 全景校园基于 3D 全景和 VR 技术等高新技术的发展，以虚拟现实场景界面的形式直观表现现实校园的景观及设施，并上传到互联网提供远程用户访问和虚拟漫游。

3. 智能制造创新实训室项目

该实训室装备 3D 打印机 2 台、激光切割机 2 台及机器人设备 12 套，面对学生全天开放，并配有 STEAM [科学 (science)、技术 (technology)、工程 (engineering)、艺术 (arts)、数学（maths）] 教育全部相关培训课程，帮助创新创业辅导教师及大学生了解 3D 打印、激光切割、开源硬件开发等相关技术，掌握操作 3D 打印机、激光切割机及 Aduino 等相关开源硬件的技术，能够通过智能制造技术，制作简单的产品原型。

4. 多元增值服务

校企合作双创基地以四年制本科为主，以“新技术”为特色和载体，以创新创业为导向，以能力结构、核心职业素养为主线，植入文都教育集团的职业素养课程、公共课、新兴技术课程、资格培训等服务，培养创新型、实用型、复合型的人才。

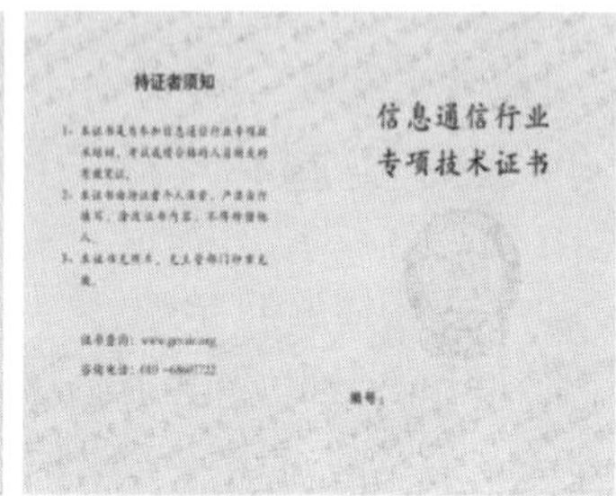


5. 校企师资互聘

在校企合作机制保障下，为实现师资队伍整体结构优化、构建“校企互动、身份融通”的高水平教学团队，学校与企业互相选派人员、双向兼职，双重身份使兼职人员有地位、有荣誉、有锻炼、有提高，充分发挥专兼职教师的组合优势，形成“双师”素质培养和双师结构队伍建设的长效机制。

校企共创，有效整合社会资源，形成多方的联动机制；创业教育精英培养模式，面向企业和产业人才需求，整合校内外人才、智力、科研、平台、服务、资金等资源，构建与其相适配的动态知识体系和实践环境，重点突出专业能力和双创素质培养，培养与时代相适应的具有创新精神、开阔视野的应用型及复合型人才；一体化的教学体系、师资体系、校园文化体系、支撑体系等系统，最终形成“市场牵引、需求导向、资源整合、要素协同、产业

辐射”的全链条、全要素的运营模式。

## 四、取得的成效

1. 实现了四个优化

（1）优化了实训基地：文都教育集团大力支持我校基地建设，从双创基地改造建设、硬件设备投入、软件支持、师资投入、就业指导项目等方面，累计共投资总额200万元，保证双创基地正常运营。

（2）优化了师资队伍：一方面，文都教育集团选派富有经验的专业技术人才或生产骨干担任实训指导教师，充实了教师队伍，优化了教师结构比例；另一方面，学校教师参与真实的企业生产实践，提高了技能，积累了生产经验，锻炼了动手示范能力。

（3）优化了教学内容：教学内容结合学生实际和企业生产项目需要进行创新，用实训教辅一对一政策和项目流程代替传统的教学模式，教学过程中特别注意实用性、市场化及适用性。

（4）优化了校园文化：学校引入优秀的文都教育集团企业文化作为学校的有益补充，双创基地的布置、规章制度、标语、现场管理等完全按照文都教育集团的企业要求运营，学生进入双创基地必须出示胸牌，“进校如进厂、上课如上岗”的氛围初步形成。

2. 实现了“三个提高”

（1）提高了师生技能水平，提升了学校形象。师生在真实企业场景下进行操作，在各级各类比赛中能有符合市场化的作品呈现，更有实用性。

（2）提高了学校办学效益，提升了学校服务地方经济的能力。校内实践教学融入地方产业链中，直接进入企业生产环节，初步形成了“产学结合、以产促学”的生产性实训基地建设和管理模式。

（3）提高了学校社会满意度，促进了学校可持续发展。学生技能水平提高了，综合能力提升了，并得到了企业的青睐，学生就业质量明显提高，学校办学吸引力也随之增强了。

“产教融合、协同创新”的人才培养模式能够有效实现教学过程与生产过程的对接、教材内容与职业标准的对接、技能与岗位的对接，缩短了学校教育与用人单位需求之间的差距，提高了高校人才培养质量，提高了大学生就业竞争力，并且能够加强双师型教师培养，增强学校的办学吸引力，更好地发挥高校教育为社会、经济服务的职能。

“产教融合、协同创新”的人才模式尊重了学生身心规律。学生在真实环境中训练，能够更快速地熟悉企业管理、熟悉岗位操作要求，从而缩短就业时企业的培训时间。

“产教融合、协同创新”的人才培养模式有效节约了教学实训成本，有利于学校进一步改善办学条件，加强教师队伍建设，提升办学实力，更好地发挥高校服务地方经济的职能，实现学校与社会、经济互动发展。

西安交通大学城市学院在“产教融合、协同创新”方面做了一些有益的探索，但也清醒地认识到，实现校企合作、协同创新，还有许多工作要做，我们将继续努力，深化校企管理改革，促进双创深入合作，并以自身的探索、努力与作为赢得企业、政府和社会的信赖。

（西安交通大学城市学院推荐，执笔人：张学堂、侯冬超）

# 创新创业“孵化式”人才培养模式实践探索

## 一、背景

厦门大学嘉庚学院在《国务院办公厅关于深化高等学校创新创业教育改革的实施意见》（国办发〔2015〕36号）等一系列政策的指引下，坚持“以学生为中心”和“教学与科研并举，以有效教学见长”的办学理念，把创新创业教育贯穿人才培养全过程，将创新创业教育、创新创业竞赛和科研融为一体，把培养学生的创新精神、创业意识和创新创业能力作为提高人才培养质量的重要抓手，探索和构建具有特色的本科高校创新创业人才培养模式。

嘉庚学院于2012成立嘉庚学院创新创业教育孵化中心，并立足于嘉庚学院“孵化生态校园”建设目标（如下图），探索“孵化式”创新创业人才培养模式，开展了系统研究和各项教学改革，不断深化、完善和提高“孵化式”创新创业人才培养模式。

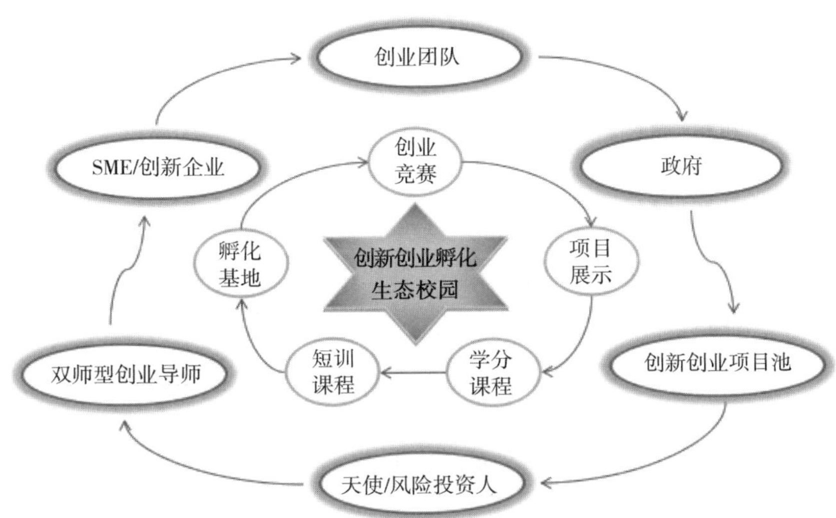


## 二、主要做法

### （一）设计理念

立足于嘉庚学院“有效教学见长”的教育理念，从人才培养目标、人才培养方案、课程体系建设及教学管理各个环节，探讨“孵化式”教学培养模式的“有效性”。

（二）设计思路

立足于应用型人才实践教学体系，确立了“以学生为中心—有效教学见长—未来企业菁英培养”为基本路径的创新创业人才的“孵化式”模式：

（1）将创新创业教育贯穿人才培养三个阶段，以全面贯彻“以学生为中心”的培养理念。

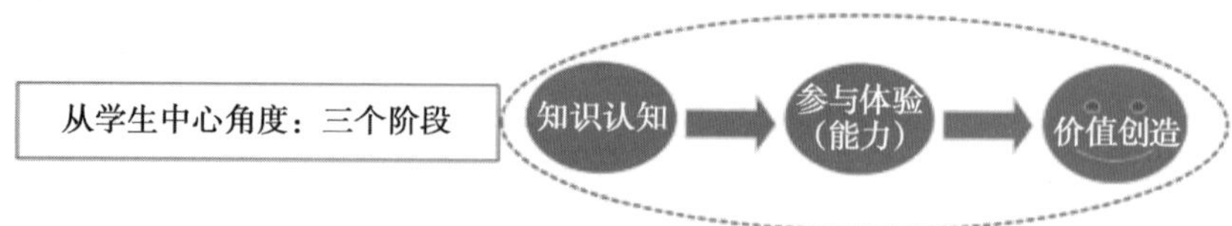


（2）实现创新创业教育的三重效果，以促进“以有效教学见长”教学理念和教学效果。

（3）提升创新创业教育的三个重要载体，以实现“未来企业菁英”的人才培养目标。

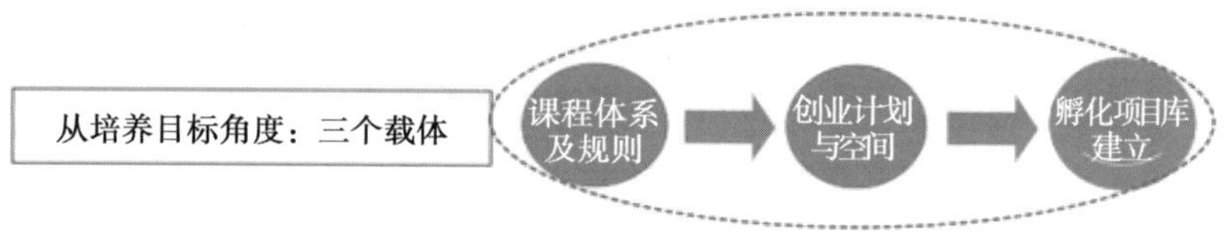


（三）主要任务与举措

1. 改革任务

（1）分层次构建跨专业融合的孵化式人才培养模式。

构建创业教育与专业教育、理论教学与实践教学融合的教学体系，设立创业孵化班，提出开设创业教育与专业教育深度融合的“3+1”式未来企业菁英班计划。

（2）借助区域合作构建校内外创新创业实践平台。

通过整合区域创新创业资源，合作构建分布式的创客空间，推进深度融合的“孵化式”人才培养模式改革，提升创新创业孵化的质量与效果。

（3）校企合作构建创新创业人才培养生态链。

立足于校企合作创新科研项目，引导师生从事高水平的创新创业孵化活动，打造多维协同与合作的创新创业人才培养生态圈。

2. 主要改革举措

（1）全方位深化创新创业基础教育课程建设。

（2）创新课堂教学的组织形式。

（3）借助互联网技术实现课堂教学模式创新。

（4）建构多元化的学习训练考核评价体系。

（5）专兼结合打造创业教育师资队伍建设。

（6）积极开展国际合作和交流。

### （四）改革的创新点与难点

1.改革的创新点

（1）在培养模式方面，分层构建“孵化式”创新创业人才培养模式，形成大学生自主创业和岗位创新创业并举的人才培养选择形式，实现“未来企业菁英”人才培养目标。

（2）在课程体系方面，提出了创新创业基础教育与专业教育相融合、课堂教学与创新创业计划竞赛等实践教学相整合的模式，力图实现集基础教育、孵化培育、企业菁英打造于一体的全覆盖、递进式、分层次的孵化式创新创业人才培育课程体系。

（3）在考核形式方面，学习考核包含了市场调研—创业设想—孵化辅导—口头汇报—全校竞赛等多任务的持续考核。

（4）在教学组织和教学方式上，研究和探索团队化、项目化和“互联网+”教学组织和教学方式的创新，激发学生学习训练的创造性、主动性，提升“孵化式”教学的有效性。

（5）基于案例库建设和案例教学模式的创新，一方面引导学生开展批判性思维能力的培养与训练，另一方面提升教师有针对性地对学生团队项目的孵化进行辅导的效率。

（6）通过“孵化式”人才培养模式的实践，促进校企创新与创业合作，促进校企合作创新项目的建设。

2.改革的难点

（1）创新创业教育的孵化实践平台打造，需要拓展内涵、外引内联，扩大“催化”辐射，营造良好的创新创业生态环境。因此，如何整合校园孵化生态圈的各个要素，是提升“孵化式”教育效果的重要政策基础。

（2）学生因为与社会接触很少，对市场敏感度比较缺乏，这需要更多的“双师型”专业教师参与到实践教学中，指导大学生切实提高创新创业项目设计水平。因此，打造强有力的“双师型”教师队伍是全面提升“孵化式”教育有效性的重要人力基础。

### （五）实施改革的保障措施

1.组织体制完善

学校将大学生创新创业教育实践作为我校基础性、战略性教学改革工作来进行顶层设计，成立以校长为组长的创新创业教育领导小组，设立办公室，为创新创业教育教学改革提供了组织保证。

2.激励政策有效

学校在学分制基础上进一步完善选课制度，并为学生延长修业年限创造更加便利的条件；同时，鼓励教师投身创新创业孵化辅导等实践活动，对指导学生取得优异成绩的教师从教学考核、职称评定、培训培养、经费支持等方面给予倾斜支持。

3.制度保障有力

学校建立完善的保障机制，建立健全创新创业成果和学分转化等教学、学籍和学生工作管理制度，跨专业修读学分、创新创业实践学分奖励、科研成果与竞赛获奖奖励等创新教学措施与办法，为大学生开展创业教育保驾护航。

4. 学生实践活跃

创新创业教育中心构造了独具特色的“创新创业中心屋”，学生社团（学创会）组织开展技能竞赛（创途），进行项目展示（TKK Demo Day 博览会），开展短期培训（UMKC、省培训基地）等创新创业实践活动，把学生创业团队、创业导师、投资人、企业、政府等资源要素聚拢在一起。

## 三、实践成效

创新创业教育孵化中心以“产学研用”为创新创业教育基本思路，在制度和体系上形成学生基本技能、创新能力、实践能力多层次的培养体系与制度：

（一）完善课程体系

根据嘉庚学院新编人才培养计划，创新创业教育孵化中心规划了三个层次的创新创业课程体系，贯穿创新创业全过程并面向全校各专业学生，累计修课学生达 4 万多人次，形成了“必修 + 选修”“嘉庚学分 + 海外交流项目学分”的创新创业人才培养课程体系。

1. 嘉庚学院创新创业课程体系

| 类别 | 模块 | 课程名称 | 课程学分数 |
|---|---|---|---|
| 技能必修课 | 生涯规划模块 | 生涯规划——探索与管理 | 2 |
| | 创新创业基础模块 | 创新与创业基础 | 2 |
| 技能选修课 | 创新创业孵化模块 | 创新管理与新产品开发 | 2 |
| | | 创业组织与领导 | 2 |
| | | 新创企业营销——理论与实务 | 2 |
| | | 创新与创业法律基础 | 2 |
| | | 公司内部创业 | 2 |
| | | 社会公益创业 | 2 |
| | | 商业模式创新 | 2 |
| 技能选修课 | 创新创业孵化模块 | 创业投资与资本市场 | 2 |
| | | 国际创新创业合作 | 2 |
| | | 创新创业案例研究 | 2 |
| | 未来企业家培育模块 | 商业基因与领导力培养 | 2 |
| | | 企业传承与永续经营 | 2 |
| | | 产业创新与创业研究专题 | 2 |

2.美国合作暑期交流项目课程体系

(1)创业金融与风险投资(Entrepreneurial Finance and Venture Capital Investment):36学时。

(2)创业管理与创新——创业模拟(Entrepreneurial Management & Innovation):36学时。

(3)美国商业与创新文化(US Business and Innovative Culture Workshop):36学时。

(二)创新教学方式和教学组织

创新创业教育孵化中心颁布《创新创业实践教学组织方案》,将课堂教学与实践教学相融合。课程培养目标中明确要求全体课程学生参与创新市场调研和项目设计,并安排相应课时进行市场机会调研和创新计划编写的专门辅导,让学生参与到创新创业技能实践训练中。

(三)建设创新创业精品课程

中心承担了福建省教育厅教学改革项目"高校创新创业人才培养模式实践与探索"及精品共享课程"创新与创业基础""创业营销"项目,以此为建设目标和要求,以教研室为载体,制订相应工作方案,落实工作内容、工作责任人和时间进度,推动创新教学组织形式和教学方式,提升有效教学质量。组织编著应用型教材《生涯规划——探索与管理》《创新创业实用教程》;目前,正着手加快创新创业案例库的建设,以期通过改革创新,打破单一的课堂教学形式,将课堂教学、课堂辅导、课外调研、课堂模拟和全校性创新创业大赛实践活动有效结合。

(四)加强师资队伍建设

创新创业教育孵化中心师资队伍建设是落实人才培养方案和开展教学创新改革的重中之重。中心从专兼职老师聘任、教学科研并举以及创新创业辅导能力等方面,着力打造师资队伍。

1.师资队伍结构

中心目前以专兼职方式聘任创新创业教师16人,其中专任8人,校内兼任5人,校外兼任3人;美籍老师1人,台籍老师3人。教师中博士5人,硕士11人;副教授以上职称3人,高级讲师3人;具有海外学习工作经历7人,有商业实务经验13人。

2.教师教学科研

促进教师教学科研并举,全面提升师资队伍素质。教师团队在战略性新兴产业创新、科技型企业资本创新、中小微金融创新服务、产学研用协同创新等领域研究取得丰硕成果,企业协同创新项目6项,发表论文20余篇。

(五)创新创业实践教学

鼓励教师积极参与创新创业实践活动,中心先后有6位老师受聘教育部、团中央、福建省妇联、福建省人社厅、厦门市教育局、厦门市人社局、漳州市招商局开发区、漳州台商投资区创业导师，并担任全国妇联妇女创新创业大赛、中国青年创新创业大赛、“创芯谷”创业大赛等赛事评委，指导大学生创新创业训练计划项目、竞赛项目，先后指导国家级、省级和校级大创项目20余项。

（六）大力开展实践教学平台建设

创新创业教育孵化中心实践教学平台的建设突显创新创业精神和实务能力培养，探索创新创业人才培养的校企“双创”基地合作：

（1）组织成立嘉庚学院学生创新与创业协会及创业者俱乐部，至今，已诞生了5届学创会领导集体，累计吸纳创新创业学生会员2000余人。

（2）开展各项创新创业实践教学平台活动，包括对接国家大学生创业实践计划项目立项，成为培育创新创业项目早期孵化平台。

（3）举办TKK—Demo Day（嘉庚学院大学生创新创业项目博览会），5届博览会成为学生参加各级创新创业大赛的摇篮。

（4）开设“创业企业家讲坛”，邀请上市企业、投资银行和证券交易所专家走进校园；至今，已邀聘了二十几位创业导师，开设了多场专题讲座和交流会。

（5）开展国际交流，“未来企业精英”美国暑期训练项目启动至今，已成功举办了4届，有两名专任老师和一名教学秘书参与了项目的学习交流。

（6）设立产学研用科研创新平台，已和福建省教育厅和妇联创业基地、腾讯云空间创业基地等合作设立了研究基地4个，承担了7个创新研究项目。

## 四、总结评价

在“孵化式”培养模式探索中，以“分层次、阶梯式培养”的人才培养模式来指导思想，从教学体系、课程设计、网络课程建设、案例库编写、教学组织、教学方法创新、教学手段改革、完善创新创业实践教学融合等环节，取得了阶段性和体系性成果。为此，《光明日报》于2015年7月28日专题撰写了“厦门大学嘉庚学院：打造校园孵化创业生态”专题报道。

在2018—2020年规划中，中心将以应用型人才培养定位，围绕教学改革研究与改革项目实施、教学资源建设、培育师生创新创业团队等方面开展人才培养改革与建设。中心在调研基础上，采取两项措施强化实践教学的有效性：

（一）增设“未来企业家”培养模块

突出具有特色的实践教学人才培养模式，创新与深化“3+1”或“4+1”的创新创业教育模式，结合“以学生为中心”的办学理念，立足于以学生创新创业成功为导向，以培养“未来企业家”为目标，让有创业意愿的部分学生在校企合作项目和创业基地中进行创新创业实践，构建“1+1”创业导师模式，对学生的毕业实践、毕业论文等进行指导，从而达到理论与实践的统一，实现完成学业与成功创业并举的教学目标：学生（团队）可以申请进入创新创业教育孵化中心开展毕业设计（论文），由专业老师与孵化中心老师组成毕业论文指导团队，分别从专业创新与商业化设计角度开展论文指导、答辩；同时，为鼓励学生以“成功创业”为导向，可专门设立“未来企业家”证书，对毕业论文（设计）优异并具有创新创业成果（专利、公司设立、经营业绩、规模等）的贡献者给予特别颁发。

（二）设立“精英会”实践教学平台

在学创会基础上设立“菁英会”，通过“创新创业企业精英论坛”这一校企合作平台，实现企业创新项目与学校师生创新创业项目的有效对接。为此，中心已与招商局集团漳州经济技术开发区金融办联合倡议发起“厦门湾科技金融产业创新联盟”，聘请第一批创新创业“精英会”导师，以期紧密结合国家战略和地方产业发展需求，与用人单位、专家学者和社会各界进一步探索创新创业人才培养，服务社会与经济发展。

（厦门大学嘉庚学院推荐，执笔人：庄文韬）

# 筑梦小空间　逐梦大舞台

## ——福建师范大学闽南科技学院“筑梦空间”大学生创业园探索

中共中央总书记、国家主席、中央军委主席习近平于 2017 年 9 月 15 日给第三届中国“互联网 +”大学生创新创业大赛“青年红色筑梦之旅”的大学生回信，鼓舞更多青年投身于创新创业。面对当前的社会格局，在创新创业的新形势下迫切需要高校挖掘自身潜力，以深入开展“双创”教育为切入点，深化高等教育综合改革，不断提高人才培养质量，不断推动创新创业教育，促进创新引领创业、创业带动就业新模式。

## 一、项目主题与思路

独立学院大学生创新创业培养模式探索——以福建师范大学闽南科技学院“筑梦空间”大学生创业园为例。

福建师范大学闽南科技学院“筑梦空间”成立于 2014 年 12 月，园区建设紧密围绕我院“仰望星空、脚踏实地”的校训，结合应用型人才培养的办学定位，旨在推动创新思维教育和创业经验分享，以独立学院灵活的教育教学资源和校企合作单位丰富的实践平台，共建产教研融合的创新创业人才培养机制。一方面，积极倡导“走出去”战略，针对闽南地区特殊的区位优势和产业特色，结合市场需求增长点，在企业开设人才专项班，开设主要以导师团“手把手”辅导模式为主的实践课程。另一方面，努力构建“引进来”办法，通过引进优秀校企合作单位，邀请企业实战专家，针对创业企业战略规划、财务税务服务、法务咨询、企业诊断、投融资服务、孵化服务等多个领域形成战略合作关系，为创业企业提供支持与帮助。

目前，我院“筑梦空间”大学生创业园区面积已达 5000 多平方米，可容纳创业项目数量近 100 个，在孵化创业项目 30 个，其中毕业生人数 48 人。入住园区的项目都免费使用办公场所，并且园区配有 45 名企业创业导师，25 名校内创业指导教师，由专职的管理教师组建学院创业园区领导小组，出台创业学分置换、休学创业及其管理办法等。“筑梦空间”大学生创业园自成立以来，2014 年 4 月 26 日获“南安市大学生电子商务创业孵化基地”；2016 年 9 月荣获省人社厅授予的“福建省高校毕业生创业孵化基地”称号，同时获得 40 万扶持资金；2017 年 12 月被授予“福建省巾帼众创空间示范基地”；2018 年 1 月被泉州市科技局认定为“市 B 级众创空间”。

## 二、实施方法与过程

### （一）以课程为导向，夯实知识结构

学院为努力加强学生对创业知识的学习，夯实创业基础知识，特别邀请有经验的创业行家、部分企业家以及校内导师，共同编写了符合独立学院学生特点的教科书——《创新创业基础》，并对每位辅导员进行专业培训，选拔了一批经济学专业的老师为本门课程授课。

在课程设置上，从2016级新生开始，将该课程设置为必修课，对其他年级老生设置为选修课。在教学方法上，打破“教学一言堂”的格局，采用分组、自主、合作、探究的教学模式，将理论与实践紧密结合，并运用案例分析、实践操作构建教学理论平台和实践平台，积极培养学生动手能力和创新能力。通过创新创业基础知识的讲授，有效开展学生创新创业思想的引导，帮助学生掌握必备的创业基础知识，提升学生创新创业的综合素质。

### （二）以个性为特征，践行因材施教

通过对大一新生创新创业基础知识的教学，学生经过一年的学习，开始对自身专业知识、大学生涯等有了认知，逐渐产生创业想法和创新点。同时，结合一线辅导员对学生的日常管理，能够更好地掌握每个学生的特长分析，进行有的放矢的分配对接。首先，将专业成绩优异、专业技能熟练的学生引导至各系的教研室、实验室，由专业老师对接指导。其次，对于组织能力强、沟通能力强，但学习成绩一般的学生，先通过团委学生会、社团、班集体等平台的锻炼培养，逐步培养和提高他们的管理协调能力。再次，对于那些对学习、工作、活动等兴趣不浓的学生，特别是将较多的时间精力花费在电竞游戏上的学生，可以从游戏开发领域方向引导，让学生既可以在“乐中学”，又可以在“学中乐”。例如，我院2016届国际经济与贸易专业毕业生张建彬，在学期间乐于游戏，有着较强的电竞游戏水平。毕业后，他结合VR产业发展，把线上游戏变为线下实体游戏体验店，在福州万达自主创业“VR游戏体验馆”，开发VR游戏产业，创业成果喜人。

### （三）以社团为延伸，构建筑梦平台

著名教育家陶行知说过：“处处是创造之地，天天是创造之时，人人是创造之人。”每个学生都有可能具备创新思想，具备创造之才。为了发掘创业人才，实现学生创业梦想，“筑梦空间”大学生创业园联合各系部，以系为单位组建创业俱乐部，依托创业项目组建创业团队，并由班主任、辅导员、科任教师等组成一支校内创业导师团队，由学院为每个校内创业团队配备一名校内创业导师和一名校外企业导师，内外结合，术业专攻，开展多形式的培训，从创业起步到踏实经营，全程指导学生，帮助学生铺平创业道路。每年，各系“梦想俱乐部”推荐的优秀创业团队入驻“筑梦空间”，进一步孵化培养，形成良好的可循环运作发展机制，并通过募集创业基金、实地考察项目等，为青年学子的创业梦想提供支撑，拓宽学生创业梦想空间。

（四）以作坊为依托，创新培养通道

“筑梦空间”大学生创业园设有电子实验作坊、服装设计作坊、影视传媒工作室等，并免费对广大师生开放。“作坊”形式的创业平台，打破专业学习的单一性，让不同专业、不同学科的学生交叉学习，互相交流，在“作坊”中通过实实在在的动手操作，激发想象力，发现创意点，在实践中把设想转化为现实，进而改善提升，从而真正有效地提高学生的创新能力。

（五）以党建为支点，开展实践活动

党有号召，团有行动，党中央国务院高度重视大学生创新创业教育。我院党委在引导学生活动中展开系列创新型活动，以党建促团建带动学生工作建设，并以党支部、团支部为中心，结合各专业特点，为各年级学生党支部和团支部引领校企交流的新路子，对接专业相关企业开展考察，做到校内有计划、有指导、有操作，校外有对接、有交流、有合作的“六有”水平机制。同时，我院身处经济百强县，有着优质的在地企业资源，学生通过各种企业实地考察，为“梦想”探路，明确学习方向，从实践中提炼真知，锻炼自我。

（六）以赛事为中心，培养创业能力

为达到知识与能力相结合的目标，我院“筑梦空间”大学生创业园在提升“双创”水平、营造“双创”氛围、弘扬“双创”文化等工作上投入许多精力和工夫。通过组织校内创业大赛、电子设计大赛、服装设计大赛等，让学生“以赛代训”，在趣味竞赛中提高动手能力，展现专业技能。同时，积极引导学生参与“挑战杯”全国大学生课外学术科技作品竞赛、“创青春”全国大学生创业大赛、“互联网＋”创新创业大赛、谷歌手机 APP 大赛等，检验学生对所学技能的变现能力、分析问题与处理问题的能力，以及团队协作和创新能力、质量管理与成本控制意识等，积极有效地推动了相关专业开展教学改革的发展，加快了高技能应用型人才培养的进程，更是有效地带动了身边同学的创新意识。近三年，我院在创新创业项目中获得国家级立项 152 个，省级立项 200 多个，通过对这些项目的后续孵化、指导，诞生了一批企业新秀，活跃于各大领域。2019 年 8 月，我院的“基于物联网技术的智能书桌”项目还在全国大学生物联网设计竞赛中获得金奖，收获表彰。同时在第四届“互联网＋”大学生创新创业大赛国赛中获得铜奖 1 项，省赛银奖 1 项，铜奖 1 项，并且还获得“高校集体奖”及“精准扶贫奖”。

（七）以校政企为联结，联合培养人才

我院高度重视双创型人才培养，结合学院自身所处环境，与南安及周边 168 家企业建立校企合作关系，以此实现实习、实践基地共同培养。在传承和借鉴常规的“请进来”“送出去”的校企合作模式基础上，依托专业特色和优势，突显“创造型、创业型、应用型”和“本科教育”的人才培养特点，探索出多元整合的、行之有效的特色校企合作模式——企业校园分公司。企业校园分公司主要表现为如下两种模式：

第一，实体公司运作模式。以泉州闽腾网络科技有限公司为例：我院“筑梦空间”与泉州速腾网络科技有限公司合作的创业实战训练平台——泉州闽腾网络科技有限公司。

该公司有完整的管理系统，以全院大三、大四学生为主体，由合作企业的管理人员入校选拔。通过选拔的学生在大三学年由合作企业派出的管理人员指导，完成相关的教学、培训、实践任务。经过大三一学年的学习，对考核合格者，入围划分组合团队，并给予大四学年学分置换；对不合格者予以淘汰。到大四学年，再由合作企业将资源对接各自团队，共同合资创业。这种校企合资共创“实体公司”的创业教育模式，有效地发挥了独立学院在高层次创新、创业型人才培养中的优势，推动学生创业落地，有效避免了学生盲目创业的风险，是真正行之有效的毕业创业的好途径。

第二，学校实验室联合企业科研部门共同设立校园研究所。企业在转型升级过程中需要科技的创新，大学生创新创业又苦于没有行之有效的落地实际，针对这一情况，“筑梦空间”大学生创业园开发出一条科研转化成果的新模式，以期短板互补，各取所需，共同发展。以与恒安集团联合的研究所为例，充分调动我院生命科学与化学系的环境科学、应用化学专业教师，以教师的科研水平为理论和技术支撑，以企业实际为依托和保障，在企业原有的科研水平基础上加以创新，形成的“脱硫灰资源化”的利用，促成了企业经济转型升级。

（八）以校友为纽带，拓宽创业视野

优秀的校友资源是学生创新创业的现成财富，成功的校友创业案例对怀揣创业梦想的新人来说，更具真实感也更有激励性和针对性。“筑梦空间”大学生创业园有效地整合了我院毕业校友资源，邀请校友返校开展创业沙龙，通过校友身体力行，现身创业说法，引导和帮助在校创业学生。例如，我院 2014 届工商管理专业陈泽斌校友，毕业后创办重楼陶瓷有限公司，通过其自身创业经验，现身说法带动在校生创业，帮助创业同学实现梦想。此外，“筑梦空间”大学生创业园还整合校友资源，成立“闽科校友基金会”，设专项专人管理，用于我院学生创新创业的发展、投资，实现在校生的创业梦想。学长学姐的无私分享，不仅提高了同学们对创业的热情，更是激发了同学们创新创业的激情和斗志。

校政企合作范例如下：

于 2019 年 9 月启动的“助力泛家居 巾帼创客说”南安市泛家居创业创新大赛由南安市委人才办、南安市妇联、福建师范大学闽南科技学院、南安市海丝泛家居产业联合会、南安女企业家联谊会暨拥军协会联办，得到了广大巾帼创客的热烈响应。大赛分创意组和实践组，共征集到生产技术、信息技术服务、文化创意服务等领域的近百个项目团队。活动最后，作为大赛的最大彩蛋之一，3 个项目获得 3 家企业的青睐，博得了合作意向。其中，“南商供应链”项目牵手泉州如果家居公司签署合作意向书，将助力企业降低出口成本；“茶皂素清洁剂”项目牵手福建特瓷卫浴，将助力企业做好金属机械表面清洗；“天下石文创中心”项目牵手福建固美金属，将助力企业做好产品文化创意。主办方表示，此次泛家居产业创新创业大赛生动展现了广大南安妇女勇于创业、敢于创新的精神风貌和巾帼力量，必将对进一步激励更多女性在双创时代洪流中奋发进取、追梦圆梦，促进泛家居新业态形成，服务泛家居产业高质量发展，起到积极推动作用。

## 三、主要成效及经验

### （一）筑梦之心，启于初心

创新强心志，创业夯人生。“筑梦空间”大学生创业园自 2014 年成立以来，引导和带动了一批又一批优秀的青年学子成功创业，为促进南安经济发展起到了推动作用。我院 2017 届英语专业学生黄文英，结合南安水暖行业开发个人创业项目，其创办的“南安康美奈斯卫浴洁具厂”年营业额近千万元；2014 级服装设计与工程专业学生陈诺创办的“泉州两个人贸易有限公司”年营业额达 200 多万元；2015 级电子信息工程专业学生刘礼洋同学研发的“智能型扭转传感器检定仪”专利，有效地实现了南安光伏产业对接成果转换，取得了一系列的成果。

### （二）逐梦之行，始于足下

秉承“立足闽南、服务海西”的办学宗旨，“筑梦空间”大学生创业园把服务区域经济、致力开放创新、培育创业人才作为自己的创办使命，在强化创业服务、革新创业培训、改善创业环境等方面，形成了“政策扶持、创业培训、创业服务”三位一体的工作机制，并引用现有资源，领进新兴企业，校内外联动指导学生创新创业，以项目为载体组建创新创业团队开展实战，通过园区孵化，在经营管理、团队协作、公共关系、开拓创新等方面让青年学子得到锻炼与提高。学生创业就业效果明显，他们在参与创新创业团队运营过程中，逐渐转变就业观念，其整体素质和就业竞争力不断增强，表现出专业基础好、创新能力强的优势。学院还特别注重学生的感恩教育，引导学生形成“回报社会”的感恩心态与“和谐公益”的处事原则，切实培养学生“敬业、诚信、责任、关怀”的人文素养和“尊重他人、关注民生”的大爱精神。

## 四、下一步加强和改进的计划

“雄关漫道真如铁，而今迈步从头越。”我院“筑梦空间”大学生创业园迄今为止取得的初步成效，是广大创业学子、创业导师、校外企业单位和个人共同努力、用心浇灌的成果。但目前，我们的“筑梦”之路才刚刚踏上征程，未来的“逐梦”之路还很远、很长，还需要我们进一步完善大学生创业政策体系，完善与创业相协调的社会保障体系，建立健全大学生融资机制，形成规范的基础建设保障，为青年学子“筑梦”“逐梦”保驾护航。

总之，独立学院的创新创业发展离不开社会各界的帮助与支持，更需要学校自身的努力，转变观念，跟上发展形式，革新思想，帮衬学生成长，增强他们的创业技能，提升其创业心理品质，培养其个人综合能力，让创新创业成为帮助大学生实现理想、铸就未来的大爱之方。

（福建师范大学闽南科技学院推荐，执笔人：吴勇、陈章宫、刘标）

# 基于产教融合的独立学院应用型创新创业人才培养模式探索

## ——以浙江师范大学行知学院为例

## 一、背景

习近平总书记指出："发展是第一要务，人才是第一资源，创新是第一动力。"根据《国务院办公厅关于深化高等学校创新创业教育改革的实施意见》要求，到2020年要建立健全课堂教学、自主学习、结合实践、指导帮扶、文化引领融为一体的高校创新创业教育体系。但是，国务院发展研究中心"高校创新创业教育质量评估体系研究"课题组的调查报告显示，目前高校双创教育普遍存在双创教育与专业教育融合度不高、教师激励机制不完善、优质双创教育资源不足等问题。

浙江师范大学行知学院是1999年8月经省政府批准，2004年11月被教育部确认的一所综合性全日制本科独立学院。2010年被授予"全国先进独立学院"称号；2013年被评为全国校园环境满意度50强高校；2014—2017年连续四年在武书连全国高水平独立学院排名中位列前七。学院秉承"行以求知、学以致用"的办学理念，以应用型人才培养为目标，通过产教融合方式以创新创业教育改革推动人才资源的供给侧改革，构建需求导向型学科专业调整新机制，实现就业从业教育向创新创业教育的战略转型，全面提高人才培养能力。积极利用学院与浙江省中小企业深度合作优势，打通创新创业教育的政企校通道，整合资金、技术和人才资源，形成区域创新创业共同体，使学生成为"下得去、用得上、善创新"的应用型本科人才。2012年，学院获教育部全国高校校园文化建设优秀成果评选优秀奖；2014年，"微公益汇聚大爱力量　微行动培养大爱情怀"项目获教育部全国民办高校党建和思想政治工作优秀成果奖二等奖；2013—2017年学院毕业生母校满意度连续五年位列全省独立学院第一；2017年，学科竞赛状态数据位居全省独立学院第一。

## 二、主要做法

### （一）以创业学院建设为契机，打造区域创新创业共同体

在顶层设计上强化产教融合。2015年，学院组建了创新创业专家指导委员会，由共青团浙江省委副书记任委员会主任，成员涵盖政府、企业、行业、创投机构等。2015年，学院与新道科技有限公司联合共建创业学院，全面引进新道公司创新创业教育体系和软硬件资源，探索以搭建"文化、教育、实践、孵化"为目标的四位一体教学平台维度。

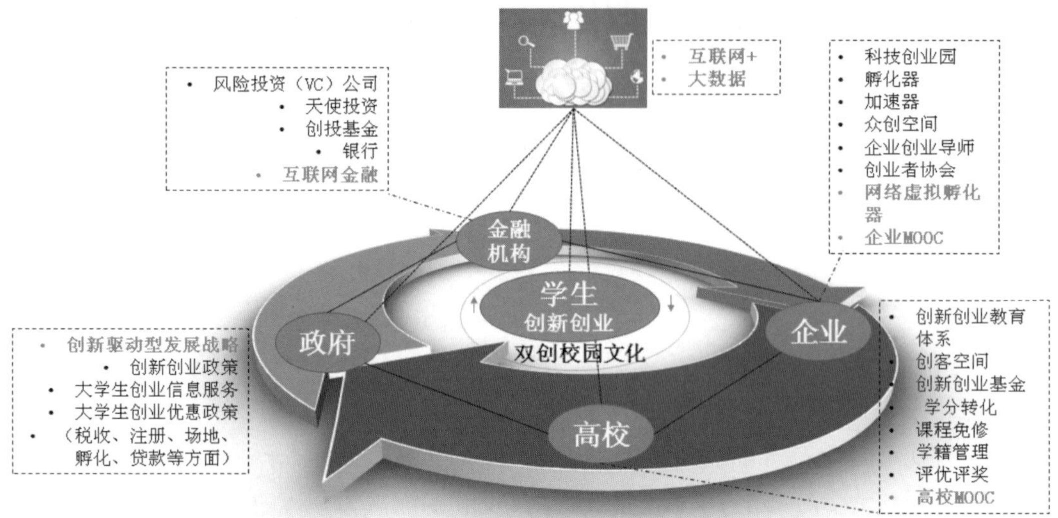


图 1 行知学院创新创业模式建构图

在资源上实现校内外互通。学院主动对接政府、金融机构、企业，整合校内外资金、技术和人才资源，形成创新创业区域共同体。学院与兰溪市、武义县共同筹建创业科技园，学院输出建设模式与方案，地方提供场地、资金与技术，共享创新创业资源与成果；与浙江省中小企业服务平台、兰溪市政府共同举办创新创业大赛、共同孵化推广具有前景的项目；与义乌市、兰溪市、武义县等政府部门建立多种合作关系，打通创新创业教育的政企校通道，共建安云小镇网络安全众创空间，共建义乌网上创业园。通过整合校内外的教学、实践空间，构筑"导师库、项目库、资金库"三大资源库，形成多元融合应用型创新创业人才培养合作机制。

项目制融合培养创新创业人才。2007 年开始，学院以项目创新教育、产品研发、工程创新教育等方式，先后与红五环集团、步阳集团、今飞集团等行业龙头企业合作开设 42 个校企合作人才培养特色班，促进了学院人才培养模式的改革。例如，红五环卓越工程师"2+2"培养项目，对学生从大学一年级开始组班培养，三年级送到国内一流大学——西安交通大学学习，到四年级则在企业工程师带领下承接参与企业的技术攻关研发项目，并将产品研发、毕业设计、专业实习三者进行有机结合。同时，将此合理转化为创新创业项目，在校内、校外导师的指导下组建团队，开展产品和技术应用场景的创意研究，并最终孵化成实际运营的项目。红五环班的成功运行为学校人才培养树立了典范，也为省内同类院校提供了有效借鉴。

## （二）以专创融合型教师培养为核心，建设"2+1+1"创业教育新模式

以教师为核心联接产业前沿。启动应用型教师创新团队建设工作，以服务区域为目的，推动师生创新团队走出校园服务企业与社会，承接社会和企业难题和关键技术的研发

攻关，以创新创业型教师带动创新创业教育。学院出台了《行知学院关于教师科研经费资助开展大学生人才培养项目的管理办法》，打通教师科研与学生创新创业路径，盘活教师科研项目经费，为学生创新创业行动提供技术与资金双动力，鼓励学生结合真实项目需求开展创业探索，目前已首批立项 17 项，共 10 万元。

推行“CTGP”专职创新创业导师能力提升计划。通过校企合作挂职锻炼等途径培养具有创新创业意识和实践能力的专业教师，实现专业教育与创新创业教育深度融合。同时聘请省内 200 多名企业家、高级专业技术人才为兼职教授，为学生提供从理论到实践的全方位指导。

出台教师指导学生创新创业活动激励措施。把教师指导学生创新创业计入教师工作量，列为职称评聘的条件并设立相应奖励，把教师指导学生创新创业与业绩考核挂钩，建立学校各类专利、技术的转让与入股机制。通过校企合作通道，出台了《创新创业导师聘任办法》《兼职教授聘任办法》《产学研合作教育管理办法》《校企合作人才培养特色班项目管理办法》。

实现创新创业教育与人才培养全过程融合。通过修订《本科人才培养方案》，将创新创业精神、创业意识和创新创业能力的要求作为各专业人才培养重要指标，初步构建了“2+1+1”创业学院教学模式。大一、大二开设创业普及课程，可申请转换为通识课程等 8 个学分。大三开设创业模拟实践课程，可申请转换为专业实践类课程或拓展课程等 8 个学分。大四开设创业实战课程，可申请转换为专业实习或毕业设计（论文）等 16 个学分。对于条件合格者，发放创业学院结业证书和本科毕业证书。

完善学科竞赛、科研训练、创业训练三大体系，推进校企卓越人才培养和创新创业人才培养两大工程。将社团活动与专业教学、创新创业教育相结合，构建“进社团、做项目、拿学分”的机制，设立 13 个创新创业类学分制社团，学生以创新创业过程档案和成果成绩申请相应学分，近三年申请创新创业学分人数累计达 22163 人次。从 2010 年开始进行的“50 元生存 15 天”创业实践体验活动，在北京、上海等国内 10 个不同城市持续开展，吸引了 500 多名学生参与，活动得到央视、新华网、《人民日报》等主要媒体的连续跟踪报道。2016 年，“‘素养能力并重，校企协同三赢’独立学院人才培养探索与实践”获浙江省高等教育教学成果奖一等奖。

### （三）以校政企合作为纽带，拓展创业实践训练平台

持续开展中小企业峰会。从 2007 年起，学院根据行业对人才需求的规模，推进产学研融合工作，与浙江省经济和信息化委员会、浙江省中小企业局、共青团浙江省委、义乌市政府、兰溪市政府等连续 10 年合办浙江省中小企业峰会，以创新创业为主轴，有 1400 多家省内有影响力的企业参与，搭建创新创业教育技术合作、人才合作、金融合作等平台，举行的企业家面对面、创新创业导师进高校等活动深受学生欢迎，初步构建了校政企合作的平台。

同时，与浙中6家行业龙头企业合作，创建浙中大学生综合实训基地。至今已有26135家企业参与，并承担浙江省中小企业人才服务中心平台业务。2014年，“浙中大学生综合实训基地”被立为省级大学生校外实践教育基地。《中国教育报》《浙江教育报》等媒体对学院基于互联网的实习实践教育模式进行了报道。从对参与实践的学生调查结果看，总体满意度达到93.2%。2016年，学院开始被遴选为首批浙江省创新创业导师培育工程培训基地（全省唯一的独立学院），目前已承担高校创新创业导师培训近270人，学员满意度高达95%以上并获得优秀组织奖，承担了2016年度浙江省高校创新创业导师培训总结现场会。

深入开展各类创新创业讲座论坛，与浙江省中小企业局、浙江省青年企业家协会等合作，邀请优秀的青年企业家进校开讲，目前已开办行知论坛84讲，实现校企合作创业教育的良好互动。每年开展大学生创新创业大赛、“挑战杯”课外学术科技作品竞赛、创业实践大赛、未来管理之星大赛、模拟营销大赛、产品促销方案大赛、企业产品包装设计大赛、企业文化宣传制作大赛等，通过丰富的校园文化创业活动，营造浓厚的创业氛围。学院连续三年获浙江省创新创业大赛优秀组织奖、集体奖。

（四）以产学合作型创业基地为依托，做实创新创业保障体系

多渠道共建创业场所基地。学院现有500平方米的创业基地，1300平方米的校内众创空间，共享1300平方米网络经济创业园，在建校内创业实训基地1000平方米。在此基础上，以学科专业为主体，与企业共建了安云小镇网络空间安全创业基地、义乌网商创业园大学生创新创业孵化基地、遂昌农村电商创业基地、兰溪电商创业园等校外平台，合作共建了138个就业创业实践教育基地，为创业项目转化、创业企业孵化提供场所。

一站式提供创业政策指导服务。与金华市人社局、工商局、财税局、金融部门等机构合作，在创业基地为入驻团队提供创业培训、创业指导、项目推介、启动资金支持等一站式服务，协助落实各项优惠扶持政策，积极促进项目孵化，实现创业带动就业的倍增效应。2014年，学院通过了金华市大学生创业基地验收，为学生创新创业教育提供全方位的保障。

以创业导师工作室主导创业项目指导。学院以教育部万名优秀创新创业导师、浙江省高校优秀创新创业导师等一批实战和理论兼优的教师为核心，经常开展创业项目分享活动，对于具有商业或社会价值、孵化潜力大的项目，由导师提供一对一辅导，制订个性化的培养方案，从中走出了“同校快印”“微E通”“云导师”等一批成功落地的项目；同时，聘请创业经验丰富、创新项目众多的企业家为创新创业导师强化创业实践指导。目前，学院共有课程教师55名、创业实战型企业家兼职教授200余名，其中17名在学院参与日常授课，实现校企合作创业教育的良好互动。

与此同时，企业在学院设立的徐步云、金凯德、陈秋田、楼仲平、田歌、叶子、超浪、沈园堂、昂利康、聚美丽、钟晓青创新创业基金等总额已超过5500万元，同时设立1000万赛伯乐创投基金支持创业孵化，为学生创新创业提供坚实的资金保障。

## 三、实践效果

近3年来，学院创新创业类项目共立项1000余项，发表论文587篇，获得专利59项，获得创新创业相关省级及以上竞赛奖项400余项，其中国家级129项。2015年以来，在校生进驻创业基地的实体达到23个。学生创业项目共累计获2亿多风投。

2014年，“36.5”爱心希望通道公益创业项目获全国创青春创业计划大赛银奖；2015年，“约时间”项目在首届“互联网+”创业大赛中获全国银奖（全国仅2所独立学院获奖）；2016年，再获全国挑战杯大学生创新创业大赛金奖。

与此同时，学院诞生了一批以《后宫·甄嬛传》作者吴雪岚为代表的学生作家群，累计发表作品36部，网络点击量超过1.5亿次，书籍发行量超过500万册；以全国创业之星百强“珍珠女孩”赵珂为代表的近50个“90后”微商团队开展电子商务创业活动；以全国“创青春”创业计划大赛金奖得主周婷为代表的一批“互联网+”创业新生代；以上海残奥会招贴画《眼睛》作者朱蓓蕾为代表的一批设计新锐；以“专利哥”吴俊峰等为代表的一批发明专利新星；以全国大学生机械创新设计大赛一等奖获得者于军伟为代表的一批学科竞赛达人。华璐珂的“树熊”网络科技公司估值已经超过3亿美元。

根据浙江省教育评估院第三方调查，毕业生毕业1年后创业率连续3年接近5%，超过全省本科院校平均水平。2013届毕业生毕业3年后创业率为6.36%（全省本科院校平均为5.23%）。

与此同时，我院创新创业人才培养的具体做法和成效多次受到央视、新华社、《人民日报》、中央电视台、中央人民广播电台、《中国青年报》等多家中央级媒体密集报道。其中，《人民日报》及人民网3次报道引发热议；新华社及新华网、中央电视台13套《新闻周刊》栏目设专题报道；《中国青年报》头条当日阅读量高达180万。

## 四、总结评价

学院立足于独立学院的实际情况，基于产学协同的培养创新创业人才的做法，以产业需求为导向，多元融合构建多层次的区域创新创业共同体，使各方协同共赢，取得良好的人才培养效益和社会效益。2014年以来，我院在全国独立学院协作会、全国同类独立学院院长联席会等会议和论坛上做了创新创业工作经验分享，并获邀在浙江省创新创业大赛推进会上做了典型发言。浙江省原副省长郑继伟专门批示肯定：“浙师大行知学院聘请创业家担任兼职教授并发挥他们在人才培养中的作用，这一做法可供各高校学习借鉴。”

随着这一模式的推进，我院将进一步优化资源配置，以深化课程、师资等重点领域改革为主线，深入推进创新创业教育与专业教育、思想政治教育深度融合，全面提高创新创业人才培养能力。

（浙江师范大学行知学院推荐，执笔人：卜月华、陈建伟、陈乃启）

# 多措并举 打造高校创新创业教育新模式

## ——湖南省大学生创新创业就业学院建设与应用纪实

为认真贯彻落实国务院、教育部有关文件精神，切实加强普通高等学校创新创业就业教育工作，深化高等学校创新创业就业教育改革，根据《关于组建湖南省大学生创新创业就业学院深入推进高校创新创业就业教育的通知》（湘教通〔2016〕192号）要求，湖南省教育厅成立湖南省大学生创新创业就业学院（以下简称“学院”），学院由湖南省大中专学校学生信息咨询与就业指导中心负责运行管理。自学院建立以来，学院紧紧围绕创新创业就业这一工作主线，扎实推进学院建设与应用工作，全省高校创新创业教育理念得到进一步普及，创新创业教育水平得到进一步提升。

## 一、学院功能定位与运行模式

湖南省大学生创新创业就业学院是基于互联网技术建立的非营利性公共教学服务平台，是全省大学生创新创业就业教育教学的服务提供者、组织实施者、改革推动者，聚焦于开放式创新创业就业教育平台、优质的教育资源和科学的课程体系建设，面向全省大学生提供优质的创新创业就业指导教育，培养大学生创新创业精神和就业创业能力。学院按照“一个平台、两级学院”的模式运行管理，省校两级学院共用一个服务平台，共享相应的教学资源。省级学院具体负责教学平台资源建设、教师培训等工作；校级学院负责本校的教学组织与实施以及学分认定等工作。

## 二、解决的主要问题

（1）搭建MOOC平台，整合优质教育资源，建立在线教育课程，解决优质教育资源不足的问题。依托互联网技术，研发了“MOOC教学平台”，按照“一个平台、两级学院”的模式运行管理。省教育厅就业指导中心负责组建和管理省级学院，省内各高校参与组建本校校级学院，共享相应的教学资源。依托该平台，省教育厅就业指导中心采取购买服务、聘请专家以及自主研发等方式，汇聚国内外最优秀的创新创业就业教育课程资源，制作MOOC视频，建立在线教育课程，面向全省海量学生进行在线教育，可有效化解我省高校优质创新创业就业资源不足的问题。

（2）打破课堂限制，建立学分认定机制，拓展学生学习空间，解决高校课时总量饱和的问题。在课时饱和状态下，再挤占课堂教学时间开设创新创业和就业指导课程已不现实。湖南省大学生创新创业就业学院运用“MOOC 教学平台”，实行线上教学和线上学习学分认定，突破传统的课堂教学模式和校园办学模式，打破时空限制，鼓励学生通过互联网、手机等方式，利用碎片化时间进行在线学习，既符合青年学生的生活学习习惯，又拓展了学生的学习空间，让学生既学到了知识，又获得了学分，还不占用课堂时间。

（3）建立培训机制，强化师资队伍建设，提升线下辅导水平，解决师资队伍水平不高的问题。建立教师培训、评级和年审制度，一方面，明确要求每一位创新创业就业指导教师须培训合格才具备授课辅导资格，这样通过反复培训，可逐步提升师资队伍整体水平；另一方面，对教师实行评级管理，通过评审，将理论知识丰富、教学实践能力强的优秀教师认定为优秀、特优级教师，并发放相应级别奖励性劳务，这样可不断激发教师的积极性，激发教师内生动力，促进其不断提升自身业务水平。

（4）建立互动机制，实施线上线下结合，提升在线学习效果，解决课程教学质量不高的问题。目前，我省高校创新创业就业课程教学大部分全程由教师讲授，即纯线下教学；少部分采用纯网络视频教学，即纯线上教学。前者教学信息化程度差，后者则没有互动，教学效果不理想。而线上线下结合教学可弥补两者不足：线上教学以讲授为主，聘请知名教师或企业家录制视频课程，汇聚优质教学资源，通过讲授理论、政策及案例使学生理解知识、形成认知；线下教学以活动为主，引领学生进行教学活动并形成互动。通过线上线下互动，能有效提高课程教学质量。

## 三、主要成效

### （一）以平台建设为重点，学院建设应用卓有成效

第一，高校创新创业学院建设全覆盖。2016 年 5 月，湖南省大学生创新创业就业学院组建工作正式启动，各高校踊跃报名，全省共有 79 所高校报送《湖南省大学生创新创业就业学院共建信息登记表》，其中本科高校 26 所，高职高专 53 所。通过学院的组建，全省高校校级创新创业学院实现全覆盖，创新创业教育教学改革有效推进，高校创新创业理念进一步普及，创新创业教育水平进一步提升。

第二，学院平台规模不断扩大。2016 年以来，学院共开通校级学院平台 44 个，湖南科技大学、衡阳师范学院、湖南交通职业技术学院等 30 余所高校利用学院平台和资源开展创新创业就业教育教学。迄今为止，累计注册人数 168417 人，在线学习人数 118748 人，累计学习总时长达 166.2 万小时。目前，学院开设有“创业基础”“就业指导”等课程，学院平台运转良好，学院教学资源和线上线下相结合的教学方式获得学校好评，实现了校级学院建设的个性化和教务教学校本化。

第三，平台功能更趋完善。学院教学云平台具备完善的门户网站管理、学习管理、教务管理、教学考核评价管理、云数据分析五大功能。同时，根据平台运行情况和高校师生

反馈，持续开展学院教学云平台的功能更新，基础数据统计分析、手机APP及微信功能、资源库建设等功能日趋完善，建立了平台管理制度，完成了平台信息安全二级等保报备，平台的功能性、操作性、体验感和安全性得到进一步增强。

（二）以精品课程为目标，学院课程体系建设特色鲜明

第一，就业创业微课课程资源全面覆盖。学院以教育部《大学生职业发展与就业指导》《创业基础》课程教学大纲为蓝本，邀请李家华、胡汉辉等15名专家学者摄制微课程，全面覆盖教育部所要求的课程内容和知识点。目前，学院共有“大学生职业发展与就业指导”和“创业基础”两门微课课程视频260个，翻转课堂主题视频资源包55个，教学课件38套。同时，邀请知名企业家、创业成功人士拍摄实践类教辅视频64个。学院教学资源的丰富及更新每年不低于20%，平台基础教学资源每三年进行一次系统性的更新。

第二，就业创业特色教材建设亮点突出。根据省教育厅统筹部署，我中心设立湖南省大学生就业创业指导特色教材课题研究，并将根据课题研究编写一系列适合我省省情、具有本土特色的大学生就业创业指导特色教材。经申报评审，省内34所高校申报并立项开展相关研究。同时，积极推进就业创业特色教材组织编写工作，先后邀请省内外专家、学者召开湖南省大学生就业创业指导特色教材专家座谈会，协同推进学院就业创业特色教材建设。目前，《大学生创业基础》《大学生职业发展与就业指导》两本教材已出版。

第三，创新创业就业理论研究有效开展。为切实发挥省大学生创新创业就业学院助推大学生创新创业就业教育工作的作用，我中心协同高教处、职业教育与成人教育处及学位管理与研究生教育处组织高校申报省级创新创业就业教学改革项目课题，遴选14个优秀创新创业就业教学改革课题，进行学院课程教学评价和线上线下教学模式研究。

（三）以常态化培训为抓手，创新创业师资水平稳步提升

学院运行以来，积极构建创新创业师资常态化培训机制，全面开展高校培训需求摸底，完善培训课程体系，规范培训过程管理与考核制度，推动省级学院师资队伍建设。按照《关于做好全省普通高等学校毕业生就业创业工作人员第二轮培训的通知》（湘教通〔2017〕171号）要求，学院分别采取高校校内培训和省级集中培训等方式，有针对性地在参与省级学院组建的高校开展免费创新创业师资培训，支持高校创新创业就业学院建设，提高高校创新创业教育水平。2016年以来，分别在湖南科技大学、南华大学、长沙学院等高校开展校内师资培训40期，集中培训20余期，培训师资4000余人次。

（四）以示范基地建设为引领，创新创业孵化成效明显

积极开展全省高校大学生创新创业示范基地评建工作，推动全省所有本科高校和大部分高职院校建立校级创新创业孵化基地。在此基础上，组建湖南省大学生创新创业孵化基地联盟，实现资源共享、项目互融、成果互惠，精准帮扶大学生创新创业。同时，着重加强了湖南省大学生创新创业孵化基地管理。在项目遴选上，主动对接各类创新创业大赛，吸引优质大学生创新创业项目入驻孵化基地，新遴选了5个归国留学人员创业项目入

驻孵化基地，目前基地入驻创业项目达40个。在孵化指导上，开设了“创业月课堂”活动，坚持每月举办1期，活动形式包括创业培训、创业沙龙、创业路演、创业实训等，活动主题涵盖“互联网+”销售、商务礼仪、团队建设、股权构建、营改增政策、投融资法律问题等，深受大学生创业者欢迎。在孵化成效上，孵化项目成效更加明显，20个初创型创业项目年营业收入达1190余万元，其中治味蜂蜜年营业收入40万元，爱沙文化年营业收入16.58万元，较上年均呈增长态势；孵化项目参与各类创业大赛获得国家级奖项4个，省级奖项17个。湖南新闻联播还对孵化基地及部分入驻项目进行了专题报道。

（湖南省大学生创新创业就业学院推荐，执笔人：曹敏）

# 后 记

本书遴选了实盟第一届年会上评选出的优秀案例成果，具有一定的代表意义。期间，编写组成员投入了大量的时间、精力，对搜集到的优秀案例结合一手资料进行了重新梳理与校对。由于篇幅有限，在编辑过程中只能选取部分优秀案例成果，恐难以全面、准确地反映成员高校创新创业教育改革的总体情况，这也是实盟第一次正式编辑出版优秀案例集，欠缺经验，肯定存在不少疏漏与不足，恳请读者、专家与同行谅解，并能不吝批评指正，帮助我们年轻的实盟越做越好、越走越远。

衷心感谢为本书提供大力支持的实盟副理事长（按姓氏笔画排序）王建华、朱泓、朱友林、任军、刘华东、许晓东、孙爱武、孙跃东、李占勇、李校堃、张吉维、陈宝剑、欧阳缮、金保昇、郑庆华、洪大用、夏立新、徐雷、常保国、葛红艳、谢永华，感谢他们在百忙之中参与大学生创新创业实践教育，感谢他们对本书出版的筹划建言和悉心指导。

衷心感谢积极参与实盟工作的实盟副秘书长，以及相关工作人员（按姓氏笔画排序）王安琪、王晓国、吴恬怡、邱宝国、周荣、施永川、郭庆，正是有了他们默默的付出，实盟各项工作才得以顺利开展。

我们将进一步贯彻落实教育部大力推进高等学校创新创业教育和大学生自主创业工作的精神与意见，努力打造全国大学生创新创业教育工作经验交流的平台，为积极推进和开展创新创业实践活动做出我们应有的努力。

本书编委会

2019 年 11 月